Successor's Dilemma

How do successors manage dilemma
between constraints and autonomy
under predecessor's generations?

事業承継の
ジレンマ

後継者の制約と自律のマネジメント

落合康裕 [著]

東京　白桃書房　神田

はじめに

　歌舞伎十八番。市川家による代表的な歌舞伎の演目である。歌舞伎十八番は，初代市川團十郎の時代に一通り確立された。歌舞伎の宗家の多くでは直系長子に引き継がれる。市川家の代々の後継者は，「市川團十郎」を襲名する。後継者は，十八の演目全てではなくそのいくつかを時代に応じて丁寧に再現に努め，自らの代表的演目として演じてきた。代表的なものに七代目市川團十郎の「勧進帳」，十二代目團十郎による「外郎売」がある。これらの継承は，先代世代から受け継いできたものを模倣する行為に留まらない。後継者は積極的に独自性を伝統的な演目に追加して新たなものを生み出してきた。これとよく似た現象は，日本の老舗企業においても見受けられる。横澤利昌教授の研究によると，創業100年以上の長寿企業とは，理念，製法，顧客志向など決して変わらぬものを継承しつつ，後継者が新市場開拓や新製品開発など新たなイノベーションを行ってきたことが存続の秘訣であると指摘されている。後世に続く後継者は，伝統の継承と経営革新という正反対の経営実践が同時並行して求められる存在であるといえるだろう。歌舞伎の世界と同様に，長寿企業の後継者は商慣習やしきたりなどの継承が求められることが多い。先代世代との関係のなかで，後継者はどのようにして独創的な行動をとって将来の経営者として育っていくのか。本研究の動機は，このような筆者の素朴な問いに基づくものである。

　なお本書は，平成26年3月に神戸大学に提出された博士論文をベースとして執筆された，経営学の分野から事業承継を考察した実証研究の書籍であるが，以下のような幅広い読者を想定している。

　第1が，事業承継に関わっている専門家（金融機関担当者，公認会計士，税理士，経営コンサルタントなど）である。事業承継は，企業経営の存続や発展において重要な課題である。故に事業承継の問題は，経営指導や助言を行う上で切り離せない問題である。従来，事業承継に関わる領域では，企業

の経営戦略や経営組織からの視点に基づく書籍が少なかった。本書では，専門家の方々に，事業承継を理解するために経営学の分野から必要な知識を盛り込み，事業承継の実例を活用して詳説している。

第2に，ビジネススクールの社会人院生，大学院生，学部学生の方々である。最近，大学や大学院によっては家業の二世向けに事業承継コースや起業家コースが設けられ，専門科目として「事業承継論」「ファミリービジネス論」などが開講されている。経営教育の現場で最も重要なことは，いかに学生が現実の問題を体感して学べるかである。本書は，学生が実務の臨場感をもてるよう承継事例について詳説することに努めた。

最後に，事業承継の当事者（現経営者や後継者）および後継者育成の関係者（企業の人事担当役員，経営企画や人材開発部門スタッフなど）である。事業承継とは，次期経営者への引き継ぎを意味するだけではない。事業承継の要諦は，次の経営を担う人材を育成することである。これは，当事者や関係者にとって切実な問題である。では，本書は当事者や関係者にどのような貢献ができるのか。筆者は，読者が本書を通じて事業承継の理論や他社の事例と対話することで，実務上の新たなきっかけを提供できるのではないかと考えている。

筆者としては，多くの読者が本書を通じて事業承継のダイナミズムを実感して関心をもっていただければ，望外の喜びである。

【謝辞】

本研究にあたり，多くの方々にお世話になった。まずは，本書の事例研究で取り上げ，度重なる取材協力と史料提供を頂いた株式会社山本海苔店の山本德治郎氏，山本貴大氏，山本敏治氏，株式会社あみだ池大黒の小林林之助氏，小林隆太郎氏，小林昌平氏，合資会社大和川酒造店の佐藤彌右衛門氏，佐藤雅一氏，佐藤和典氏，近江屋ロープ株式会社の野々内達雄氏，野々内裕樹氏，谷田光雄氏に御礼申し上げたい。その他11社の取材協力を頂いた老舗企業の経営者，後継者，経営幹部の方々にも御礼申し上げたい。ここにあげた企業の協力なくして本書はありえない。また，修士課程（ビジネススクール）の恩師である加護野忠男先生には，経営学そのものの面白さを気付かせ

て頂いた。博士後期課程の恩師である金井壽宏先生からは，ゼミ活動を通じて怠けがちな筆者に常に意欲と自信を持たせて頂いた。このお二人の恩師の出会いと学恩がなければ，実務家から研究者への転身はあり得なかったであろう。また，本書のベースとなった博士論文の審査を頂いた鈴木竜太先生からは，研究の基本を学ばせて頂いた。同じく平野恭平先生からは，経営史の訓練を受けていない著者に貴重な助言を頂いた。社会人ゼミの先輩やメンバーである片岡登氏，荒木謙一郎氏，内田恭彦氏，堀口悟史氏には，丹念に博士論文を読んで頂き，多くの示唆的な指摘を頂いた。その他，内省的実践家の集まりである社会人ゼミの方々には，時に切磋琢磨のための，時に同じ志を共有する仲間としてのよい刺激を与えて頂いた。老舗企業研究の横澤利昌先生，前川洋一郎先生には，学会発表におけるコメンテーターをお引き受け頂くなど，研究活動を適切に導いて頂いた。金井一頼先生からは，筆者の学会発表を何度もお聴き頂き，その都度示唆的なコメントを頂いた。本書のコンセプトにあたっては，『組織科学』の投稿活動を通じて，シニアエディターを務めて頂いた橘川武郎先生からの助言が大変参考となった。ファミリービジネス研究会の西川盛朗氏（FBAA理事長），武井一喜氏，阿部眞史氏には，毎月の議論を通じて専門的な知見に基づく貴重な助言を与えて頂いた。同じ職場である後藤俊夫先生には，常に研究に取り組むハングリーな姿勢を学ばせて頂いた。本書の出版にあたっては，白桃書房の平千枝子氏には大変お世話になった。ここにお世話になった方々全てを記す事はできないが，全ての方々のご支援がなければ，本書は日の目を見なかったであろう。ここに記して御礼申し上げたい。

　最後に，本書の完成を誰よりも心待ちにしてくれていたが惜しくもその半ばで旅立った父・富士夫と，静かに研究活動を見守ってくれた妻・奈緒美とその間に誕生した息子の柊介と娘の凛々子に感謝の意を表したい。

平成28年3月

横浜の自宅にて

著　　者

第5刷に際して

　2016年に本書を出版してから7年が経ち，版を重ねることができ喜ばしく思う。この間，事業承継に関する問題は，人口減少や少子高齢化が進行する日本の喫緊の課題となった。このような時代的背景のなか，事業承継者や士業の方々をはじめ多くのビジネスパーソンの実践に，本書が役に立てたのであれば著者冥利に尽きる。また，2016年度実践経営学会名東賞，2016年度ファミリービジネス学会賞を受賞し，お陰様で研究書としての評価もいただくことができたのは有難いことである。

　一方で，改めて本書を見直したときに，事業承継についてもう少し明確に定義する必要性を感じていた。今回の重版（第5刷）に際し，2019年に刊行した拙著『事業承継の経営学：企業はいかに後継者を育成するか』（白桃書房）からの引用にて，以下のとおり事業承継を定義することとしたい。

本書では，事業承継を次のように定義して議論を展開する。
　■事業承継の定義

> 　事業承継とは，財サービスの生産・販売等に関わる経営活動を現経営者から次期経営者へと引継ぐことである。経営者の世代交代だけではなく，経営戦略や組織運営，経営資源（ヒト，モノ，カネ，情報），利害関係者との取引関係等の経営活動全般に関わる引継ぎやその過程を示す。なお，金融資産や不動産等の資産承継と区別される。

　本書の重版にあたり，改めて，本書が事業承継の実践と理論の架け橋となれば幸いである。

2023年12月　　落合康裕

目　次

はじめに
第5刷に際して

第1章　序論 …………………………………………………………… 1

　第1節　問題意識 …………………………………………………… 1
　第2節　研究の方法と意義 ………………………………………… 3
　第3節　本書の全体構成 …………………………………………… 4

第2章　先行研究レビュー …………………………………………… 5

　第1節　本章の構成 ………………………………………………… 5
　第2節　見過ごされてきた課題 …………………………………… 5
　第3節　ファミリービジネスの事業承継研究 …………………… 7
　第4節　ファミリー・アントレプレナーシップ研究 …………… 35
　第5節　本研究における先行研究の含意 ………………………… 38
　第6節　先行研究の分化的発展の弊害 …………………………… 42
　第7節　先行研究の分化的発展を繋ぐ鍵概念 …………………… 44

第3章　課題と方法 …………………………………………………… 47

　第1節　研究課題 …………………………………………………… 47
　第2節　調査対象 …………………………………………………… 48
　第3節　第1次調査の概要 ………………………………………… 50
　第4節　第2次調査の概要 ………………………………………… 52
　第5節　分析方法 …………………………………………………… 55

| 第6節 | 配置の3つの視点··· | 58 |
| 第7節 | 事業承継における後継者の配置······························· | 59 |

第4章　事例研究Ⅰ　山本海苔店 ·· 65

第1節	山本海苔店の概要··	65
第2節	先代世代（初代山本德治郎～五代目山本德治郎）の取組み······	67
第3節	五代目山本德治郎から六代目山本德治郎への事業承継···········	71
第4節	六代目山本德治郎の経営実践····································	76
第5節	六代目山本德治郎から後継者への事業承継·····················	80
第6節	後継者の能動的行動···	90

第5章　事例研究Ⅱ　あみだ池大黒 ·· 97

第1節	あみだ池大黒の概要···	97
第2節	先代世代（初代小林林之助～五代目小林林之助）の取組み······	99
第3節	五代目小林林之助から六代目小林隆太郎への事業承継·········	104
第4節	六代目小林隆太郎の経営実践··································	108
第5節	六代目小林隆太郎から後継者への事業承継····················	113
第6節	後継者の能動的行動··	117

第6章　事例研究Ⅲ　大和川酒造店 ··· 121

第1節	大和川酒造店の概要··	121
第2節	先代世代（初代佐藤彌右衛門～八代目佐藤彌右衛門）の取組み	123
第3節	八代目佐藤彌右衛門から九代目佐藤彌右衛門への事業承継···	126
第4節	九代目佐藤彌右衛門の経営実践·······························	128
第5節	九代目佐藤彌右衛門から後継者への事業承継··················	131
第6節	後継者の能動的行動··	135

第7章　事例研究Ⅳ　近江屋ロープ……………………………… 141

第1節　近江屋ロープの概要………………………………………… 141
第2節　先代世代（初代近江屋藤助～六代目近江屋藤助）の取組み… 143
第3節　七代目野々内泰一から八代目野々内達雄への事業承継……… 145
第4節　八代目野々内達雄の経営実践………………………………… 149
第5節　八代目野々内達雄から後継者への事業承継………………… 150
第6節　後継者の能動的行動…………………………………………… 157

第8章　議論 ……………………………………………………… 161

第1節　後継者のおかれる状況………………………………………… 161
第2節　新旧両世代の行動の関係……………………………………… 185
第3節　事例分析からの知見と概念化………………………………… 222

第9章　結論 ……………………………………………………… 231

第1節　要約と結論……………………………………………………… 231
第2節　理論的含意……………………………………………………… 238
第3節　実践的含意……………………………………………………… 238
第4節　本書の課題と展望……………………………………………… 239

参考文献
付　　録
事項索引
人名索引

第 1 章

序論

第 1 節　問題意識

　本書では，強固な取引基盤を有する長寿企業に焦点を当て，その事業承継における伝統と革新のダイナミズムの一端の解明を試みようと思う。それは，商慣習やしきたりなどの厳しい伝統の継承が求められることが多い長寿企業の後継者は，どのようにして独創的な行動をとり次世代の経営者として育っていくのか，という筆者の問いに基づく。

　長寿企業の事業承継では，その時代を背負う後継者の行動の側面から重要な指摘がなされてきた。長寿企業の後継者は「のれん」を受け継ぎ，守り，子孫に承継していかねばならないリレーランナーとしての重い責任がある（足立，1993；前川・末包編，2011）。当然，重い責任の背景には，長寿企業の伝統を受け継ぐ後継者としての責任が示されている。長寿企業の事業承継においては，とくに駅伝経営という概念が提示されている（前川・末包編，2011）。駅伝経営とは，創業経営者から現経営者にいたる「全員がタスキ一本に集中して引き継いでいく。引継ぎ区間はルールで決められ，前走者から引き継いで，区間責任を果たし，次走者へ引き継ぐ」とされる。この足立（1993）や前川・末包編（2011）による駅伝リレーという事業承継のたとえには，長寿企業の事業承継を理解するうえで，2つの重要な研究視点が隠されている。それは，前走者（現経営者）からの「タスキの引き継ぎ」と次走者（後継者）による「区間責任」という視点である。

　第1に，「タスキの引き継ぎ」とは，創業経営者からはじまり旧世代から新世代への事業経営の引き継ぎを示すものである。長寿企業では，新しい世代の後継者に対して製品サービスや慣習を含めた伝統の継承が求められるこ

とが多い。長寿企業における後継者はリレーランナーとして、先代世代から伝統というタスキを受け継ぐことになる。この伝統の継承の要請は、事業承継プロセスのなかでの先代世代との関わり合い[1]を通じて実践される。後継者の行動は、自ずと先代世代の行動から影響を受けることになる。長寿企業の大半はファミリービジネスであるとされるが（Yokozawa & Goto, 2004）、このファミリービジネスを対象とする研究では事業承継が最も重要な課題であるとされてきた。そのため、多くの研究が蓄積されている。先行研究によると、円滑な事業承継では親・配偶者・親族といった経営者世代間の重なり合い（Churchill & Hatten, 1987；Lansberg, 1983）による承継プロセス[2]（Handler, 1990）が重要な機能を果たしていることが示唆されている。つまり、商慣習やしきたりなど「タスキの引き継ぎ」という論点に対しては世代間の承継プロセスが鍵を握っていることが、先行研究からの示唆であるといえよう。

　他方、第2の後継者の「区間責任」とは、商慣習やしきたりなど現経営者世代から伝統の継承が求められる状況において、後継者には独自の能動的な行動が求められることを示す。これは、後継者個人の問題だけではなく組織全体に関わる問題である。組織の存続には、伝統の継承に加えて後継者による企業家的な革新行動が必要である（Ward, 1987）。とくに長寿企業とは、核として変化しない伝統の継承とともに時代に合わせた革新[3]を常に行なうことが長寿の秘訣である（横澤編，2012）。つまり、後継者の「区間責任」とは、現経営者世代からの事業承継とともに時代に応じた企業家的革新に繋がる後継者による能動的な行動が求められることを示す。後継者は、いわば先代世代からの承継プロセスを通じて能動的な行動を行ない、その結果として能力の蓄積をはかり、名実ともに次世代の経営者として周囲から受容されるといえるだろう。

---

[1] 本書は、先代世代との関わり合いについて隣接する世代間だけではなく、過去の世代からの連鎖的な視点も含む概念として議論を展開している。

[2] Handler（1990）によると、現経営者と後継者による承継上の「舞踏（dance）」を繰り広げるプロセスであると表現している（p.49）。舞踏を繰り広げる承継プロセスとは、現経営者と後継者が互いの役割を調整し役割を移行する相互作用の賜物であることを示している。

[3] 他方、Dierickx & Cool (1989) など時間圧縮の不経済（Time Compression Diseconomies）を指摘する研究もある。

神田・岩崎（1996）は，長寿企業とは，相矛盾する伝統と革新の間の矛盾やコンフリクトの弁証法的思考をこらしていると指摘する。長寿企業の事業承継では，世代から世代への事業承継を通じて伝統の継承と後継者による革新という二律背反的事柄の発展的解決が求められている。その意味では，長寿企業の承継プロセスには，現経営者からの「タスキの引き継ぎ」と後継者による「区間責任」という併存が難しい事象を上手に解決するメカニズムが存在するといえるかもしれない。本書では，後継者による独自の企業家活動の発露を能動的行動と位置づけ，先代世代からの「承継プロセス」と「後継者による能動的行動と能力蓄積」との関係について探索的な分析を試みる。そして，「タスキの引き継ぎ」と後継者による「区間責任」という併存困難な事象のメカニズムに接近をはかる。

第2節　研究の方法と意義

1．研究の方法

本書では，研究の目的に接近するために，主としてファミリービジネス[4]研究の理論を用いる。その理由としては，2点あげられる。第1に，先述の通り，我が国の長寿企業の大半がファミリービジネスである事実からである（Yokozawa & Goto, 2004；横澤編, 2012）。第2に，本書における研究の目的を探求するうえで，関連する先行研究が豊富に蓄積されているからである。

2．研究の意義

本研究の意義は，4点である。

1点目は，本研究が，従来のファミリービジネスの事業承継研究にはない，承継プロセスにおける後継者のおかれた状況と行動（能力の蓄積を含む）の側面に着眼して究明していることである。

---

[4]「ファミリーが同一時期あるいは異なった時点において役員または株主のうち2名以上を占める企業」と定義する（後藤ほか, 2012）。

2点目は，日本の長寿企業の現経営者と後継者（先代経営者と現経営者）という通常アクセスが難しいリサーチサイトにおいて，二世代以上の語りを取得して研究していることである。

　3点目は，従来のファミリービジネスが，現経営者のみ，もしくは後継者のみの片側の側面からの研究が多いなか，本研究では現経営者と後継者，ならびに利害関係者からの多様な視点から事業承継という事象を詳説していることである。

　4点目は，日本の長寿企業の事業承継事例を，海外も含めたファミリービジネスの事業承継研究からの知見を用いて研究していることである。

第3節　本書の全体構成

　本書は，全9章で構成されている。第1章では，本書の問題意識が述べられている。第2章では，本書の問題意識に沿って，先行研究の体系的レビューが行われている。先行研究によると，後継者が事業承継を通じてどのような能動的行動を組織に生み出すのかという研究課題は見落とされてきたことが指摘されている。さらに，本課題を探索するうえで，「後継者の正統性」および「後継者の制約性[5]と自律性[6]」という2つの鍵概念が導出されている。第3章では，この文献レビューを踏まえて，研究上の課題と方法が提示される。

　第4章から第7章にかけては，詳細な事例研究である。第4章では山本海苔店（東京都），第5章ではあみだ池大黒（大阪府），第6章では大和川酒造店（福島県），第7章では近江屋ロープ（京都府）を取りあげる。

　続く第8章は，第4章から第7章で提示された発見事実の整理と議論，さらにそれを踏まえて，概念モデルを提示している。第9章は，主要論点の要約からなる結章となっている。

5　『広辞苑（第五版）』によると，制約とは，「条件を課して自由に活動させないこと」とされる。
6　『広辞苑（第五版）』によると，自律とは，「自分で自分の行為を規制すること。外部からの制御から脱して，自分の立てた規範に従って行動すること」とされる。

第2章

先行研究レビュー

第1節　本章の構成

　本研究の目的は，長寿企業の承継プロセスと後継者の能動的行動との関係に焦点を合わせることによって，事業承継を通じた伝統継承と革新の問題を究明することである。そこでまず本章では，先行研究からの含意について整理検討する。具体的には，ファミリービジネスの事業承継研究とファミリー・アントレプレナーシップ研究について体系的なレビューを行なう。

　最初に第2節では，事業承継研究とファミリー・アントレプレナーシップの研究という2つの潮流について述べる。第3節および第4節では，本書が着眼する事業承継における正統性の問題，並びに事業承継における後継者の制約性と自律性という概念について説明する。第5節では，第3節および第4節での視点に基づき，ファミリービジネスにおける事業承継研究の系譜を辿り，各研究をレビューする。具体的には，事業承継における現経営者の役割，後継者の課題，承継プロセス，環境・コンテクスト，世代間の連鎖性に関する研究である。第6節では，ファミリー・アントレプレナーシップ研究の系譜を辿り，各研究をレビューする。

第2節　見過ごされてきた課題

　本書の目的は，強固な取引基盤を有する長寿企業に焦点を当て，その事業承継における伝統と革新のダイナミズムの一端の解明にある。具体的には，後継者の能動的行動に影響を与える承継プロセスの解明である。研究の対象が事業承継や企業家活動などの各要素を含む総合的事象に及ぶことを踏ま

え，本研究ではファミリービジネス研究における複数の研究領域の知見の取り込みを図る必要があると考えている。そこで，解決の糸口を提供してくれる可能性がある先行研究の領域として，ファミリービジネスの事業承継研究とファミリー・アントレプレナーシップ研究の2つに着眼する。

ファミリービジネス研究において，事業承継の問題は最大の課題であるとされた（Handler, 1994）。それ故に，ファミリービジネスにおける事業承継研究は，欧米の研究を中心に多くの研究の蓄積がなされてきた（後藤，2012）。ファミリービジネスにおける事業承継の問題は，経営戦略や経営組織の問題と並んでファミリービジネス研究の中心的な研究領域なのである。このように研究の蓄積がなされることは，一方で研究者にとって事業承継という現象をより精緻に理解する手がかりを与えてくれる。他方で研究の蓄積がなされることに伴い，現象を捉える視点の過剰な細分化を招き，現象をダイナミックに捉える視点を逸してしまう可能性もある。現に，ファミリービジネスにおける事業承継研究が承継プロセスという枠を超えて後継者の行動に及ぶ横断的研究は，本格的になされていない。

これは，ファミリー・アントレプレナーシップ研究においても同様である。後継者の能動的行動[1]の問題は，承継プロセスと切り離された形で議論されてきた。ファミリー・アントレプレナーシップ研究は，経営戦略研究や企業家研究の領域からファミリービジネス研究と関連する研究がなされはじめ，ファミリービジネスを取り巻く環境やコンテクストとの関係から関心が高まってきた研究領域である。ファミリー・アントレプレナーシップ研究のなかにおいて後継者行動の研究は，ファミリービジネスのなかで企業家的革新を育む文化，ファミリー志向性とビジネス志向性のバランス，世代を超えた価値創造などの議論が中心であった。そのため，後継者の能動的行動に影響を与える承継プロセスの研究は，見過ごされてきた課題といえるだろう。

しかし，ファミリービジネスの事業承継研究とファミリー・アントレプレナーシップ研究においては，各々について細かく議論されてきた結果，本書の問題意識に対して有力な手がかりを与えてくれる可能性がある。以下，両

---

1 Miller（1983）によると，企業家指向の構成要素として，革新性，能動性，リスク指向性を挙げる。本書では，ここでいう能動性に依拠して能動的行動と定義する。

研究の体系的レビューを行ない，本書の研究課題を導くうえでの糸口を探ってみることにしよう。

第3節　ファミリービジネスの事業承継研究

1．ファミリービジネス研究における事業承継の位置づけ

　ファミリービジネス[2]とは，スリー・サークル・モデルで示されるように，ファミリー，ビジネス，オーナーシップという3つのサブシステムが有機的に絡み合いながら営まれる（Gersick et al., 1997）。そのため，非ファミリー企業と異なり，サブシステム間の様々な利害関係の調整が必要とされる複雑な経営主体である（Gersick et al., 1997；武井，2010a，b）。このファミリービジネスの複雑さの例が，現経営者は後継者に対して，一方で親，他方では経営者として，義務を果たさねばならないようなことである。さらに，ビジネスそのものは正しい慣習や原則に沿って進められるべきものであると同時に，雇用や収入などのファミリーのニーズにも考慮していかなくてはならない（Gersick et al., 1997）。しかし，ファミリービジネスには経営上の複雑さが存在する反面，創業者世代からの蓄積された資産，ファミリーの価値観，目標，企業の歴史などの関係から（Ward, 1987），継続性という強みをもつ経営主体でもある（Miller & Le Breton-Miller, 2005）。またファミリービジネスは，長期的な視野での経営に加え（Kenyon-Rouvinez & Ward, 2005；加護野，2008），継承性の観点から世代を超えた視野が内在されることにより（Zellweger et al., 2012），夢を追い続ける情熱をもつ経営主体である（Miller & Le Breton-Miller, 2005）。このように，継承性の観点から，事業承継がファミリービジネスの経営上重要な課題として捉えられてきた。他方，ファミリービジネスの消極的側面の特徴もあげられる。たとえば，同族であるが故の経営の排他性や硬直性である（Kenyon-Rouvinez & Ward, 2005）。排他性の観点からは，ファミリービジネス内部での身内びいき[3]

2　「ファミリーが同一時期あるいは異なった時点において役員または株主のうち2名以上を占める企業」と定義され，全企業数の9割を超えるとされている（後藤編，2012）。

図2-1　スリー・サークル・モデル

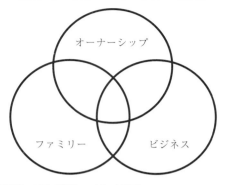

(出所) Gersick et al. (1997) の図（訳書，p.14）を引用。

(nepotism perceptions) に伴う，ファミリーメンバーと非ファミリーメンバーの内部における処遇の違いがあげられる。また，硬直性すなわちガバナンスの欠如の観点からは，ファミリービジネスには外部からの牽制機能が働きにくいとされる。

　最後に，ファミリービジネスの事業承継の定義について確認しておこう。標準的なファミリービジネスの事業承継の定義は，オーナー経営者からファミリーメンバーもしくは非ファミリーメンバー（専門経営者）への経営権の承継とされている（Beckhard & Burke, 1983）。本書では，Beckhard & Burke (1983) の定義に基づき，とくに経営戦略や経営組織という経営学の主要領域と関わりのある研究を取り上げる。

2．先行研究の体系化

　ファミリービジネスの事業承継研究[4]は，現経営者が果たす役割と課題からはじまり，次世代に関心が拡大した後，両者ならびに利害関係者との関係性に焦点が移行してきた（後藤，2012）。その後，経営戦略研究や企業家研究の領域からファミリービジネス研究と関連する研究がなされはじめ，ファミリービジネスを取り巻く環境やコンテクストとの関係から事業承継研究に

3　Spranger et al. (2012)。
4　古くは Christensen (1953) の研究に遡る。

第 2 章　先行研究レビュー

図 2-2　ファミリービジネスの事業承継研究における主要研究テーマと研究枠組み

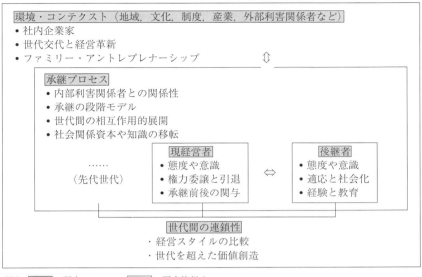

(注)　▰：研究テーマ　　□：研究枠組み
(出所) 筆者作成。

関心が高まってきた。以下，従来のファミリービジネスの事業承継研究について，現経営者の役割，後継者の課題，承継プロセス，環境・コンテクスト，世代間の連鎖性という研究テーマに分けて，整理検討していくこととしよう。

3．現経営者の役割

当初，従来の承継プロセスにおける現経営者の研究対象は，創業経営者の旺盛な企業家精神[5]の側面に焦点が当てられた（Kets de Vries, 1985）。そのため，創業経営者は事業を自ら作り上げた建造物として認識するあまりに後継者に承継することを躊躇う傾向など態度や意識について議論されてきた。その後，承継を躊躇する傾向にある創業経営者がいかに後継者に権力委譲[6]

5　学術的には「企業家」という表記と「起業家」という表記が存在するが，本書では以下「企業家」という表記で統一している。
6　本書では，権力委譲を現経営者から後継者への経営権の移行を示すこととする。なお，後述の権限委譲は，現経営者から後継者への経営権の一部の移行を示すこととする。

9

していくのかという問題に関心が集まり（Barnes & Hershon, 1976；Danco, 1980），創業経営者のキャリア終盤期において引退へのプレッシャーが生じることが示され（Handler, 1994），経営者の権力委譲や引退に関係する議論がなされた（Sonnenfeld, 1988；Handler & Kram, 1988；Lansberg, 1988）。最近では，承継前後の現経営者の後継者への関与に関する研究（Cadieux, 2007）がなされてきている。

(1) 現経営者の事業承継への態度や意識

創業経営者は自らが育んできた事業だからこそ自分自身と事業を一体として認識してしまい，事業の成長に自分自身の成長を見出してしまう性質が示されている（Levinson, 1971）。Kets de Vries（1985）によると，創業経営者は事業自体を自ら作り上げた建造物（oedipus complex）[7]として認識するあまりに，後継者に事業承継することを躊躇うとしている。さらに，創業経営者は，承継後も自分の影響力を維持できるような後継者を選抜する傾向があるとされる（Levinson, 1971）。Levinson（1974）は，そのような後継者のことを，「忠実な奉仕者（loyal servant）」「油断ならぬ給仕（watchful waiter）」「偽の預言者（false prophet）」と表現している。「忠実な奉仕者」とは創業経営者に親密的であるが無能な存在，2番目の「油断ならぬ給仕」は内外ともに成功者であるが創業経営者から認められるまで際限なく待たされる存在，3番目の「偽の預言者」は必要とされる分野の能力を持ち合わせていない存在を示している。Levinson（1974）からの知見は，創業経営者が事業承継をためらう存在だけではなく，後継者の選抜を行なうにしてもエディプス・コンプレックスが影響することがあげられていることである。つまり，創業経営者は承継後も自分の影響力を維持し続ける目的から，自分の意向をくんでくれるような後継者を選んでしまうのである（Hall, 1986）。後藤編（2012）も，内部昇進や外部招聘による後継者選抜と比較し，ファミリービジネスの経営者が親族を後継者に選ぶ場合には専門的な能力を欠く可能性を指摘する。

---

[7] オーストリアの精神分析学者である Sigmund Freud が提唱した概念である。

その他，偉大な事業の創造者としての創業経営者の不死性や絶対性について議論されてきた。創業経営者の不死性（Kets de Vries, 1995）や絶対性の雰囲気の蔓延は，結果として問題のある事業承継に繋がることが明らかにされている（Danco, 1980）。

(2) 権力委譲と引退

その後，承継を躊躇する傾向にある創業経営者がいかに後継者に権力委譲していくのかという問題に関心が集まる（Barnes & Hershon, 1976；Danco, 1980）。とくに，創業経営者のキャリア終盤期において，引退へのプレッシャーが生じることが示され（Handler, 1994），経営者の権力委譲や引退に関係する議論がなされた（Sonnenfeld, 1988；Handler & Kram, 1988；Lansberg, 1988）。Lansberg（1988）は，創業経営者は経営から離れることを恐れると指摘する。事業経営からの引退は，創業経営者にとりファミリーでの影響力を自ら引き下げることを意味する。創業経営者は自分の存在が不可欠であると思い込む傾向がある（Gersick et al., 1997）。そして自身の社会的使命の消失の恐れが，権力委譲や引退への障害となる（Sonnenfeld, 1988；Gersick et al., 1997）。自分自身と事業との一体感の認識や引退への恐れが引退時期に差し掛かった創業経営者に複合的に襲いかかることが，円滑な事業承継を妨げる原因となる（Handler & Kram, 1988）。

但し日本の場合，長寿企業の事業承継研究を中心として，事業は決して経営者自身のものではないとする議論がなされてきた（足立，1974）。長寿企業の後継者は「のれん」を受け継ぎ，守り，子孫にこれを伝えていかねばならないリレーランナーとしての重い責任がある（足立，1993；前川・末包編，2011）。つまり，経営者としての当主自身のことよりも事業の永続が重視されてきたことが，日本の事業承継研究の特徴のひとつであるといえるだろう。

近年の欧米研究でも，当初の創業経営者による事業承継の難しさの議論から，ファミリービジネスでの共通の夢を託す意味での後継者への事業承継に関心が向けられている（Gersick et al., 1997；Lansberg, 1999）。

(3) 事業承継前後の関与

　Kets de Vries（1995）によると，IBM のトーマス・ワトソン・ジュニアの事例を使用して，父親である先代経営者が亡霊のごとく後継者を脅かしていると指摘している。つまり，後継者にとって先代経営者とは最も影響を受ける存在であり，事業承継における先代経営者の後継者への関与や権力委譲は，後継者の自律性を考える時に重要な問題である。先行研究では，現経営者が後継者への権力委譲の類型化をはかる研究（Aronoff et al., 2012），後継者への承継過程もしくは承継後の現経営者の関与に関する研究がなされはじめている（Cadieux, 2007）。Cadieux（2007）は，ファミリービジネスにおける後継者の任命過程および任命後の先代経営者の役割，すなわち関与の仕方を類型化している。この研究は，経営者の事業承継後の役割について，2つの傾向があることを明らかにしている。この研究の注目点は，先代経営者の特性に応じて事業承継後の役割を職人タイプ（craftsmen）ご都合主義者タイプ（opportunists）に区分していることである。会社の業種，先代経営者のこれまでの仕事経験などに基づき，引退後の事業経営への関わり方が異なることを示している。Cadieux（2007）の研究からの知見は，事業承継後の先代経営者の影響力の違いによる問題点はあるものの，第一線を退いた後の経営者の処遇の仕方を後継者世代が検討する材料のひとつを提供している

図2-3　事業承継後の先代経営者の役割

職人タイプ	ご都合主義タイプ
低い教育レベル	高い教育レベル
専門能力	管理能力
独裁的経営スタイル	（会社の）代表としての経営スタイル
創業面に主たる関心	経営管理面に主たる関心
ハードワークが主要な価値観	調和，公正，誠実が主要な価値観
会社はファミリーを保つための道具	会社はライフサイクルの一部
技術的支援者	経営面における助言者

（出所）Cadieux（2007）の図7（p. 105）を筆者が訳出，引用。

ことである。

(4) 小括

　従来の事業承継における現経営者の役割の研究では，本書が着眼する後継者の能動性を引き出す視点からの議論はなされてこなかった。その理由としては，先行研究の対象が企業家精神旺盛な創業経営者に焦点が当てられていたことであると考えられる。創業経営者であるが故に事業を自らが築き上げた巨大建造物として認識するあまり，次世代への事業承継というよりも，事業承継の躊躇や引退のしにくさなど創業経営者自身に関わる議論が中心になってしまった。また，日本の老舗企業研究においても経営者としての当主よりも事業の永続が重視されてきた。その結果，家訓や家憲，事業システムなどに研究の関心が主に向けられ，経営者と後継者との関係性に関心が向けられてこなかったと考えられる。

4．後継者の課題

　Christensen（1953）は，後継者の使命として，自分の能力を他の経営幹部に証明し，経営幹部からの信頼を勝ち得ていかねばならないと指摘する。後継者は，経営幹部の監視の下で評価に晒されており，法的権威や将来的なオーナーシップをもっているにもかかわらず，従業員から本当の尊敬を勝ち取らねばならない（Christensen, 1953）。

　従来の事業承継における後継者の研究は，当初，他のファミリーメンバーを含め一括りに扱われていた（Handler, 1994）。その後，後継者の選抜や訓練を含む事業承継の準備の重要性が指摘されるようになり（Danco, 1980, 1982；Schein, 1985；Ward, 1987），他のファミリーメンバーと峻別して後継者の問題として議論されている。先述の通り，ファミリービジネスにおける共通の夢を託す意味でも，後継者への事業承継に関心が向けられるようになってきた（Gersick et al., 1997；Lansberg, 1999）。

(1) 後継者の態度や意識

　当初の研究では，事業承継に向けての後継者の態度や意識に焦点が当てら

表2-1 事業承継において後継者に求められる要素

個人レベルにおける影響要因	・個人的なニーズの充足 　　キャリア上のニーズ 　　社会心理的ニーズ（自己アイデンティティ） 　　ライフステージ上のニーズ ・個人的影響力の発揮
関係性における影響要因	・世代間における相互の尊敬および理解 ・兄弟による受容 ・ファミリービジネスの永続性に対するコミットメント ・ファミリーのビジネス関与による緊張

(出所) Handler (1992) の図表5-5 (訳書, p.136) を引用。

れた (Birley, 1986)。Gersick et al. (1997) によると，ファミリービジネスの後継者とは潜在的なジレンマをもつ存在であるという。それは，親世代に組み込まれた世界でいかに自律した存在になるかという課題である。例えば，長子相続制度のもと将来が約束された後継者の場合，自分が特別な人間であるという甘美な感覚を後継者にもたらすと同時に，周囲から大いなる業績が要求される存在であるとされる (Gersick et al., 1997)。Handler (1992) は，事業承継において後継者に要請される要因として個人的なニーズの充足や個人的影響力の発揮とともに，周囲との関係性を指摘している。関係性の側面とは，世代間の相互理解，兄弟など関係者からの受容，組織コミットメントである。後継者に求められるのは，個人的影響力の発揮だけではない。周囲との関係性を通じて，後継者は自らの独自性や影響力を発揮することに繋がる。

　Chrisman et al. (1998) は，後継者に最も求められるのは誠実性と組織コミットメントであるという。とくに，組織コミットメントは，後継者自身のファミリービジネスでのキャリア追求行動に繋がるだけではなく，自律的な経営行動に影響を与えるという (Sharma & Irving, 2005)。

(2) ファミリービジネスへの適応と社会化

　後継者の態度や意識とともに，入社後の適応や社会化の議論もなされている。Barach et al. (1988) は，後継者の入社形態について議論している。新

卒入社では，早期から従業員と親密性が確保できるという積極的側面が存在
する。同時に，仕事上の経験や学習などの環境的制約という消極的側面もあ
る（Barach et al., 1988）。他方，他社経験後の入社では，後継者の外部経験
が従業員からの信頼や後継者の自尊心の高揚に繋がる積極的な側面が存在す
る（Barach et al., 1988；Kets de Vries, 1995）。同時に，後継者の外部経験
に基づく行動が組織内部での衝突に繋がるという消極的な側面も示されてい
る（Barach et al., 1988）。

　加えて Barach et al.（1988）は，後継者の入社後の適応プロセスを示し
た。後継者は，組織文化に応じた思考様式を受け入れ周囲からの支持を獲得
し，信頼[8]を獲得[9]していく。そして，将来の後継者としての地位を周囲に認

表2-2　ファミリービジネスにおける後継者の入社タイミングの比較

	新卒での入社	他社経験後の入社
積極的側面	・早期から事業や従業員に受け入れられやすいというファミリービジネス内での親密性の確保 ・事業で習得される自社特有の能力開発 ・事業の構成員との協働による組織的受容や信頼蓄積の促進 ・組織構成員との強い関係性の構築	・（外部に晒されることにより）後継者の技能は高い客観性をもつ ・過信やファミリーの影響によらない成長の実現 ・後継者の外部での成功経験が周囲からの信頼の蓄積に繋がり，有能な経営幹部として組織に受容される ・事業観の拡大
消極的側面	・互いの衝突によりオーナー経営者が後継者を育成し統制することを断念 ・普通の失敗が後継者の無能さ故と判断される危険性 ・環境・状況的知識の制約とそれによる（後継者の）脆弱的発達の危険性	・自社特有の専門能力，組織の成功要因ならびに文化の理解の欠如 ・外部の経験に基づく行動が，ファミリービジネス内部での衝突に繋がる可能性 ・後継者が古株社員を昇進上追い越していく際に恨みが生じる可能性

（出所）Barach et al.（1988）の表2（p. 53）を筆者が訳出，引用。

8　足立（1974）も，とくに老舗の当主について次のように述べている。「まことに経営にたずさわるべき当主は店の内外を問わず，他から信頼され，敬慕されるべき存在でなければならないのである」（p. 5）。
9　リーダーシップ研究の領域においても，リーダーとフォロワーとの相互作用による研究が存在する。Hollander（1974）は，リーダーがフォロワーから信頼の貯蓄を獲得していく過程を特異性-信頼理論（idiosyncracy-credit theory）として説明している。

めさせる段階，つまり正統性の獲得を経て後継者になる。

　Barach et al. (1988) の研究からの知見は2点である。ひとつ目が，後継者がファミリービジネスへ入社するにあたり，たんに他社経験を積むことがよいのではなく，新卒入社或いは他社経験後の入社が組織に与える影響を，積極的側面と消極的側面に峻別して議論していることである。2つ目が，後継者の入社後の社会化のプロセスを関係者との相互作用のなかで獲得すべきもの（たとえば，正統性の獲得など）を示していることである。後継者の社会化は，その過程として後継者の選抜という問題も含まれる。後継者選抜の正の側面は早い昇進があげられ，後継者自身が気概を示す機会を早く得られる（Kets de Vries, 1995）。他方，負の側面は，後継者が古株社員を昇進上追い越す際に恨みが生じる可能性（Barach et al., 1988）や身内びいきが選抜上の基礎となる可能性が示されている（Gersick et al., 1997；後藤編, 2012）。

　その他，Harvey & Evans（1994）は，承継プロセスの状況によっては組織を分裂させることになると指摘したうえで，後継者の入社タイミングの調整の重要性を指摘する。Harvey & Evans（1994）の研究上の特徴は，後継者のファミリー・ライフサイクル[10]とキャリア・ライフサイクル[11]を，組織ライフサイクル[12]に重ねて多元的に分析していることである。Harvey &

図2-4　後継者の入社後の適応プロセス

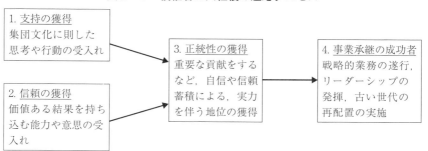

（出所）Barach et al.（1988）の図1（p.52）を筆者が訳出，引用。

10　独身，既婚，既婚・子ども有，既婚・成人の子ども有，既婚・子ども独立，遺族に区分。
11　大学卒業，実務の熟練，地位・権力獲得，業界的熟練，財務的自立，引退に区分。
12　設立期，中期，後期に区分。

Evans (1994) の研究は、ファミリーメンバーを入社させる場合、個人のライフサイクルだけではなく創業期もしくは安定成長期など組織のライフサイクルを含めた複合的な検討が必要であると主張する。複合的な検討がなされない場合、ファミリービジネスにおけるコンフリクトの発生要因（特に事業承継）となる可能性があると指摘している。

(3) 後継者の経験と教育

後継者の経験や教育の研究も行なわれてきた。Foster (1995) は、CCL[13]の調査をもとに、後継者のリーダーシップ開発を検討している。後継者には、学び、成長し、挑戦するうえで、適正な仕事上の環境整備が必要である (Foster, 1995)。この指摘からは、2つの重要な視点があげられる。ひとつ目が、後継者に対する仕事上の挑戦的環境の提供である。とくに、久保田典男 (2011) は承継前の新たなプロジェクト遂行が後継者の能力形成のうえで有効であるという。2つ目が、仕事から離れての後継者のコースワークや独習の重要性である (Foster, 1995)。併せて、後継者教育では現経営者や経営幹部との協働による徒弟制度も重要とされる (Miller & Le Breton-Miller,

図 2-5　親族のファミリービジネス入社ステップ

段階1：組織ライフサイクルとファミリー・ライフサイクルの評価
↓
段階2：キャリア・ライフサイクルとファミリー・ライフサイクルの厳密な連結
↓
段階3：入社タイミングの評価
↓
段階4：親族の入社にあたってのタイムテーブルの確立
↓
段階5：入社タイミングにあたっての不測事業対応計画

(出所) Harvey & Evans (1994) の記述 (pp. 232-233) を筆者が訳出のうえ引用、表を作成。

13　Center for Creative Leadership の略。

2005)。徒弟制度では，後継者のキャリアパスの設定，幅広い職務ローテーションや訓練とともに，経営幹部クラスのメンターからのフィードバックが常に行なわれる（Danco, 1980；Steier, 2001；Miller & Le Breton-Miller, 2005）。加えて，徒弟制度には現経営者による後継者の育成だけではなく，現経営者自身もまた若い相手から学ぶという相互関係が内在されている（Miller & Le Breton-Miller, 2005）。Charan（2008）は，ファミリービジネスに限定してはいないが，従来のように経営者を大量一括栽培で育成し選抜するのではなく，個別の育成を図るべきとし，徒弟制度モデル[14]を主張している。徒弟制度モデルは，後継者に対して挑戦的な配置的機会を提供（challenging assignment）し，その後継者による実践の評価として，絶え間のないフィードバック（ongoing feedback）を与える必要があるとする先のFoster（1995）の，主張と符合する。Lumpkin & Brighan（2011）は，ファミリービジネスの特徴として，長期的志向性や根気強さを指摘する。その意味では，Charan（2008）のモデルは，長期的なファミリービジネスにおける後継者訓練と親和性が高いモデルであるといえるかもしれない。Fiegener et al.（1994）では，後継者教育に関して，中小企業のファミリービジネスと非ファミリービジネスを対象に比較研究をしている。分析の結果，①ファミリービジネスでは個人的側面が重視され，後継者教育には関係を重視したアプローチがなされている，②非ファミリービジネスでは公式的側面が重視され，職務を重視したアプローチがなされている，③組織規模は，後継者教育には影響を与えないなどが発見事実として示されている（Fiegener et al., 1994, p. 313）。

　その他，後継者が身に付けておくべき内容についても研究されている。事業承継など変化の際には，後継者には多様な利害関係者との関係と組織内部のプロセスの理解が必要であるとされる（Rouvinez & Ward, 2005；Royer

---

[14] 徒弟制度モデルとは，「中でも最上層部で活躍するポテンシャルを持った人材に関しては，早期に自分の力を試させ，その個人の強みや必要とする能力に沿ったさまざまな試練を与えながら，大胆に昇進させるべきである。その成長プロセスを間近で監視し，それぞれの可能性と，場合によっては限界を見極める必要がある。そして，彼らの仕事ぶりをそばで見ているビジネスに精通したリーダーからリーダーシップに関わるあらゆる側面，とりわけビジネスと対人面（リーダーシップスタイルだけではなく）について，同時進行でフィードバックを与えることである」としている（Charan, 2008, 訳書, p.36）。

表2-3 承継に伴う類型別の利点と課題

		キャリアと能力形成の場			
		1 自社		2 社外	
世代交代の準備・決定過程	A 計画的	A-1 自社内修業型		A-2 他社武者修行型	
		〈利点・つよみ〉 ・社内事情熟知 ・テクニカルスキル向上 ・先代の哲学・考え方（伴走） ・内外への信頼性	〈問題点・課題〉 ・外部への接点確保 ・多くの機会活用 ・技術移転努力 ・突き放した厳しい鍛錬 ・自主性確立重視	〈利点・つよみ〉 ・承継準備作業 ・新しい技術・知識・経験伝達 ・鍛錬と自立の精神 ・広い人脈	〈問題点・課題〉 ・社内事情への習熟 ・狭い枠・知識への限定の恐れ ・人的関係の確立努力 ・経営独自の勉強
	B 偶発的	B-1 社内経験者型		B-2 未経験ぶっつけ本番型	
		〈利点・つよみ〉 ・社内事情熟知 ・内外の人間関係 ・テクニカルスキル ・偶発的ゆえの自由さ身軽さ	〈問題点・課題〉 ・偶発性を超える主体性確立努力 ・権威と信頼が問題 ・外部への接点確保 ・自学自習の努力（経営のあり方）	〈利点・つよみ〉 ・ゼロから描ける企業像 ・外部からの新しい知恵 ・背水の陣ゆえの強み ・周囲はつくか離れるかのみ ・まったくの自由さ・挑戦の機会	〈問題点・課題〉 ・すべてに不安 ・ゼロから学ぶ不屈の努力 ・テクニカルの勉強 ・味方となる人材の確保 ・人間関係と信頼醸成

（出所）三井ほか（2002）の図2-4（p.43）を引用。

et al., 2008)。

　後継者の経験や教育における日本の研究では，中小企業研究を中心に第二創業の視点から議論がなされてきた。三井ほか（2002）では，次世代経営者の能力形成と世代交代の関係を分析している。世代交代の準備状況（計画的もしくは偶発的）[15]と後継者の能力形成の場（社内もしくは社外）として，自社内修業型，他社武者修行型，社内経験者型，未経験ぶっつけ本番型という4つの類型を示し，その積極的意味と消極的意味を議論している。そのなかで，とくに逆境が大胆な転換のイニシャルキックとなり後継者には自立と挑戦のステップとなっているという（三井ほか，2002）。

　その他，八木（2012）は，承継時において後継者が内省を深める経験が

15　Aronoff et al.（2012）によると，事業承継の類型として次の5つを指摘している。①青天の霹靂型，②遅れ遅れ型，③行ったり来たり型，④漸進型，⑤親族外の社長型。

リーダーとしての有効性を高めるうえで重要であることを指摘する。後継者の内省がもつ影響力は，他社での修業経験，経営学教育，先代経営者や右腕社員によるサポートなど本研究で扱った他の要因に比べてもより大きいものであることが明らかにされた。

(4) 小括

　従来の事業承継における後継者の研究では，後継者の意識と態度，後継者の適応と社会化，後継者の経験と教育など，一人称としての後継者の議論が大半であった。そのため，本書が着眼する先代世代との関係性のなかでの後継者の行動に焦点をあてた議論は見過ごされてきたといえるだろう。その理由としては，初期のファミリービジネス研究において身内びいきやネポティズムの問題が議論されてきたことから，親世代との関係性のなかで後継者行動を議論するというよりも，後継者自身のパーソナリティや能力形成に関心が向けられてきたものと考えられる。

5．事業承継における世代間の関係性と過程

　現経営者にはじまり，後継者に関心が拡大した後，両者ならびに利害関係者との関係性に焦点が移行してきた（後藤，2012）。関係性の議論では，組織内部の関係者との関係性にはじまり，事業承継の段階モデル，世代間の相互作用的展開，社会関係資本の移転などのテーマに関心が寄せられてきた。

(1) 内部利害関係者との関係性

　組織内部の利害関係者との関係性は，現経営者と後継者を取り巻く他のファミリーメンバーと経営幹部たちが主な対象とされる（Barnes & Hershon, 1976；Barach & Ganitsky, 1995）。

　Beckhard & Dyer（1983）によると，事業承継とはファミリービジネスにおいて大きな変化であると同時に，経営幹部，ファミリーメンバーにとっても心理的な面において与える影響が大きいという。この研究では，後継者への事業承継が進行するなかで，経営幹部やファミリーメンバーの課題について議論している。

経営幹部の課題としては，2つに分けることができる。第1に，後継者は創業経営者の価値観，関係性，方針，実践方法を継続するつもりなのかどうかという懸念に対して，経営幹部がどう折合いを付けていくかという問題である。このことは，結果として，経営幹部が後継者を中心とする新しい指導体制に対して親密さ，忠節さ，信頼をおけるのかという，経営幹部自身によるファミリービジネスへのコミットメントにも影響する問題である。第2に，事業承継後の経営幹部が後継者との関係性をどのように保っていくかという課題である。経営幹部が前経営者の功労者であったとしても，事業承継後の後継者の体制では従前の職務権限上の地位や役割が保証されるわけではない。経営幹部にとっては，事業承継後の処遇のされ方，ならびに後継者や新しい指導体制との関係性の取り方が重要な課題といえるだろう。

　ファミリーメンバーの課題についても，2つの点が指摘されている。第1に，事業承継後のファミリーメンバーの処遇の問題である。ファミリーメンバーが，資産を統制する権利を得られるのか，もしくは資本が分散している場合にどのように自分の利益は守られるのかの問題である。第2に，事業承継後の後継者の体制において，ファミリーメンバーがどの程度影響力を確保

表2-4　娘（後継者）のアイデンティティがもたらす影響

組織構造と組織プロセス	娘のアイデンティティ		
	父親を気遣い世話する人	王の黄金の番人	黄金の捕獲者
初期教育	受身，忠実，堅実，画一的，依存，非対立的，停滞感	実行，信頼，生産的な対立，柔軟性，変革的，相互依存的	実行，慢性的な対立と変化，相互依存的，変革的
構造	父親によって確立，厳格的，父親譲りの意思決定力とコミュニケーション力	柔軟的，決定の共有，影響力とコミュニケーションの共有，変化への開放性，明確な定義	不変的な権力闘争，混沌，不完全な定義，不明確なコミュニケーション
文化	風格のある規範と価値観，高い敬意に基づく家父長制	統合的で適応的な規範と価値観，現実的な父親の評価や自分の強み・弱みの評価	流動的な規範と価値観，危機的且つ受け入れがたい環境
戦略	社会的地位に基づく方法，ミッションや戦略的ビジョンの不変性，非活動的，変化への耐性，保守的仕組み	新たなミッションと戦略的ビジョンの統合，企業・ファミリー・自分への奉仕，機会への開放性，外部への開放性，外部からのフィードバック	大胆さ，危険探索的，高い可視性，ミッションと戦略的ビジョンの劇的な移行，個人の利益獲得上のストレス
意思決定	責任回避的，現存の決定方法に従う	文脈的な指向，組織的影響に焦点をあわせる	衝動的，不完全な承諾を根拠，非一貫性，一面的

（出所）Dumas（1990）の表1（p.175）を筆者が訳出，引用。

できるかの問題である。

　Beckhard & Dyer（1983）の指摘からの知見は，事業承継が決して現経営者と後継者だけの問題に終わらないことを示していることである。事業承継とは，現経営者の指導体制から後継者の指導体制へと移行されることであり，その移行によってファミリービジネスに関わる利害関係者との間で新たな関係性が生じることになる。とくにファミリービジネスに関わり合いが深い経営幹部やファミリーメンバーは，事業承継後の自身の処遇を考える存在であり，新指導体制との間で関係性を築くのが難しい。

　また，Dumas（1990）は，事業承継におけるジェンダー問題を取り上げ，後継者としての娘の存在に着眼し，女性特有の潜在能力の高さを評価したうえで事業承継に向けた訓練を施す必要があることを指摘している。

　また，事業承継における兄弟の関係性についても議論されている。兄弟との関係とは，兄弟が互いに自立している時に，もっともよい状態が構築できるという（Swogger, 1991）。Friedman（1991）は，兄弟間で相互にライバル心をもつ場合，ファミリービジネスの破壊原因になるという。これは，たんに兄弟間の対立の負の側面の危険性を示しているのではない。Friedman

図2-6　親と子の共同就業におけるライフステージ・マトリックス

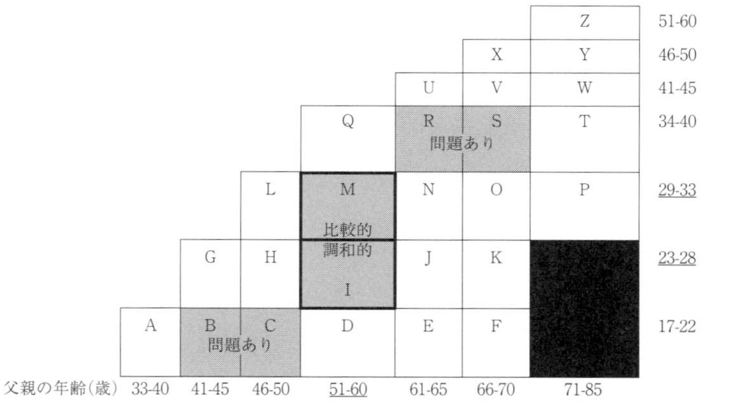

父親の年齢(歳)	33-40	41-45	46-50	51-60	61-65	66-70	71-85	息子の年齢(歳)
							Z	51-60
						X	Y	46-50
					U	V	W	41-45
				Q	R 問題あり	S	T	34-40
		L	M 比較的調和的 I	N	O	P		29-33
	G	H		J	K			23-28
A	B 問題あり	C	D	E	F			17-22

（出所）Davis & Tagiuri（1989）の図1（p. 49）を筆者が訳出，引用。

研究の特徴は，後継者への影響力の移行プロセスにおいて，対立を適切に調整して正の側面への転換をはかることの重要性を説いていることである。従来の研究によると，事業承継上の対立は負の側面が強調され，その回避を中心に議論がなされてきたが（Danco, 1980），最近，対立の正の側面への転換を指摘する研究もなされている（Friedman, 1991; 後藤, 2012）。

　Davis & Tagiuri（1989）は，父親と息子の共同就業における年齢段階ごとの関係性（組み合わせ）について議論している。将来の事業承継を見据えたうえで世代間の最も調和的な年齢の組み合わせは，父親が51〜60歳の時に息子が23〜33歳の場合が，比較的調和的であるという。他方で，父親が41〜50歳の時に息子が17〜22歳の場合，並びに父親が61〜70歳の時に息子が34〜40歳の場合は，比較的問題があるという。

　また，Barnes & Hershon（1976）は，事業承継における世代間の影響力の移行が，非ファミリーメンバーにも影響を与えると主張する。そのため，承継プロセスの段階にある組織は，争いなどで硬直的になりやすく，優柔不断にもなりやすいという。さらにBarnes & Hershon（1976）は，事業承継における影響力の移行とは，決して現経営者と後継者だけの問題ではなく内部利害関係者である従業員にも影響を与えることを指摘している。従業員にとっては，先述の経営幹部の場合と同様に事業承継による今後の自身の処遇の問題や後継者との関係の取り方など重要な問題が存在するといえるだろう。Beckhard & Dyer（1983）も，事業承継とはファミリービジネスにおいて大きな変化であると同時に，経営者，経営幹部，ファミリーメンバーにとっても心理的な面において与える影響が大きいことを示している。

(2) 外部利害関係者との関係性

　Barnes & Hershon（1976）によると，供給業者，販売先，取引金融機関など多様な外部利害関係者に対しては，後継者が先代経営者時代と同様の信頼を構築していけるかが重要な問題であると指摘する。加えて，規制業種であれば行政組織との関係性の問題も存在するという。

図2-7　利害関係者の事業承継時の状況と役割

	ファミリーの内部	ファミリーの外部
事業の内部	**経営者** ・企業経営 ・経営者としての選抜 ・ファミリーによる投資と経営参加の継続 ・企業基盤や名声の構築 ・競争	**従業員** ・労働に対する報酬 ・企業の持株，企業の成長や成功の共有 ・専門家意識 ・ファミリーの世代交代の橋渡し役 ・会社との利害関係
事業の外部	**ファミリー** ・収入と相続資産 ・ファミリー内の衝突と協調 ・事業への参加の程度	**外部利害関係者** ・競争関係 ・市場，製品，供給，技術的な影響 ・税制，税法 ・調整機関

(出所) Barnes & Hershon (1976) の図1 (p.108) を筆者が訳出，引用。

(3) 事業承継の段階モデル

　次に，事業承継の段階モデルの議論がなされてきた。世代間の承継段階モデルや相互作用的展開とは，一過性の出来事ではなくプロセスもしくはその相互の関係性である（Churchill & Hatten, 1987；Handler, 1990；Longenecker & Schoen, 1978）。承継プロセスにおける世代間の重なり合いを通じて（Churchill & Hatten, 1987），ファミリービジネスの後継者は将来の経営者となる。故に，承継プロセスには，後継者の育成，現経営者と後継者の経営上の協働，世代交代などの段階が含まれる（Churchill & Hatten, 1987）。そして，世代間の関係性が承継計画や後継者教育に影響を与える（Lansberg & Astrachan, 1994）。ちなみに，「非ファミリービジネスでは職務性アプローチが重視される」が，「ファミリービジネスでの後継者教育には関係性アプローチが重視される」ことが明らかにされている（Fiegener et al., 1994）。

　Longenecker & Schoen (1978) は，後継者のファミリービジネスにおける組織社会化のプロセスを提示している。具体的には，就業前段階，部分的

表2-5　経営者父子による事業承継段階

就業前段階	部分的就業段階	就業開始段階	職能段階	上級職能段階	承継導入段階	承継成熟段階
		後継者入社↓		世代交代↓		
・組織や産業について意識しはじめる。 ・ファミリーメンバーによる後継者への指導は未計画か活発ではない。	・パートタイム労働の経験もないのに，ファミリー構成員や従業員に晒される。	・組織にパートタイム労働者として就労する。 ・徐々に職務は困難さと複雑さを増す。 ・経営教育（経営大学院など）や他社での職務経験を積む。	・組織にフルタイム労働者として就労する。 ・非管理職での職務経験を積む。	・経営管理を司る職務を引き受ける。 ・将来の経営者就任を見据え，あらゆる経営管理に関係する経験を積む。	・経営者の職務を引き受ける。 ・就任早々の後継者は，先代経営者以上に実質的な組織のリーダーとなる必要がある。	・実質上の組織のリーダーとなる。

（出所）Longenecker & Schoen（1978）の図1（p.4）を筆者が訳出，引用。

就業段階，就業開始段階，後継者入社後の職能段階，上級職能段階，世代交代後の承継導入段階，承継成熟段階の7段階である。Longenecker & Schoen（1978）の貢献は，事業承継における後継者の社会化プロセスの具体的内容と課題，世代交代に向けた後継者の社会化プロセスの時間的変化を示したことである。Goldberg & Wooldrigde（1993）によると，承継プロセスにおいては，経営上の自律性が与えられることが重要であると指摘している。とくに，Longenecker & Schoen（1978）の第6段階と第7段階，Churchill & Hatten（1987）の第3段階などの世代交代期もしくはその直後の段階において，後継者への自律性の確保が重要である。

また，承継プロセスは，世代間の重なり合いの視点から（Churchill & Hatten, 1987），現経営者と後継者の相互の役割を概念化することができる（Handler, 1994）。Churchill & Hatten（1987）は，事業承継における現経営者と後継者の役割の発展プロセスについて論じている。この研究では，具体的に役割の発展プロセスを4段階に区分している。第1段階とは現経営者が事業を単独支配する段階である。第2段階が訓練育成の段階とされ，子弟がファミリービジネスに入社し事業経営の経験を積んで学ぶ段階である。第3段階が世代間でのパートナーシップの段階とされ，現経営者と後継者が事業経営で協働関係を築く段階である。第四段階が影響力の移行段階とされ，突

然或いは計画的に，後継者へ経営上の影響力や責任を移行する段階である。Churchill & Hatten（1987）は，その後の承継プロセス研究の基礎を築いたといえるだろう。

(4) 世代間の相互作用的展開

　Handler（1990）は，ファミリービジネスの後継者32名に対するインタビュー調査を行ない，現経営者・後継者間役割調整モデル（Mutual Role Adjustment Between Predecessor and Next Generation Family Members）という，承継プロセスの現経営者と後継者の役割の移行と調整をモデル化している。本調査では，創業経営者から後継者への事業承継だけではなく，二代目から五代目にかけての経営者から後継者への事業承継も対象とされた。このモデルは，後継者がファミリービジネス内部で社会化するに伴い，現経営者が後継者の社会化段階に応じて適切な役割を選択して後継者に対応するプロセスを表している。本研究の特徴は，従来のLongenecker & Schoen（1978）やChurchill & Hatten（1987）などの承継プロセスの概念に，後継者による現経営者への能力の提示と現経営者による後継者の評価という，世代間の相互作用の視点を組み込んでいる点である。つまり，後継者は自分の能力を現経営者に示して次の段階の役割に移行し，現経営者は後継者から示された能力を評価して後継者に権力委譲を行なう（Handler, 1994）。後継者が能力を蓄積しているにもかかわらず，現経営者が後継者に新たな役割を担わせない，反対に，後継者の能力が未熟であるにもかかわらず，現経営者が後継者に経営上の役割を担わせる場合には，役割調整上の問題が生じる。Handler研究からは，現経営者が後継者の能力蓄積に応じて権力委譲するという後継者への自律的側面の提供が内在されていることがうかがえる。

　Cater Ⅲ & Justis（2009）は，先述のChurchill & Hatten（1987）の概念をベースに承継プロセスを区分し，前半が後継者による知識取得の段階，後半が後継者によるリスクテイキングの段階であると示した。とくに，リスクテイキングの段階は，後継者の革新的行動との関係での議論がなされている。具体的には，Longenecker & Schoen（1978）の第6段階と第7段階，Churchill & Hatten（1987）の第3段階などの世代交代期の段階，また

図2-8 現経営者・後継者の役割調整プロセス

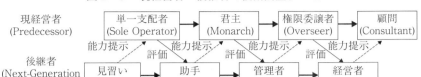

(出所) Handler (1990) の表3 (p.43) を筆者が訳出, 引用。

図2-9 後継者のフォロワーからリーダーへの育成体系

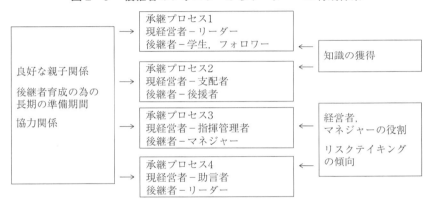

(出所) Cater Ⅲ & Justis (2009) の図1 (p.122) を筆者が訳出, 引用。

Handler (1990) の後継者への権力委譲の段階に該当する。この段階では，後継者の企業家行動などに繋がる能動的な取組みを促す意味からも（落合, 2013），経営上の自律性が与えられることが重要である（Goldberg & Wooldrigde, 1993）。

このように欧米の先行研究では，世代間の承継段階モデルや相互作用的展開の議論が中心であった。しかし，日本の研究では，長寿企業研究を中心に世代間の承継プロセスにおける第三者的立場としての番頭の役割に関心が向けられた。欧米のファミリービジネス研究において，番頭という位置づけの経営幹部の存在を指摘する研究は筆者が検証する限り存在しない。番頭とは，老舗企業において重要な役割を果たしている日本特有の存在であるといえるかもしれない。前川・末包 (2011) によると，番頭制度とは，江戸時代

表2-6　二代目を補佐する時の，5つのポイント

1．新社長の権威づけをする
2．二代目の長所をみていく
3．フロント・バンガードに徹する
4．指導者顔をしない
5．大番頭はご意見番ではない

(出所) 青野（2011）の記述（pp.255-258）に基づき，筆者が表を作成。

初期に，江戸，京都，大阪の大都市が発達して，地方の商人が地方の本店の他に大都市に出店を行ない，その出先にも経営の責任者を配置する必要性が出てきたことに起源をもつという。その後，商家の営業規模の拡大，取扱品の多業種化などに伴い，番頭は主人の補佐役つまり経営の専門家としての役割を担うようになったという（前川・末包, 2011）。

前川・末包（2011）は，番頭の機能の必要性を3点指摘している。経営者一人の限界，企業経営の落とし穴，世代交代のつなぎ役である。事業承継にあたっては，世代交代の媒介としての役割が重要になる。事業承継において，父派と息子派の対立，兄弟の断絶，OBと現役の離齬，複数の後継者争いがおこる場合に，番頭がつなぎ役，黒子役を務める「副」となる番頭が必要となると指摘している（前川・末包, 2011）。

青野（2011）によると，日本に番頭制度が生まれた江戸時代の商家では，大番頭は二代目の教育係兼後ろ盾としての役割を果たしていたという。そのうえで，青野（2011）は，番頭の役割として5つのポイントを指摘している。注目するべきなのは，番頭とは，経営者へのご意見番としての存在だけではなく，後継者の後ろ盾をする存在であるということである。ここからは，番頭が後継者を将来の経営者として自律させるうえで重要な役割を果たしていることが理解できる。

(5) 社会関係資本や知識の移転

最後に，承継プロセスの研究においては，承継の段階モデルや世代間の相互作用的展開など承継プロセスの他に，承継される内容の研究として，社会

図 2-10　社会関係資本の承継

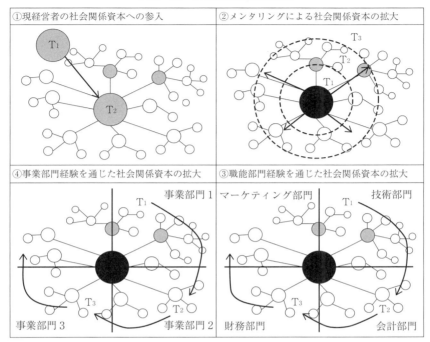

(注) T_1, T_2, T_3 は，後継者の社会関係資本の広さの段階を示す。具体的には，T_1 は初期，T_2 は中期，T_3 は後期を示す。
(出所) Steier（2001）の図 1 （p. 264），図 2 （p. 267），図 3 （p. 269），図 4 （p. 269），より筆者が訳出，一部加筆のうえ引用。

関係資本や知識の移転などの議論がなされている。Steier（2001）は，ファミリービジネスの事業承継を社会関係資本（関係的富）の視点から考察している。後継者が現経営者の取引先や外部関係団体など社会関係資本のネットワークに参入し，現経営者のメンタリング[16]によりその社会関係資本を拡大させていることを指摘する。また，事業部門や職能部門の経験を通じて，さらに社会関係資本の領域を拡大させているという。

　Steier（2001）の研究での注目点は，先述の Barnes & Hershon（1976）

---

[16] 他方，Handler（1994）は，ファミリービジネスにおける親から後継者へのメンタリングが有効であるかどうかは明らかになっていないとしている。両親によるメンタリングについても彼らが普段から担う多くの役割の関係から，効果を発揮しないケースもあるという（Ward, 1987）。

が示した外部の利害関係者や内部の従業員との新しい関係性を構築していくプロセスを社会関係資本の概念で説明していることである。加えて，後継者による社会関係資本の拡大においては，現経営者が重要な役割を担うということを指摘している点は，本書における着眼点とも符合する。

(6) 事業承継における暗黙知の移転プロセス

Cabrera-Suarez et al.（2001）は，事業承継における暗黙知の移転プロセスを指摘している。Cabrera-Suarez et al.（2001）の研究では，現経営者から後継者に暗黙知が移転されるプロセスを，多角的な視点から捉えている。Steier（2001）や Le Breton-Miller et al.（2004）が指摘するように，事業承継とは，事業承継だけで完結して進むものではない。それは，業界，事業環境，ファミリービジネスの組織など社会的な文脈（context）のなかで捉える必要性がある（Steier, 2001；Le Breton-Miller et al., 2004）。Cabrera-Su-

図2-11 知識移転と後継者育成

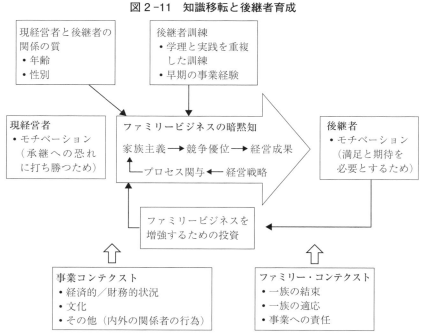

（出所）Cabrera-Suarez et al.（2001）の図1（p. 41）より筆者が訳出，一部修正のうえ引用。

arez et al.（2001）の研究によると，ファミリービジネスの暗黙知の移転には，現経営者と後継者個人の動機的側面だけではなく，現経営者と後継者の関係性の質，早期の事業経験などの訓練，事業やファミリーを取り巻く状況などから影響を受けることを示している。そのうえで，ファミリービジネス内部における経営戦略の策定，現経営者によるプロセスへの介入をへて後継者に知識移転される。

(7) 小括

従来の承継プロセスの研究においては，世代間の相互作用的展開の研究など本書が着眼するテーマのひとつが議論されてきた。その世代間の相互作用的展開の研究は，承継プロセスの段階に応じて新旧世代が役割を調整して移行するという事業承継自体についての議論が中心であった。また，この研究では，後継者による能力提示や現経営者による評価という相互作用の重要な要素が示されながら，次にこの相互作用が後継者の行動にどのように作用していくかまでは議論されていない。

その理由としては，世代間の相互作用的展開の研究の調査対象が，現経営者のみ，もしくは後継者のみの片側の側面からの研究がほとんどである点である。これは第1に，単純に両世代へのアクセスが難しいことによると考えられる。第2に，日本の当主襲名制度など予め後継者が特定されているケースを除き，欧米のファミリービジネスでは，兄弟姉妹間や親族間において後継者の選抜の問題があり，後継者として一定期間特定して追跡することが困難であるという理由が考えられる。

承継プロセスの研究では，本研究が着眼する世代間の相互作用的展開が議論されていながら，世代間の相互作用的展開を通じて後継者の能動的行動はどのようにたち現れるのか，またその後継者の能動的行動は何を生み出すかの議論は，見落とされてきたのである。

6．世代間経営スタイルの比較

世代間の経営比較の研究においては，最初に創業経営者と二代目以降の経営者の経営スタイルの違いについての関心が寄せられた。創業経営者の特徴

は父親温情経営主義的な傾向であり,二代目以降の世代は専門的経営主義型の経営を行なう傾向にあることが示されている(Schein, 1983；Dyer, 1988)。

　Sonfield & Lussier(2004)では,ファミリービジネスにおける世代間比較に関する研究が少ないと指摘したうえで,創業者世代と二代目・三代目世代との比較研究をしている。分析の結果,創業者世代は,二代目・三代目世代よりも承継計画の策定をする割合が少なく,創業者・二代目世代と三代目世代との比較では相違は認められなかった。そして,創業者世代は,株式発行や負債による資金調達を行なう割合が高かった。Schein(1983)やDyer(1988)を含め企業家としての創業者の特徴が示されている。

　従来,世代間の比較の研究は,ほとんど研究の蓄積がない領域である。理由としては,欧米のファミリービジネスの場合,日本の老舗のように創業100年以上で数世代承継されてきた企業が多くないことがあげられる。したがって,世代間の比較を行なう場合,特徴的な性質を有する創業経営者とそうではない二代目経営者との比較にならざるを得ないことが考えられる。世代間の比較研究は,個々の世代の経営スタイルを浮きぼりにすることに主眼が置かれてきた。そのため,本書が着眼する世代間の行動の相互作用から何が生み出されるのかという論点は斜陽に置かれてきた。

7．環境・コンテクストと事業承継との関係

　環境・コンテクストとの相互作用の議論は,環境・コンテクストから影響を受ける承継プロセスの議論と,環境・コンテクストに働きかける承継プロセスの議論とに分けることができる。承継プロセスに影響を与える要因としては,競争構造や規制などの産業コンテクスト,並びに,文化,社会規範,倫理,宗教,法規制などの社会コンテクストが存在する(Le Breton-Miller et al., 2004[17])。

(1) 事業承継とコンテクスト

---

[17] Le Breton-Miller et al. (2004) は,その他,一部組織内部にかかわるコンテクストとして,経営戦略や組織構造など,ファミリービジネス・コンテクストとファミリーメンバーの影響力などのファミリー・コンテクストを指摘している。

Le Breton-Miller et al.（2004）は，ファミリービジネスの事業承継とは，様々なコンテクスト（context）から影響を受けることを指摘している。Le Breton-Miller et al.（2004）では，大きく分けて2つのコンテクストからの影響があると指摘している。ファミリービジネス・コンテクスト（family owned business context）とファミリー・コンテクスト（family context）である。ファミリービジネス・コンテクストとは，ファミリービジネスの戦略，組織，組織文化，資本構造などを示す。ファミリー・コンテクストとは，ファミリーの価値規範や影響力の構造などを示す。後継者の選抜，教育，影響力の移転，資本の承継という一連の事業承継のプロセスは，ファミリービジネス・コンテクストとファミリー・コンテクストからの影響を受けながら進行される。

　Le Breton-Miller et al.（2004）の注目点は，先述のBarnes & Hershon（1976）が指摘する事業承継自体が従業員や利害関係者に影響を与える事象であるだけではなく，事業承継の一連のプロセスそのものがコンテクストのなかに埋め込まれた事象であることを示している点である。したがって，事業承継はその時点での業界構造，それに伴う戦略，組織などの影響を受けることになる。併せて，事業承継時点でのファミリービジネス特有の価値観などにも影響を受けることになる。

(2) 世代交代と経営革新

　Gersick et al.（1997）によると，安定成長段階におけるファミリービジネスの戦略の再考は前の世代とは違うやり方で進められるとし，新しいアイデアやシステムは，新しいリーダーとともに現れるという。Jaffe & Lane（2004）は，事業存続のために後継世代における事業の活性化や再創業が必要であるとしている。ここからは，後継世代による経営環境の変化に応じた企業家行動が，事業承継の要諦であることが示唆されている。久保田章市（2011）によると，中小企業の世代交代と経営革新の関係においては，時代や経営環境の変化の要因が大きいという。これは，先述のLe Breton-Miller et al.（2004）が指摘するように，事業承継自体が産業コンテクストなどに組み込まれた事象であるという主張に符合する。

図2-12　事業承継におけるコンテクスト

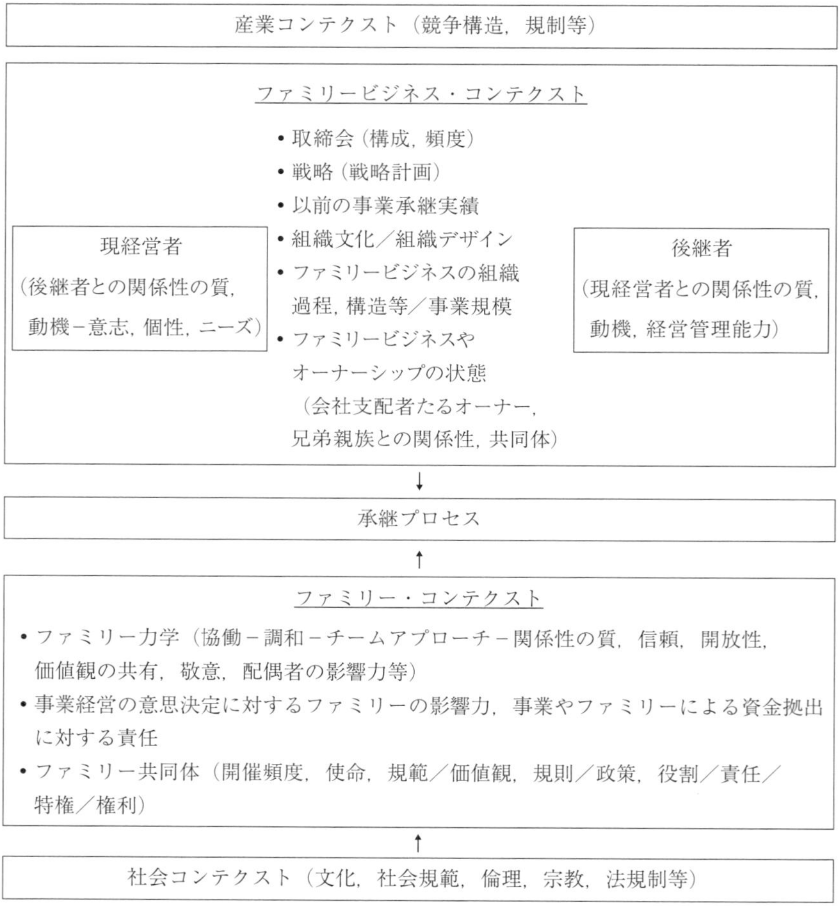

```
┌─────────────────────────────────────────────────────────────┐
│         産業コンテクスト（競争構造，規制等）                 │
└─────────────────────────────────────────────────────────────┘

┌─────────────────────────────────────────────────────────────┐
│              ファミリービジネス・コンテクスト                │
│                                                             │
│                  ・取締会（構成，頻度）                      │
│                  ・戦略（戦略計画）                          │
│                  ・以前の事業承継実績                        │
│  ┌──────────┐   ・組織文化／組織デザイン   ┌──────────┐     │
│  │  現経営者 │   ・ファミリービジネスの組織 │  後継者  │     │
│  │(後継者との│    過程，構造等／事業規模    │(現経営者との│  │
│  │ 関係性の質，│ ・ファミリービジネスや      │関係性の質， │  │
│  │動機-意志， │   オーナーシップの状態       │動機，経営  │  │
│  │個性，ニーズ)│   （会社支配者たるオーナー， │管理能力）  │  │
│  └──────────┘    兄弟親族との関係性，共同体) └──────────┘   │
└─────────────────────────────────────────────────────────────┘
                              ↓
┌─────────────────────────────────────────────────────────────┐
│                      承継プロセス                           │
└─────────────────────────────────────────────────────────────┘
                              ↑
┌─────────────────────────────────────────────────────────────┐
│                  ファミリー・コンテクスト                   │
│ ・ファミリー力学（協働-調和-チームアプローチ-関係性の質，信頼，│
│   開放性，価値観の共有，敬意，配偶者の影響力等）             │
│ ・事業経営の意思決定に対するファミリーの影響力，事業やファミリー│
│   による資金拠出に対する責任                                 │
│ ・ファミリー共同体（開催頻度，使命，規範／価値観，規則／政策，│
│   役割／責任／特権／権利）                                   │
└─────────────────────────────────────────────────────────────┘
                              ↑
┌─────────────────────────────────────────────────────────────┐
│     社会コンテクスト（文化，社会規範，倫理，宗教，法規制等） │
└─────────────────────────────────────────────────────────────┘
```

（出所）Le Breton-Miller et al.（2004）の図2（p.318）より筆者が訳出，一部修正のうえ引用。

(3) 小括

　承継プロセスが外部環境から影響を受ける視点は，本書の着眼点に関係する。それは，事業承継プロセスが，現経営者から後継者への経営承継として組織内部の事象として捉えるのではなく，当然後継者が外部の利害関係者との接触関係を通じて能動的行動が発現する場合もあるからである。また，生

み出された後継者の能動的行動が現経営者との世代間の関係性に影響を与える可能性もある。

第4節　ファミリー・アントレプレナーシップ研究

1．初期のファミリー・アントレプレナーシップ研究

　ファミリービジネスの経営者が企業家を育むことは，ファミリービジネスの存続，収益性，成長にとり重要である（Poza, 1988；Salvato, 2004；Kellermanns & Eddleston, 2006）。Poza（1988）は，創業経営者はファミリービジネス内において社内企業家を育み支援していくべきであるとしている。Poza（1988）は，ファミリービジネスにおける変革障壁として識別・管理すべき点として，①成長ビジョンの欠如，②顧客，従業員，運営，競争の間の隔たり，③（社内企業への）出資の消極性と短期志向性，④膨大な間接費と高い社会的（風評的）リスク，⑤データと論理的思考への過度の依存，⑥経営陣，オーナー，ならびに社内企業家との不適切な障壁，を指摘している。そのうえで，社内企業家を育む文化を創出するうえで，戦略，組織，財務，ファミリーの4つの側面からの課題を提示し，課題を克服するための方法を提示している（p.349）。Poza（1988）の研究の貢献は，それまでのファミリービジネス研究において創業経営者の側面ばかりが強調されてきたなかで，創業経営者が二代目以降の企業家活動を支援する必要性を訴えた点が大きい。

2．社内企業家

　2000年代中盤頃から，ファミリービジネスにおける社内企業家（corporate entrepreneurship）という概念が提唱されるようになった。社内企業家とは，ファミリービジネスの存続，収益性，成長にとり重要なものであると示されている（Rogoff & Heck, 2003；Salvato, 2004；Kellermanns & Eddleston, 2006）。

　Kellermanns & Eddleston（2006）によると，ファミリービジネスでの企

表 2-7 社内企業家文化の創造

	課題	方法
経営戦略	・製品知識と製造技術 ・市場にかんする知識 ・成長ビジョンの欠如からの克服	・専門化 ・多様化 ・企業家志向
経営組織	・ファミリーとビジネス，オーナーとマネジャーとの役割の相違 ・組織構造 ・コミュニケーションと問題解決 ・顧客と従業員との隔たりの克服	・チーム ・報酬制度
経営財務	・情報豊かな意思決定環境の構築 ・新しい企業に向けての出資 ・データからの強迫観念と資金の出し惜しみの観念の克服*	・情報システム ・ファミリーベンチャーキャピタル企業
ファミリー	・組織構造を支える株式所有構造 ・非ファミリーメンバーによる帰属意識とオーナーシップ意識 ・創業経営者，ファミリー，事業における不適切な役割や境界の克服 ・社会的リスクの観念の克服	・株式所有構造 ・人的資源計画と実践

(出所) Poza（1988）の図 3（p. 349）を筆者が訳出，引用。
(訳注) * Zahra（2005）の研究によると，創業当時は企業家精神旺盛な創業経営者も，経営者の在任期間が長くなるにつれて，保守的になることを指摘している。

業家志向に影響を与える要因は，世代間による関わり合い，変革への意思，技術的機会を認識する能力[18]である。世代間による関わり合いには，現経営者から後継者への承継プロセスにおける相互作用を含む（Kellermanns & Eddleston, 2006）。これは，後継者による本業内新事業の実践など企業家志向に影響を与えると考えられ，本書が着眼する事業承継と後継者の能動的行動に関わりの深い議論である。

Zahra（2005）は，エージェンシー理論を援用して，アメリカの209社のファミリービジネスの製造業を対象として，企業家のリスク選好に関する調

---

[18] 企業家活動とは環境変化が情報の不調和や差異を創り出す時に生み出されるために，それゆえ環境変化により創出される機会を認識し探索する能力がファミリービジネスにおける企業家志向に重要であるとしている（Kellermanns & Eddleston, 2006）。

査を行なっている。その結果，オーナーシップやファミリービジネスにおける帰属意識は企業家志向を促進することが示された。他方，経営者の在任期間の長さにはその逆の効果があることを指摘している。そのため，ファミリービジネスの企業家精神の持続には，他のマネジャークラスのファミリーメンバーの能力を利用して，企業家志向を促進する必要性を指摘している。Zahra（2005）の研究からの知見は，プリンシパル＝エージェントの問題が生じにくいファミリービジネスだからこそ，経営者の在任期間が長くなるにつれて，リスク回避的な傾向に陥ることを指摘していることである。

3．世代を超えた企業家活動

併せて，先述の社内企業家研究の発展的議論として，世代を超えた企業家活動という概念が示されている（Zellweger et al., 2012）。

Zellweger et al.（2012）は，ファミリービジネスにおける企業家精神の世代間の連鎖性に関する研究を行なっている。Zellweger et al.（2012）は，Nordqvist & Melin（2010）の概念のひとつである，ファミリービジネスにおける企業家志向性とファミリー性[19]の相互作用の重要性を指摘している。Zellweger et al.（2012）は，相互依存的，安定的，伝統的などの側面をもつファミリー志向性に加え，革新性，能動性，リスク志向性などの側面をもつ企業家志向性との相互作用が，ファミリービジネスの経営成果に影響を与え，世代を超えた価値創造を促進して，企業の長寿性につながる可能性を示唆している。Zellweger et al.（2012）の貢献は，ファミリービジネスが当代の経営者のためではなく次世代のために事業活動における変化や成長を育もうとする側面を指摘したことである。この研究が，経営者としての当主よりも事業の永続が重視されてきた日本の事業承継研究と符合する部分が多いことは興味深い。

4．小括

ファミリー・アントレプレナーシップ研究では，企業家的革新を担う人材

---

19 ファミリー性（familiness）とは，「ファミリー，個人およびビジネス間のシステム相互作用から生じる，企業に固有な資源の束」と定義される（後藤，2012, p.37）。

図 2-13　世代を超えた企業家活動と世代間価値創造

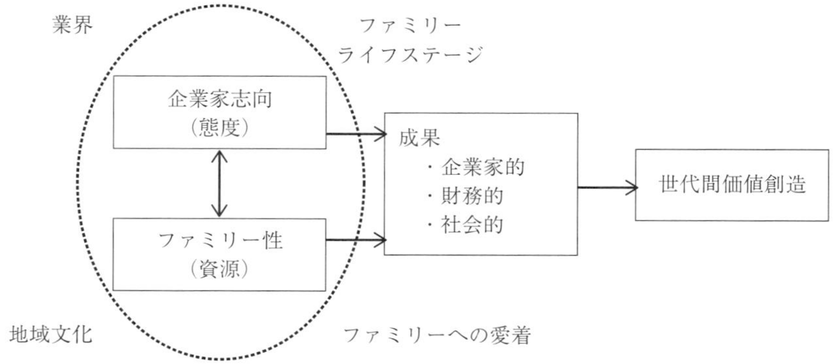

```
    業界              ファミリー
                     ライフステージ
      ┌─────────┐
      │ 企業家志向 │
      │  (態度)   │──┐
      └─────────┘  │   ┌────────┐
           ↕         ├──→│  成果   │    ┌──────────┐
      ┌─────────┐  │   │ ・企業家的│───→│世代間価値創造│
      │ファミリー性│──┘   │ ・財務的 │    └──────────┘
      │  (資源)   │       │ ・社会的 │
      └─────────┘       └────────┘

   地域文化         ファミリーへの愛着
```

(出所) Zellweger et al. (2012) の図 1 (p. 138) を筆者が訳出，引用。

をファミリービジネスのなかでいかに育んでいくのかという社内企業家育成の議論と，世代を超えた企業家活動という概念の議論がなされてきた。ファミリー・アントレプレナーシップ研究では，世代間の関わりが，後継者による本業内新事業の実践など企業家志向に影響を与えると指摘しており，本書が着眼する視点と符合する。他方，従来のファミリービジネスの社内企業家育成の議論は，社内企業家自身の変革への意思や環境・コンテクストにおける機会認識の議論が中心であった。ファミリービジネス内の相互作用的展開については，曖昧な指摘しかなされていないといえるだろう。つまり，世代間の相互作用がどのようなメカニズムでファミリーメンバーの企業家活動を生み出すのかは，詳説されていない。

第5節　本研究における先行研究の含意

前節までは，後継者の能動的行動に影響を与える承継プロセスの解明という本研究の問題意識に基づき先行研究をレビューしてきた。以下，この問題意識に対する先行研究からの含意についてまとめておくことにしよう。

第 2 章　先行研究レビュー

1．ファミリービジネスの事業承継研究からの含意

　最初にファミリービジネスの事業承継研究からは，3つの含意が示された。

　第1の含意としては，事業承継の段階に関わる議論である。後継者の事業承継には段階が存在することが示された。そして事業承継に段階が存在する観点からは，2つの発展的議論がなされることにつながった。ひとつ目は，後継者の社会化もしくは現経営者と後継者の関係性における時間的変化が示されたことである。後継者の社会化や現経営者と後継者の関係の時間的変化が示されることで，段階の進展に応じた経営上の自律性確保の程度について検討する視点を提供してくれている。さらには，後継者の正統性（能力の蓄積）の獲得について検討する視点を提供してくれている。2つ目は，事業承継における時間的変化のプロセスのなかに，後継者の育成，現経営者と後継者の協働，バトンタッチ（世代交代）の研究視点が内在されていることである。本書が着眼する承継プロセスと後継者の能動的行動との関係を考察する時に，承継プロセスにおける先代経営者や現経営者の後継者に対する態度や行動についての示唆を与えてくれる。

　第2の含意は，世代間の役割調整に関わる議論である。世代間の役割調整とは，先述の承継プロセスにおける段階モデルをさらに発展させた議論である。承継プロセスにおける世代間の役割調整が存在する観点から，2つの発展的議論がなされることにつながった。ひとつ目が，後継者は自分の能力を現経営者に示して次の段階の役割に進み，現経営者は後継者が示した能力を評価し後継者が次の段階に進むことを承認するという世代間の役割調整プロセスが示されたことである。従来事業承継の段階モデルでは，現経営者と後継者の関係の段階的進展は示されたものの，その段階的進展を促す要因は明示されていなかった。世代間の役割調整モデルでは，現経営者と後継者の相互作用的展開の態様（後継者による能力の提示，現経営者による能力の評価）を検討する視点を提供してくれている。2つ目が，承継プロセスとは，後継者が自律性を発揮していくプロセスでもあり，現経営者が将来の事業承継に向けて後継者に権限を委譲していくプロセスでもあることが示されたこ

とである。権限委譲は，後継者の自律性の拡大を示すものである。役割調整モデルは，後継者の能動的行動の源泉ともなる自律性の程度や変化のプロセスを示してくれている。

第3に，承継プロセスが外部環境の影響を受けるという議論である。この議論からは，2つの発展的議論がなされることにつながった。ひとつ目が，後継者の能動的行動に影響を与える要因が，現経営者との関係性に限らないことである。後継者の能動的行動は，組織内部から影響を受けるだけではなく，取引先など外部環境からの影響も受ける可能性がある。従来，事業承継を考察するうえで組織の内部プロセスのみに照射しがちであったが，承継プロセスが外的環境の影響を受け異質な視点を取込みながら進行することが示されていることは本書にとり示唆的である。加えて，後継者が独自性の強い行動をおこそうとする場合など，組織内部との接触関係からの影響と外部の利害関係者との接触関係との調整を図るという側面を考察する視点を提供してくれている。

2．ファミリー・アントレプレナーシップ研究からの含意

ファミリー・アントレプレナーシップ研究からは，3つの含意が示された。

第1に，経営者のリスク選好に関わる議論である。この議論からの知見は，2つの発展的議論につながっている。ひとつ目が，現経営者の保守化を回避するために，事業承継を通じた後継者の能動的行動が正当化されていることである。2つ目が，承継プロセスにおける現経営者と後継者の間の役割調整という行為が，たんに後継者の能力養成のためだけではないことである。現経営者の在任期間の長期化に伴うリスク志向性の逓減への対応策として，現経営者と後継者の間の役割調整という行為が正当化される視点が内在されている。

第2に，ファミリービジネスにおける社内企業家の育成に関わる議論である。後継者に能動的行動を促す方法としては，承継プロセスにおいて現経営者と後継者の役割調整がなされるだけでは十分であるとはいえない。そこには，社内企業家としての後継者の能動的行動を促すファミリービジネス特有

の状況や環境についての理屈が必要である。ファミリー・アントレプレナーシップ研究は，そこに2つの知見を提供してくれる。ひとつ目が，社内企業家たる後継者は，現経営者だけではなく，ファミリービジネスの経営幹部や従業員，外部の顧客との間の障壁の排除と関係性の構築をする必要性である。ファミリービジネスの後継者の企業家行動の成立は，後継者単独ではありえずファミリービジネス内部や外部との関わり合いのなかで成立する視点を提供してくれている。2つ目が，非ファミリーメンバーによる，帰属意識とオーナーシップ意識の涵養の必要性である。ファミリービジネスでは，非ファミリーメンバーは部外者として扱われがちであるが，ここからは，非ファミリーとの距離をいかに縮めて協働意識を高めるかについての知見を提供してくれている。

第3に，ファミリービジネスの企業家活動におけるファミリー志向性と企業家志向性に関わる議論である。ファミリービジネスでは，企業家志向性に加え，ファミリー志向性が存在するが故に，2つの相互作用によって世代を超えた価値創造につながり，結果としてファミリービジネスの継続性の要因となるとされる。これは，旧世代から新世代への移行が経営革新の契機となるとの視点をもたらし，本書が着眼する後継者の能動的行動が何から生み出され，結果として何を生み出すのかという視点を提供してくれる。とくに，世代を超えた企業家活動の研究では，相互依存的，安定的，伝統的などの側面をもつファミリー志向性に加え，革新性，能動性，リスク志向性などの側面をもつ企業家志向性との相互作用がファミリービジネスの経営成果に影響を与え世代を超えた価値創造につながると指摘し，長期的な事業存続につながる可能性を示唆している。この研究は，ファミリービジネスが伝統の継承という側面と，進取の気性が期待される側面をどのようにマネジメントするのかという研究視点を提供してくれている。

3．小括

本節では，本研究におけるファミリービジネスの事業承継研究，並びにファミリー・アントレプレナーシップ研究からの含意について議論してきた。両研究は，本研究の問題意識に対して部分的，断片的な示唆を与えてく

れる一方で、両研究が別々に研究されてきたために、事業承継と後継者の能動的行動の両者をつなぐ統合的な議論がなされてこなかったのである。

第6節　先行研究の分化的発展の弊害

　以下、主要研究テーマ（現経営者の役割、後継者の課題、承継プロセス、環境・コンテクスト、ファミリー・アントレプレナーシップ）に沿って先行研究の課題を総括しておくことにしよう。

　第1に、従来の事業承継における現経営者の役割の研究では、研究の対象が企業家精神旺盛な創業経営者に焦点が当てられてきた。創業経営者は、会社（事業）を自らが築き上げた巨大建造物として認識する。そのため、先行研究の関心は、次世代への事業承継よりも、創業経営者の事業承継の躊躇や引退のしづらさに向けられた。一方、日本の老舗企業研究では経営者としての当主自身よりも事業の永続が重視されてきた結果、家訓や家憲、事業システムなどに研究の関心が主に向けられてきた。その意味では、欧米研究のように創業経営者のパーソナリティに事業承継が影響されるのではなく、家訓や家憲など先代世代から承継されてきた伝統的な要素が議論されてきた点は参考とする部分が多い。しかし、先行研究の関心は現経営者の行動と後継者の行動との関係性に向けられてこなかった。

　第2に、従来の事業承継における後継者の研究においては、後継者の意識と態度、後継者の適応と社会化、後継者の経験と教育などが議論されてきた。とりわけ後継者の適応、社会化、経験の蓄積にかかわる研究は、後継者がファミリービジネスに入社してからの時間軸の視点から捉えるものであり、承継プロセスに着眼するうえで示唆的な視点をもたらした。他方、研究の中心が一人称としての後継者の議論が大半であったため、本書が着眼する先代世代との関係性のなかでの後継者の議論は見過ごされてきた。理由としては、初期のファミリービジネス研究において身内びいきやネポティズムの問題が議論されてきたことから、親世代との関係性の中で後継者を議論するというよりも、後継者自身のパーソナリティや能力形成に関心が向けられてきたものと考えられる。加えて、後継者が事業承継を通じて、どのような行

動を生み出すのか。またその行動とは，現経営者や現経営者世代との関係性を通じて，どのような影響をもたらすのかなどの課題は見落とされてきた。

　第3に，承継プロセスの研究においては，世代間の相互作用的展開の研究など本書が着眼するテーマのひとつが議論されてきた。他方，世代間の相互作用的展開の研究においても，現経営者と後継者の役割の調整や移行の議論が中心であり，世代間の関係性における現経営者の行動と後継者の能動的行動との関係についての課題は見過ごされてきた。理由としては，世代間の相互作用的展開の研究の調査対象が，現経営者のみ，もしくは後継者のみの片側の側面からの研究がほとんどである点である。これは第1に，単純に両世代への調査上のアクセスが難しいことであることが考えられる。第2に，日本の当主襲名制度など予め後継者が特定されているケースを除き，欧米のファミリービジネスでは，兄弟姉妹間や親族間において後継者の選抜の問題があり，後継者として一定期間特定することが困難であるという理由が考えられる。承継プロセスの研究では，本研究が着眼する世代間の相互作用的展開が議論されていながら，世代間の相互作用を通じて後継者の能動的行動はどのように出現するのか，またその後継者の能動的行動は何を生み出すかの議論は，見落とされてきた課題である。

　最後に，環境・コンテクストと事業承継の関係，並びにファミリー・アントレプレナーシップ研究においては，企業家的革新を担う人材をファミリービジネスのなかでいかに育んでいくのかという社内企業家育成の議論と，世代を超えてファミリービジネスはいかに価値創造を行なうのかという議論がなされてきた。他方，従来のファミリービジネスの世代を超えた企業家活動の議論は，ファミリービジネスの企業家自身の変革への意思や環境・コンテクストにおける機会認識などへの関心が中心であった。ファミリービジネス内のファミリー志向性と企業家志向性の相互作用という重要な要因を提示しながらも，現時点ではその要因同士がどのような組合せで相互作用し何を生み出しているかについては曖昧な指摘に留まっている。加えて，ファミリービジネスにおける継続的な価値創造にはファミリー志向性と企業家志向性との相互作用が重要としながらも，事業承継上最も重要な着眼点である世代間における相互作用の問題に対しては冷淡であった。

第7節　先行研究の分化的発展を繋ぐ鍵概念

　本書が焦点を当てる先代世代からの承継プロセスと，後継者による能動的行動（能力蓄積）という2つの論点を結ぶ解釈としては，後継者の「状況」と「行動」の関係と捉えることができる。すなわち，後継者のおかれる状況とその状況下での後継者の能動的行動との関係といいかえることができるだろう。後継者の能動的行動や能力蓄積に影響を与える後継者の状況を考察する時に，次の2つの鍵概念が提出される。それが，事業承継における後継者の正統性の問題，並びに承継プロセスにおける後継者の制約性と自律性の問題である。以下，2つの鍵概念について説明しておくことにしよう。

1．後継者の正統性

　従来，正統性（legitimacy）の問題は，政治学，社会学などで議論されてきた。Weber（1922）は，社会，政治，組織の秩序と維持するうえで支配の三類型という概念を用いている。また，Weber（1922）は，本研究と関わりが深い伝統的支配という概念を示して正統性に関わる議論を行なっている。伝統的支配とは，古くより行なわれてきた伝統の神聖さや，それによって支配をおよぼす権限を与えられた者の正統性にたいする日常的理念に基づくものである。正統性の根拠のひとつと考えられる社会的地位には，Linton（1936）による生得的地位（ascribed status）と獲得的地位（achieved status）の議論もある。生得的地位とは，人が本人の意志に関わりなく生まれもって保有する地位のことである。他方，獲得的地位とは，人が自発的に取組み実績によって獲得してきた地位を示す。その意味では，直系の長子相続制度[20]を残す長寿企業の後継者は，生得的な地位を保有しているといえるだ

20　Gersick et al.（1997）は，後継者への相続形態を紹介している（訳書, p.56）。
　①長子相続制度：最初に生まれた息子を優先させることはイギリスや日本など世界の多くの国に共通する。
　②相続財産共有：中国の伝統的制度で，相続人の間で資産が均等に分割される。
　③ベンジャミン・ルール：末の男の子が農場を継ぐスイスの制度のことである。
　以上，その制度が優位を占める社会の家族のなかでは，オーナーシップの移行や維持を安定させる役割を果たしてきたという。

ろう。Linton（1936）に基づいて長寿企業の事業承継を考える場合，その後継者には承継プロセスを通じて，生得的地位に加えて獲得的地位を保有することの必要性が暗示されている。

なお，本書では，後継者の正統性について，先述の先行研究レビューを踏まえ，Barach et al.,（1988）およびLinton（1936）に基づいて次のように定義しておくことにしよう。後継者の正統性の獲得とは，「生得的地位を保有する後継者が能動的行動をし能力を蓄積することによって，従業員をはじめ社内外の利害関係者から支持や信頼を獲得し，後継者の地位について受容され合意されている状態」とする。長寿企業の事業承継において後継者がいかに正統性を獲得していくのかという論点を検討することは，後継者の能動的行動に影響を与える承継メカニズムに接近することに繋がるだろう。

2．後継者における制約性と自律性

Weber（1922）によると，伝統的支配のもとでは，実質上伝統にしばられた首長の行為と実質上伝統にしばられない首長の行為という，二重の首長の行為の領域が存在すると指摘している。後者の伝統にしばられない首長の行為は，伝統がしかるべき自由裁量の活動の余地を規定するとされる。他方，この首長の自由裁量的な行為が，伝統の限界をふみこえることによって，伝統に動揺を与えるならば，首長自らの伝統的地位をおびやかすことになるとも指摘されている。つまり，首長は，伝統に基づいて自由裁量を与えられるが，一方で，伝統から制約を受ける存在とも捉えることができる。このWeber（1922）の古典的な議論は，後に詳述する事業承継における後継者の制約性と自律性という概念についての発芽的な議論となっている。

Gersick et al.（1997）によると，ファミリービジネスの後継者とは潜在的なジレンマをもつ存在であるという。それは，現経営者世代に組み込まれた世界でいかに自律した存在になるかという問題である。例えば，長子相続制度のもと将来が約束された後継者の場合は，自分が特別な人間であるという甘美な感覚をもつ。同時に，周囲から大いなる業績が要求される存在でもある（Gersick et al., 1997）。Handler（1994）は，事業承継において後継者に要請される要因として，個人的側面だけではなく世代間の相互理解や周囲か

らの受容などの関係性を指摘する。創業以来の製品・サービスや慣習などを含めた伝統の継承を重んじる長寿企業の場合，現経営者世代との関係性において，後継者は能動的行動をおこしづらい側面が考えられる。本書では，これを現経営者世代による制約性（constraints）と呼ぶことにしよう。他方，加護野（2008）によると，ファミリー出身の後継者は，内部昇進の経営者よりも，非連続的な変化を導入しやすいという。それは，ファミリー出身の後継者が内部昇進者と異なり，自分を選んでくれた前任者や同僚たちへの配慮が必要ないからである（加護野，2008）。ここからは，後継者とは経営上の異論を表明しやすい立場にあると考えることができる。本書ではこれを後継者の自律性（autonomy）と呼ぶことにしよう。鈴木（2013）によると，職務が自律的であるほど創意工夫行動などの能動的行動がおこりやすいとし，他方，職務が自律的でなければ能動的行動や役割外行動をとりづらいという。Desi & Flaste（1995）によると，統制など圧力をかけられて行動するのと対照的に，自律性とは自己と一致した行動をすることを意味し，ここからは自律性の確保が後継者の独自の能動的行動の源泉になるとも考えられる。このように承継プロセスとは，制約性と自律性という一見するとパラドキシカルな側面が，世代間で交錯しながら相互作用する営みであると考えられる。仮に現経営者世代による制約性が存在しない場合，後継者は事業承継上の見本例がないなかで能動的行動が求められることになる。あるいは，現経営者世代からの後継者の能動的行動に対する牽制と規律づけがなされない可能性もある。他方，現経営者世代からの制約性が過剰な場合，後継者の先進的な思考や能動的行動を育む自律性が阻害されることもあるだろう。

　このように，承継プロセスがたんなる世代間の相互作用による営みであると捉えるのではなく，制約性と自律性という二律背反的な側面が交錯する状況のなかでの営みであると考えることで，事業承継と後継者の能動的行動の関係を理解しやすくするであろう。

第3章

課題と方法

　本章では，研究課題，調査対象，第1次調査の概要，第2次調査の概要，分析方法について述べていく。

第1節　研究課題

　前章の先行研究の検討を踏まえ，本書の研究課題を，長寿企業を対象として「生得的地位を保有する後継者は，先代世代からの伝統の継承という制約的であり，かつファミリーの内部者であるが故に自律的であるという二律背反的状況が混在するとされる承継プロセスにおいて，いかに能動的行動をとり能力の蓄積を図るのか（正統性を獲得するのか）」と定める。なお本書は，後継者のおかれた状況とその後継者の能動的行動への影響の側面から，研究課題に接近する。具体的には，以下の3つの詳細な調査課題を設定し，それに基づいた調査分析を行なうことで，研究課題に答えようとするものである。
　第1に，長寿企業の事業承継プロセスの後継者がおかれる制約的かつ自律的という二律背反的な状況と後継者の正統性の関係について探索することである。後継者の正統性が後継者の制約性や自律性に与える影響が示されれば，承継プロセスにおける後継者の能動的行動の背景を理解することに繋がる【→後継者のおかれた状況】。
　第2に，承継プロセスにおける現経営者世代の行動が，後継者の能動的行動と能力の蓄積に与える影響を明らかにすることである。言い換えると，現経営者世代の行動と後継者の能動的行動（能力蓄積を含む）との関係を明らかにすることである。先代世代からの伝統の継承という制約性のうち，現経営者世代との関係は，後継者にとって直接的な事業承継上の影響要因であ

る。ここでは，後継者の配置という視点から両者の関係性を捉える。後継者の配置とは，現経営者世代の専権事項であり現経営者世代の意向が多分に含まれる行動である。現経営者による配置を通じて後継者はいかに行動するのか。具体的には，現経営者世代による制約性のもとで後継者はいかに能動的な行動をとり能力の蓄積を図るのかについて探索的に調査することである。その際，制約性と自律性の規定要因と考えられる正統性と後継者の能動的行動や能力蓄積との間にどのような関係があるのかを考察する。この承継プロセスと後継者の能動的行動との関係を考察することは，従来の事業承継研究のミッシングリンクを埋めることに繋がる【→後継者の能動的行動および能力蓄積への影響】。

第3に，後継者の能動的行動に影響を与える現経営者世代の行動について，世代間の行動の連鎖性の側面から考察することである。後継者の能動的行動や能力蓄積に影響を与える現経営者世代の行動は，現経営者の独自の視点によるものなのか，それともさらに前の先代経営者からの影響を受けているのか。本調査課題を通じて，後継者の能動的行動に影響を与える承継プロセスが何から生み出され何を生み出しているのかを考察する【→後継者の能動的行動および能力蓄積への影響】。

第2節　調査対象

1．調査対象の選定

本書では，日本の長寿企業を調査対象とする。創業100年以上の長寿企業を調査対象とする理由は以下の通りである。

第1に，長寿企業の中には，長子相続制度など日本のファミリービジネス特有の慣習として，将来の経営者として生得的な地位を保有している後継者が存在しているからである。

第2に，長寿企業では，創業以来の製品・サービスや慣習などを含めた伝統の継承を重んじる。長寿企業の後継者は自ずとその影響を受けると考えられるからである。

第 3 章　課題と方法

　第 3 に，長寿企業は数世代にわたり事業承継されてきた企業体であり，関係者へのインタビュー調査に加えて，史料調査も併行して研究課題を探索することができるためである。

2．調査対象企業の抽出

　調査協力の依頼を行なうため，依頼対象となる長寿企業の抽出を行なった。抽出に際しては，日本経済新聞社編（2010），朝日新聞編（2011），本間・篠田（2006）の書籍[1]を使用した。抽出の基準としては，「創業100年以上，首都圏地域（東京都，千葉県，神奈川県），東海地域（静岡県，愛知県），関西地域（京都府，大阪府，兵庫県）に所在する企業[2]」とした。その後，書籍より抽出された企業とインターネットの企業ホームページとの情報の照合[3]を行なった。その結果，80社が抽出された。

3．調査協力の依頼

　上記80社に対して，2012年 1 月， 3 月， 4 月にわけて郵送による調査の依頼がなされた。郵送に際しては，「インタビュー趣意書」「研究概要の説明」「返信用シート」「返信用封筒[4]」一式[5]を送付した。その結果，14社より調査協力への承諾がなされた。加えて，調査協力企業より 1 社の紹介を受けた。最終的には，合計15社より調査協力の承諾を得ることができた。

4．研究対象企業の抽出

　本書の事例研究の対象企業は，株式会社山本海苔店，株式会社あみだ池大黒，合資会社大和川酒造店，近江屋ロープ株式会社の 4 社（表 3 - 1 参照）

---

[1] 具体的には，日本経済新聞社編『200年企業』(2010) 日本経済新聞社，朝日新聞編 (2011)『日本の百年企業』朝日新聞出版，本間之英・篠田達 (2006)『誰かに教えたくなる老舗の底力』講談社。
[2] 地域の選定にあたっては，17世紀以降政治の中心となった江戸， 8 世紀以降19世紀まで実質的・形式的に権力の中心であった京都，16世紀以降商業が栄えた大阪，東西を繋ぐ東海道を考慮した。
[3] 「書籍の記載情報と相違はないか」「調査協力を行なう段階で存在しているか」「代表者や所在地に変更がないか」の確認。
[4] 「返信用封筒」は，事前に落合郵便局（東京都新宿区）に料金受取人払郵便の手続きを行なった。
[5] 詳細は，巻末の付録を参照。

49

表3-1　調査協力承諾企業とインタビュー協力者

	社名	創業	所在地	名称	役職
1	山本海苔店	1849年	東京都	現経営者	取締役社長（六代目）
				後継者	営業部長（七代目予定）
				経営幹部	専務取締役
2	あみだ池大黒	1805年	大阪府	先代経営者	代表取締役会長（五代目）
				現経営者	代表取締役社長（六代目）
				後継者	専務取締役（七代目予定）
3	大和川酒造店	1790年	福島県	現経営者	代表社員（九代目）
				後継者	専務社員（十代目予定）
				経営幹部	工場長・杜氏
4	近江屋ロープ	1804年	京都府	現経営者	代表取締役社長（八代目）
				後継者	営業課長（九代目予定）
				経営幹部	取締役営業部長

（注）具体的なインタビュー日時やインタビュー時間は，付録，「インタビューリスト」を参照。
（出所）筆者作成。

である。4社の抽出根拠は次の通りである。

　第1に，現経営者と後継者の両世代，加えて，後継者の育成担当となる経営幹部からインタビューを実施することができたからである（あみだ池大黒の場合，経営幹部は含まれないが，先代経営者，現経営者，後継者の3世代へのインタビューを実施している）。

　第2に，後継者が承継前の段階であり，かつファミリービジネスに入社後5年以上経過している事例だからである（現経営者と後継者の仕事世界における関係性が5年以上存在する）。

　第3に，4つの事例企業が複数の事業部門を保有しており，後継者の配置の視点からの分析に適合すると考えられるからである。

　第4に，先代世代からの系譜を調査するうえで，会社案内，社史，新聞雑誌記事，関係書籍などの史料が存在するからである。

第3節　第1次調査の概要

1．調査の目的

　第1次調査の目的は，長寿企業の事業承継プロセスにおいて後継者がおか

れる制約的かつ自律的という二律背反的な状況と後継者の正統性の関係について探索することである。後継者としての正統性が後継者の制約性や自律性に与える影響が示されれば，長寿企業の後継者がおかれる特殊な状況が明らかにされることに繋がる。

2．調査の方法

　方法としては，現経営者[6]，後継者[7]，経営幹部[8]に対する個別インタビュー[9]を実施した。先述の研究意義において述べた通り，従来の事業承継研究は，現経営者もしくは後継者の片側からの調査が多い。本書は，事業承継のプロセスを多角的に分析する観点から，承継する側（現経営者）および承継を受ける側（後継者）の両方を調査対象とする。さらに，協力が得られる場合，現経営者と後継者の事業承継に直接的間接的に関わる可能性がある経営幹部も調査の対象としている。

　インタビュー調査は，2012年2月20日から2013年8月16日の期間に計15社，計30名に対して実施された。なお，事前にインタビューイに対して，第1次調査のインタビュー前に「インタビュー趣意書」「研究概要」「第1次インタビュー・ガイドライン」「キャリア情報シート」が配布された。

3．調査内容

　第1次インタビュー調査は，現経営者，後継者，並びに協力が得られる場合に経営幹部に実施された。現経営者に対しては，先代経営者との事業承継上の関係性，後継者との事業承継上の関係性を中心とする聞き取りがなされた。後継者に対しては，現経営者との関係性を中心とする聞き取りがなされた。経営幹部に対しては，経営幹部自身と現経営者および後継者との世代間関係，現経営者から後継者への事業承継における経営幹部自身の関与を中心とする聞き取りがなされた。

---

[6] 現経営者とは，会社法上の代表取締役と定義する。なお，代表取締役が複数存在する場合には，インタビュー調査などにより実質性を重んじた。襲名しているか否かは問わない。
[7] 先に定義した現経営者の直系の子と定義する。
[8] 実質的に，番頭としての役割を有する経営幹部とする。
[9] インタビュー内容は，承諾を得てすべてICレコーダーに記録された。

表3-2　第1次インタビュー調査のガイドライン（現経営者向け）

【問い A】
(1) かつてご自身が幼少期から成人期にかけての<u>先代経営者様との関わり</u>の中で，特に思い出される<u>出来事・エピソード</u>についてお聞かせ下さい。
(2) ご自身が入社後，共同就業，世代交代に至る先代経営者様との関わりの中で，特に思い出される<u>出来事・エピソード</u>についてお聞かせ下さい。

【問い B】
(3) <u>後継者の方が幼少期から成人期にかけて</u>の関わりの中で，特に思い出される<u>出来事・エピソード</u>についてお聞かせ下さい。
(4) 後継者の方が入社後，共同就業，世代交代に至るご自身との関わりの中で，特に思い出される<u>出来事・エピソード</u>についてお聞かせ下さい。
(5) 上記においてご自身の関わり方で気をつけた点
(6) 上記全期間を通じて，ご自身の関わり方が変化した点
(7) 最後に，暖簾とその承継についてのご自身の考え方をお聞かせ下さい。また，暖簾がご自身の経営実践にどのように影響しているかについてお聞かせ下さい。

第4節　第2次調査の概要

1．調査目的

　第2次調査の目的は，2つである。第1は，第1次調査の発見事実に基づいて現経営者世代の行動と後継者の能動的行動（能力蓄積を含む）との関係を探索することである。具体的には，現経営者世代による制約性のもとで後継者はいかに能動的な行動をとり能力の蓄積を図るのかについて探索的に調査することである。従来の世代間の相互作用的展開の研究は，現経営者と後継者の役割やその調整が議論の中心であり，世代間の関係性を通じた現経営者の行動と後継者の能動的行動（能力蓄積を含む）との関係についての課題は見過ごされてきた。第2は，世代間の相互作用に着眼して，承継プロセスと後継者の能動的行動（能力蓄積を含む）を考察することである。具体的に

第 3 章　課題と方法

表 3-3　第 1 次インタビュー調査のガイドライン（後継者向け）

【問い】
(1) かつてご自身が幼少期から成人期にかけての現（先代）経営者の方との関わりの中で，特に思い出される出来事・エピソードについてお聞かせ下さい。
(2) ご自身が入社後，共同就業，世代交代に至る現（先代）経営者の方との関わりの中で，特に思い出される出来事・エピソードについてお聞かせ下さい。
(3) 上記においてご自身の関わり方で気をつけた点
(4) 上記全期間を通じて，ご自身の関わり方が変化した点
(5) 最後に，暖簾とその承継についてのご自身の考え方をお聞かせ下さい。また，暖簾がご自身の経営実践にどのように影響しているかについてお聞かせ下さい。

表 3-4　第 1 次インタビュー調査のガイドライン（経営幹部向け）

【問い】
(1) これまでの貴殿と現（先代）経営者様または後任の経営者候補の方との関係性の中で，困難に感じたこと，反対に順調に進んだことについて，時系列に沿ってお聞かせください（その際に思い出される状況やシーン，出来事などについても合わせて具体的にお聞かせください）。
(2) さらに，具体的に下記についてもお聞かせください。
・その出来事の中でのご自身の関わり方で気をつけた点
・貴殿と現（先代）経営者様または後任の経営者候補の方との関係性において，ご自身の関わり方について変化した点があれば，その点について。

は，承継プロセスにおける現経営者の後継者への関与は，現経営者独自の視点によるものなのか，それとも先代経営者からの影響を受けているのか，である。本調査課題を通じて後継者の能動的行動（能力蓄積を含む）に影響を与える現経営者世代の行動が何から生み出され何を生み出しているのかを考察する。

2．調査の方法

方法としては，現経営者，後継者，経営幹部に対する個別インタビュー[10]を実施した。先述の研究意義において述べた通り，従来の事業承継研究が，現経営者もしくは後継者どちらか一方からの調査が多いなか，事業承継のプロセスを多角的に分析する観点から，本書では，承継する側（現経営者）お

表3-5　第2次インタビュー調査のガイドライン（現経営者・後継者共通）

第2次インタビュー調査にあたっては，個別企業毎にインタビュー・ガイドラインが作成された。

【問い】
第2次インタビューのテーマは，「先代経営者からの事業承継と貴殿による経営実践」にかんするものです。インタビューにおいては，以下の一覧を参考にしながらお話をお伺いさせて頂きます。

各世代における経営実践の事例（合資会社大和川酒造店の例）

七代目佐藤彌右衛門氏	・耶麻協同組合設置〈昭和29年〉（新しい組織の実現） ・本醸造発売〈昭和29年〉（新商品開発）
八代目佐藤彌右衛門氏	・全製造酒に糖類の添加を廃止〈昭和53年〉（新生産方式導入） ・小売開始〈昭和55年〉（新生産方式導入）
現九代目佐藤彌右衛門氏	・三年古酒・純米吟醸「酒星眼回」開発〈昭和56年〉（新商品開発） ・純米酒「絞りたて」開発〈昭和59年〉（新商品開発） ・純米酒「岩代」開発〈昭和61年〉（新商品開発） ・製造工程機械化「飯豊蔵」設置／杜氏制度廃止〈平成2年〉（新生産方式導入／新しい組織の実現） ・ネット販売〈平成10年〉（新販路開拓） ・「大和川ファーム」設置〈平成11年〉（新しい組織の実現） ・台湾向け海外販売開始〈平成19年〉（新販路開拓）
後継者・佐藤雅一氏	・「夜ぐると」開発〈平成23年〉（新商品開発） ・大手外食チェーンへの有機米供給〈平成24年〉（新販路開拓）

（注）上記は，第1次インタビューの内容，御社の会社案内，社史，新聞雑誌記事，関係書籍などに基づき作成させて頂いております。

よび承継を受ける側(後継者)の両方を調査対象とする。さらに,協力が得られる場合,現経営者と後継者の事業承継に直接的間接的に関わる可能性がある経営幹部も調査の対象としている。併せて,対象企業にかんする会社案内,社史,新聞記事,雑誌記事,関係書籍についても,調査の対象とした。史料調査をする目的は,インタビュー調査などのアクセスが不可能な過去の世代から,後継者の能動的行動に影響を与える要因の探索に相応しいからである。併せて,インタビュー調査にて取得された内容の客観的な妥当性の確認を図ることが可能だからである。

インタビュー調査は,2012年9月24から2013年10月24日の期間に計4社,計12名に対して実施された。なお,事前にインタビュイーに対して,「インタビュー趣意書」「研究概要」「第2次インタビュー・ガイドライン」「キャリア情報シート」が配布された。

3.調査内容

第2次インタビュー調査は,現経営者,後継者および経営幹部に対して実施された。なお,第2次インタビュー調査にあたっては,事例企業の各世代の経営実践の事例を抽出[11]し「第2次インタビュー配布資料／各世代における経営実践の事例」を事前に作成した。そのうえで,第2次インタビュー調査時に研究者よりインタビュイーに同資料が配布され,第1次調査で取得された先代世代からの事業承継と後継者の能動的行動(ここでは経営実践)との関連について聞き取りがなされた。

第5節 分析方法

1.分析レベル

本書は,現経営者からの事業承継を通じた後継者の正統性の獲得のプロセ

---

10 インタビュー内容は,承諾を得てすべてICレコーダーに記録された。
11 経営実践事例の抽出にあたっては,第1次インタビューの内容,調査企業の会社案内,社史,新聞雑誌記事,関係書籍などに基づき作成した。

表3-6　調査概要

調査名	方法	調査期間	調査対象	調査課題（目的）
第1次調査	インタビュー調査	2012年2月20日〜2013年8月16日	長寿企業15社における先代経営者，現経営者，後継者，経営幹部計30名　※ただし，第2次調査の分析との同義性の関係から，分析に使用する事例は，山本海苔店，あみだ池大黒，大和川酒造店，近江屋ロープとしている。	・承継プロセスにおける制約的かつ自律的という二律背反的な後継者のおかれる状況を描写。 ・前世代からの制約性と後継者の自律性の間の規定要因の探索。
第2次調査	インタビュー調査①	2012年9月24日〜2013年10月24日	山本海苔店（現経営者，後継者，経営幹部）	・第1次調査の発見事実に基づく，現経営者世代の行動と後継者の能動的行動（能力の蓄積含む）との関係の探索。
	インタビュー調査②		あみだ池大黒（先代経営者，現経営者，後継者）	・第1次調査の発見事実に基づく，現経営者世代の行動と後継者の能動的行動（能力の蓄積含む）との関係の探索。 ・山本海苔店で得られた発見事実の特殊性と一般性の精査。
	インタビュー調査③		大和川酒造店（現経営者，後継者，経営幹部）	・第1次調査の発見事実に基づく，現経営者世代の行動と後継者の能動的行動（能力の蓄積含む）との関係の探索。 ・山本海苔店，あみだ池大黒で得られた発見事実の特殊性と一般性の精査。
	インタビュー調査④		近江屋ロープ（現経営者，後継者，経営幹部）	・第1次調査の発見事実に基づく，現経営者世代の行動と後継者の能動的行動との関係の探索。 ・山本海苔店，あみだ池大黒，大和川酒造店で得られた発見事実の特殊性と一般性の精査。
	史料調査	ー	上記4社	・会社案内，社史，新聞・雑誌記事，関係書籍などを用いた先代世代からの伝統の継承など後継者の制約性に関わる要因の探索。 ・インタビュー調査にて取得された内容の客観的な妥当性の確認。

スを究明する関係から，事業承継プロセスの前半から中盤にかけての期間に照射している。したがって，現経営者から後継者への事業承継上のバトンタッチがなされる直前の承継プロセス後半，並びに，バトンタッチがなされた後の世代間の関係性は，分析の対象としない。承継プロセスの前半から中盤にかけての期間に照射する理由は，2点あげられる。

第1に，後継者の正統性の獲得プロセスに着眼する関係から，この期間に着眼することで変化の程度を顕著に捉えることができるからである。第2が，事業承継上のバトンタッチを経た後の先代経営者と現経営者（後継者）の事例を取得しようとすると，極めてリサーチサイトが限定されてしまうからである。そこで，本書は，先述の通り，将来の事業承継が既定されている後継者がファミリービジネスに入社後5年以上経過している事例を抽出している。当該事例からは，現経営者から後継者（入社後5年以上）への承継プロセスを分析することができる。

2．分析対象

本書では，先述の通り，山本海苔店，あみだ池大黒，大和川酒造店，近江屋ロープの4つの事例研究がなされる。第1次調査段階においては，4事例を含め計15社における先代経営者，現経営者，後継者，経営幹部計30名に対してインタビュー調査がなされているが，この4事例以外の11社は，4事例との分析における同義性の関係から，本研究での事例分析では使用しない。

3．分析枠組み

本書では，第2次調査である現経営者世代の行動と後継者の能動的行動（能力蓄積を含む）との関係の分析にあたり，分析の枠組みを構築する。分析枠組みにおいては，後継者の配置の視点が重要となってくる。ファミリービジネスにおける後継者の配置とは，現経営者の専権事項であり，現経営者の意向が多分に含まれるものである。同時に，その配置に基づいて後継者がどのような行動をとり能力の蓄積を図るのかを考察できる。この配置の視点から考察することで，承継プロセスが後継者の能動的行動に与える影響を明らかにする。分析枠組みを検討するにあたり，まずは以下，配置の視点につ

図3-1 分析枠組みの全体的イメージ

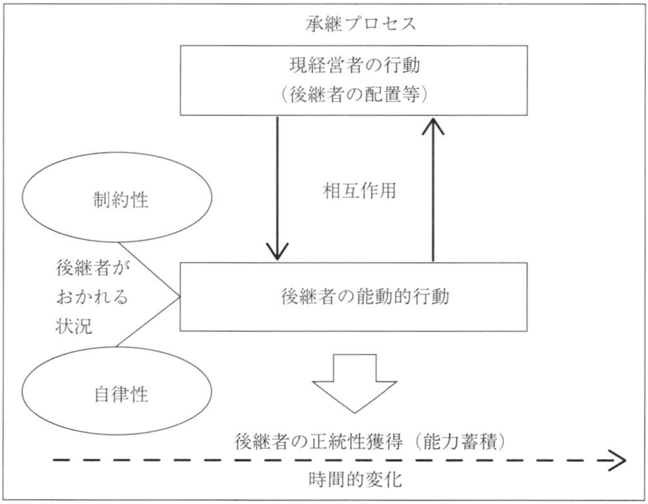

承継プロセス
- 現経営者の行動（後継者の配置等）
- 後継者がおかれる状況：制約性／自律性
- 相互作用
- 後継者の能動的行動
- 後継者の正統性獲得（能力蓄積）
- 時間的変化

（出所）筆者作成

いて経営学における標準的な定義を確認する。次に、ファミリービジネスの事業承継における後継者の配置の意味と定義について整理する。

第6節　配置の3つの視点

最初に人の配置[12]にかんする標準的な議論について、確認しておこう。伊丹・加護野（2003[13]）によると、配置とはその仕事を通じた人材形成につながるとしたうえで、次の3項目を決定すると指摘する。ひとつ目が、ある仕

---

[12] 神戸大学経営学研究室編（1988）によると、配置（配置転換）とは理由や目的の相違によって、次のような5種類のタイプに分けられるという。業務的配置転換、雇用配置転換、教育的配置転換、職務充実配置転換、調整配置転換である。ファミリービジネスの事業承継の場合、経営者や専門家あるいは高度熟練工の人材を養成するために関連のある職種や職場の間を配置転換する教育的配置転換の意味が近い。

[13] 本書は、配置の定義について、伊丹・加護野（2003）『ゼミナール経営学入門 第3版』を主に参照しているが、配置の定義について部分的に記載内容の豊富さの関係から、本書の初版である伊丹・加護野（1989）『ゼミナール経営学入門』についても併せて参照している。本文においては、初版を伊丹・加護野（1989）、第3版を伊丹・加護野（2003）と表記している。

事を誰が行なうかという人と仕事の対応関係，2つ目が人と人の接触関係，3つ目に誰がどういう物理的環境（たとえば土地）で仕事をするかという人の物理的位置関係である（伊丹・加護野，2003）。とくに，人の配置の物理的側面が人々の間の接触パターンの基礎になるために，人材育成においても様々な影響がでるという（伊丹・加護野，2003）。

　伊丹・加護野（2003）の配置の議論は，空間的要素，時間的変化，相互作用的展開という枠組みで整理することができる。配置の空間的要素とは，人と仕事の対応関係と人と人の接触関係にかんするものであり，組織構造上と物理的環境上の意味がある。組織構造上の意味としては，誰にどのような職務と権限を与えるかの決定である（伊丹・加護野，1989）。また，組織構造上どこに配置されるかという問題は，人が組織のなかでどのように処遇されるかを表すため，周囲へのメッセージ効果をもつ（伊丹・加護野，1989）。物理的環境上の意味としては，組織構造上は近い関係にあるはずでも地理的に遠隔地の場合は連絡関係の疎遠化に繋がる可能性がある反面，組織構造上は関係ない場合でも地縁の結びつきによる人間関係に影響を与えるようなものである（伊丹・加護野，1989）。配置の時間的変化は，配置を通じた長期的な仕事経験による人材形成にかんするものである。最後に，配置における相互作用的展開とは，主に人と人との接触関係にかんするものである。伊丹・加護野（1989）では，配置が情報の相互作用の場，学習の場，感情のからみ合いの場としての組織の複合的機能を変化させていると指摘している。

第7節　事業承継における後継者の配置

　前節では，配置の基本的な定義について考察した。本節では，先に確認した配置の視点の3つの意味に基づき，ファミリービジネスの事業承継における配置の視点の適用にかんして発展的議論を試みる。

　多くのファミリービジネスの場合，後継者の配置の決定は現経営者の専権事項である。そのため，ファミリービジネスにおける後継者の配置には，将来の事業承継を見据えた現経営者の意向が多分に含まれている。場合によっては，現経営者の先代経営者や現経営者と協働する番頭などの意向も含まれ

ているかもしれない。他方，後継者は配置を通じて仕事経験を積むとともに，独自の経営実践を図る。このように，配置の視点を通して，後継者が先代世代からの伝統の継承という制約的かつファミリーの内部者であるが故に自律的な状況において，いかに能動的行動をとり能力の蓄積を図るのかという課題を探究することができる。併せて，配置の視点を事業承継研究に適用することは，従来の承継プロセス研究にはなかった新たな分析枠組みを提供することに繋がる。

1．後継者の配置の空間的意味

ファミリービジネスの承継プロセスにおいて配置の組織構造上の意味からは，なぜ後継者がそこに配置されるのかという部門の位置づけが論点として挙げられる。配置される部門が伝統的な基幹事業にあたるのか，それとも新規事業にあたるのかという問題である。次に，後継者が配置される部門と本社との物理的な距離の問題である。たとえば，本社と離れた遠隔地に配置される理由は何かという問題が2つ目の論点として挙げられる。

2．後継者の配置の時間的変化

ファミリービジネスにおける世代間の承継プロセスとは，一過性の出来事ではない（Churchill & Hatten, 1987; Handler, 1990; Longenecker & Schoen, 1978）。したがって，世代間の承継プロセスには，長期的な視野が内在されているといえるだろう。後継者の配置の時間的変化の観点からは，先の後継者の配置の空間的意味の連続が，時間経過を伴ってどのような意味をもつのかが論点のひとつ目である。また，長寿企業の後継者の場合，いわば縦のキャリアが保証されている場合が多い。その後継者がファミリービジネスに入社後どのように部内者化し組織の中心性に接近するか[14]，またファミリービジネス内でいかに信頼と支持を獲得し将来の経営者としての正統性を獲得

---

14 Schein（1978）によると，キャリアコーンという概念で，部内者化と中心性に関して次のように説明している。「職業ないし組織の内円あるいは核へ向かう動きに関わる。ある人の学習量がふえ，職業ないし組織の年長者たちから信頼されるようになり，在職権を得，責任を引き受けるにつれて，その人は，部内者化つまりメンバーシップの次元に沿い，組織の核へ向かう移動を行なうはずである」（Schein, 1978）。

図3-2　配置の空間的意味と時間的変化についての分析枠組みの具体例

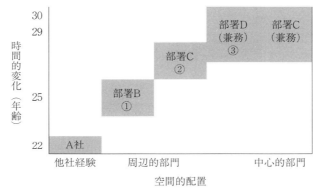

(注) 図中の①〜③は後継者の能動的行動を示す。
(出所) 筆者作成

するのかという問題が2つ目の論点となる。

変数の定義
1. 基幹事業（本社）：本社内の伝統的事業，伝統的職能部門（経営企画，財務，人事，生産など）
2. 非基幹事業（本社）[15]：本社内の新規事業，企画開発関係（事業開発，顧客開発，商品企画など）
3. 遠隔地事業：本社から離れた事業部門，グループ内子会社含む（資本上の支配関係あり）
4. 他社：ファミリービジネス以外での職務（資本上の支配関係なし）

3．配置と世代間の相互作用的展開

最後に，配置を通じた先代世代と後継者との接触関係，つまり相互作用的展開である。先行研究によると，承継プロセスとは，世代間相互の関係性であるとされる（Churchill & Hatten, 1987; Handler, 1990; Longenecker & Schoen, 1978）。ここでの着眼点は，現経営者（経営幹部含む）と後継者の

---

[15] 筆者の調査によると，「非基幹事業（本社）」は，部署の所在地は本社内であるものの，出張業務が多い，もしくは外部との接触の多さなどの特徴がある。

接触関係である。現経営者の行動が後継者の行動に与える影響は何か、反対に、後継者の行動が現経営者の行動に与える影響は何かである。特に、Longenecker & Schoen（1978）およびChurchill & Hatten（1987）が指摘する世代交代期の段階、もしくはHandler（1990）が指摘する後継者への権力委譲の段階において、後継者は先代の後見のもとでいかに独自の能動的取組みを行なうのかという問題がここでの主要な論点となる。

世代間の相互作用的展開で依拠する分析枠組みは、Handler（1990）の経営者・後継者間役割調整モデル[16]（Mutual Role Adjustment Between Predecessor and Next Generation Family Members）である。Handler（1990）の分析枠組みを使用する根拠は、①本枠組みが本書で着眼する世代間の相互の関係性（後継者〈現経営者〉による能力提示／現経営者〈先代経営者者〉による評価）を照射していること、②現経営者（先代経営者者）と後継者（現経営者）の事業承継における互いの役割を調整・移行するプロセスを照射していること、の2点である。

図3-3　世代間の相互作用的展開における分析枠組みの具体例

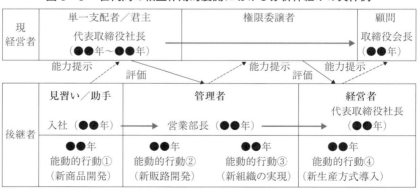

（出所）Handler（1990）の表3（p.43）に基づき、筆者作成。

16　従来のHandlerモデルは、現経営者は「単一支配者（sole operator）」「君主（monarch）」「監督者（overseer）」「顧問（consultant）」、後継者は「見習い（no role）」「助手（helper）」「管理者（manager）」「統率者（leader）」という役割を調整し移行すると定義している。但し、本書では、後継者の経営実践に着眼するものであり、承継プロセスの前半段階よりも後半段階の分析が重要である為、現経営者の「単一支配者（sole operator）」と「君主（monarch）」、後継者の「見習い（no role）」と「助手（helper）」は、各々統合して事例分析に使用している。

本分析枠組みの構築により，従来のHandlerモデルが指摘する事業承継上の現経営者と後継者の役割の調整と役割の移行に加え，後継者の経営実践の変遷を交えて分析することができる。これは，従来のHandlerモデルに，本書が加えた独自の分析方法である。なお，本書の事例分析に用いられる「分析枠組みの例」を図3-3に示す。

第4章

事例研究Ⅰ　山本海苔店

第1節　山本海苔店の概要

1．沿革

　株式会社山本海苔店は東京都中央区日本橋に本拠をもつ創業167年の海苔製造小売企業である。初代山本徳治郎は，横浜の綱島から江戸に出て，日本橋室町一丁目[1]に創業した。同社は，海苔業界における御三家[2]のひとつである。初代以降引き継いできた「マルウメブランド」のもと，「梅の花」「紅梅」「一藻百味」などの伝統的商品に加え，株式会社サンリオとの共同企画商品である「HelloKitty 焼のり・味附のり」などを提供している。現在，六代目山本徳治郎のもと，「マルウメブランド」の商品を，国内だけではなく中国，台湾，シンガポールなど海外に対しても提供している。

2．地域

　同社本店の所在地である東京日本橋は，江戸幕府開府と同時に五街道の起点[3]として定められた。六代目山本徳治郎によると，現在の築地の魚河岸が以前は日本橋にあり，江戸湾で収穫された鮮魚が日本橋から江戸城に献上されていたという。その時に献上品の選別から漏れた鮮魚が日本橋界隈で流通するようになり，鮮魚店や寿司店[4]が連なり賑わった。日本橋界隈は，幕府

---

[1] 1965年（昭和40年）に同社新社屋が竣工した際に編纂された社史によると，江戸開府直後に，作成された「寛永江戸図」にも既に「むろまち一丁目」と記載されているという。
[2] 同社の他，株式会社山本山（東京日本橋），山形屋海苔店（東京京橋）である。
[3] 西の起点は，京都三条大橋。
[4] 同社も創業当時，日本橋界隈の寿司店に業務用の海苔を供給している。

納入品の残余品の流通をきっかけに，その後，越後屋[5]など商家の開業もあり，商業地として栄えていった。

3．海苔業界の特徴

六代目によると，海苔は1949年（昭和24年）頃まで明確なライフサイクルが判明しておらず，収穫が難しかったという。そのため，海苔製造小売業は，いい魚場をもっている生産者（大森，千葉など）を押さえる必要があった。同社も生産者に船や網を与えて，その船代や網代は海苔で払ってもらう形式にしていた。しかし，昭和30年代に海苔入札制度が導入される。生産者は県の漁連（有明漁連，千葉漁連など）に全量出荷し，入札指定商社が生産者と海苔流通業者の間に入り，同社を含めた入札指定商社が一括[6]して入札する仕組みになった。従来のように同社と生産者の関係が紐付きでなくなり，入札で買う必要が出てきた。海苔流通業者の仕入業務に対する一層綿密な調査が，従来以上に大切になったのである。そのため，海苔業界は，事業革新が行なわれる場合，川上方面に展開することが困難[7]な業界であるといわれている。また，海苔業界は，海苔の輸入数量がIQ（総量規制）[8]により規制されている。現在のところ，国内市場においては良質な国産海苔と比較的安価な中国産や韓国産の海苔との棲み分けができている。

4．市場・顧客の変化

海苔業界においても，少子高齢化や消費マインドの冷え込みによる国内市場の縮小の影響を受けている。そこで海苔流通各社もまた，海外市場への展開を行なっている。

また，現在，政府において，TPP（環太平洋戦略的経済連携協定）についての議論がなされている。現状は，通商規制上海苔は農産物と取扱いが異

---

[5] 1673年に三井高利が江戸本町一丁目に呉服店「越後屋」を開業。現在の株式会社三越伊勢丹ホールディングス。
[6] 11月下旬から1月下旬までの期間に行なわれる。
[7] 他方，後継者によると，全国海苔問屋協同組合連合会や東京海苔問屋協同組合の要職に就くことにより，影響力をもつことはできるかもしれないと指摘している。
[8] 通商規制の一種。

なり，またTPP加盟国に海苔の産地がある国がないため，直接的な影響はない。しかし，今後，海苔の産地がある中国や韓国と日本との間での自由貿易が行なわれる可能性も否めない。

〈事例研究企業〉
社名：株式会社　山本海苔店
創業：1849年（嘉永2年）
創立：1946年（昭和21年）
所在地：東京都中央区日本橋室町1丁目6番3号
代表者：取締役社長　山本德治郎
事業内容：海苔製造販売業
従業員数：約450名
資本金：4800万円

第2節　先代世代（初代山本德治郎〜五代目山本德治郎）の取組み

1．初代山本德治郎[9]（1815年〈文化12年〉〜1858年〈安政5年〉）

　初代山本德治郎は，元々横浜の綱島出身であり，多感な熱血漢であったという。当時は天保の改革が行なわれるなど，政治・経済の大変革期であった。そのようななか，初代は，江戸に出て約10年間様々な商家で修行を積み，修行中に得た資金で，江戸の商業の中心地である日本橋室町に同社を創業している。創業当初，同社は，日本橋にあった魚河岸に魚を仕入れにきた江戸前の寿司屋に対してのり巻き用の海苔をその場で供給していた。但し，浅草方面には幕府の御用商人を務める海苔の老舗をはじめ多くの同業者が存在しており，商売は決して平坦ではなかったようである。そのうえ，同社は，1854年（安政元年）の安政大地震で大火に遭遇し，再建を余儀なくされている。しかし，江戸時代末期の頃になると，大森や品川から良質な海苔が採れはじめ，海苔の商いが徐々に浅草から日本橋へ遷ってきた。神田・岩崎

9　同社では，歴代の当主は「山本德治郎」を襲名している。

(1996) によると，初代はこの時代の流れを機敏に察知して，日本橋室町で創業したと指摘している。

2．二代目山本德治郎（1834年〈天保5年〉～1900年〈明治33年〉）

初代の後，山本家では，二代目，三代目，四代目まで女系家族が続く[10]。二代目山本德治郎は，初代と同郷となる武蔵国都築郡新田村吉田[11]に加藤松五郎として出生し，山本家へ婿養子として迎えられた。非常に商売熱心で且つ商才がある人物であったという。初代から見込まれて，1858年（安政5年）の初代の没後すぐに「山本德治郎」を襲名している。他方，商売の傍ら，神田の千葉周作の剣道場に入門し，そこで山岡鉄太郎（鉄舟）とも親交をもつなど社交的な性格であった。

事業においては，従来，画一的に取り扱われていた海苔を厳格に8種類に峻別[12]して，販売するようになった。販売面においては，顧客の要望に合致した海苔を適正な価格で販売することを心掛けた[13]。ここには，現在のマーケティングの手法が採用されている。他方，商品開発においては，苦労の末，「味附海苔[14]」を開発している。当時，焼海苔しか存在しなかった時代に，味附海苔は画期的な商品となった。味附海苔の開発が，海苔の山本の知名度を一挙に引き上げることに繋がっている。さらに1869年（明治2年）に，同社が宮内省（現宮内庁）御用達に採用[15]される。その他，二代目は，江戸から明治への時代の移行期の影響もあるが，従来の海苔の仕入と消費の中心地を浅草地区から完全に日本橋地区に移す。同社では，二代目は「海苔の山本」を確立した人物であるといわれている。なお，同社には二代目が残

---

10 島（1980）によると，同社に女系家族が続いた故に，いずれも商才のある人物を婿に迎えて商勢を拡大し，今日の山本海苔店の大きな原動力となっていると指摘している。
11 現神奈川県横浜市北区新吉田町。
12 ①食（しょく）：お客様が食べる海苔，②棚（たな）：進物用，③焼（やき）：焼き海苔の原料，④味（あじ）：味付け海苔の原料，⑤寿司（すし）：すし屋用，⑥そば：そば用，⑦裏（うら）：地方卸用，⑧大和（やまと）：つくだ煮の原料，であるという。
13 「お客様の最も必要とされる商品を最も廉価で販売せよ」との言葉を常々口にしていたという。
14 六代目によると，「自分もスナックとしての海苔，サンリオとコラボした海苔，せんべいなどを造っているが，二代目の味附海苔を超えるものは，残念ながら100年経ってもないと感じている」と語っている。
15 「明治天皇が京都遷幸の際に土産とされた」（島，1980，p. 225）。

表4-1　家訓「積善之家必有余慶」

- 善根や陰徳を施せ
- 駄目な息子が生まれたら小遣いを与えて仕事に携わらせるな
- 投機に手を出すな
- 質素倹約
- 一族と従業員は仲良くせよ　など

（出所）柴田（2011）の記述に基づき，筆者作成。

した家訓「積善之家必有余慶」がある。これは「山本德治郎」を名乗る当主だけが見ることを許されるという。

3．三代目山本德治郎（1856年〈安政3年〉～1917年〈大正6年〉）

三代目山本德治郎は，埼玉県比企郡大塚村[16]に大塚重太郎として出生し，11歳の時に山本家へ迎えられ，当初より二代目から特訓を受けた。とりわけ海苔の仕分に秀でており海苔の神様[17]という異名をとった。その識別能力は，日本中で三代目の右に出るものはないといわれていた。

事業においては，二代目の海苔の仕分制度を強化して，山本の海苔を海外の品質水準に耐えうるブランドに育てあげた。三代目は，「山本のレッテルを貼った海苔は1枚でも決して不良品があってはならぬ」とし，一段と商品の仕分を厳重にし良品薄利を強調した（島，1980, p.151）。そして，広く朝鮮半島やアメリカなど海外でも最高品質を示すブランドになるまでに育てあげた（神田・岩崎，1996, p.145）。1902年（明治35年）の登録商標法の制定に伴い，創業当時からの「マルウメブランド[18]」を登録商標とする。神田・岩崎（1996）によると，マルウメブランドは，梅が咲く寒中の頃に最も上質

16　現埼玉県比企郡小川町。
17　「たとえば，各産地から届く海苔の品質を1つも間違えることなく，これはどこの海苔で，こういった味だ，という風に識別する。だから，彼が店内にいる時は，同業者は絶対にごまかしができなかった。」という（島，1980, p. 150）。また，1965年（昭和40年）に同社新社屋が竣工した際に編纂された社史によると，三代目は仕切場（仕入納品場）において新海苔を手にしたまま急逝されたとことを紹介している。ここからは，三代目の海苔への思い入れの奥深さが推察される。
18　「マルウメブランド」の由来は，海苔が梅と同じように香りを尊び，梅の咲く寒中に最も上質の海苔が採取されたことにちなんでいるという。同社の製品には，「梅の花」「紅梅」「梅の友」など梅の字を使った品々が多いのもこれが理由であるという。

の海苔が採れることにあやかり，同社が長年使用してきたブランドであるという。そのうえで，このブランドが海苔の品質に対する同社の姿勢と自負を表したものであると指摘している（神田・岩崎，1996）。また，三代目は，品質にこだわった上質の海苔のブランドを普及することに取り組んだ。三代目の時代は，日露戦争後で日本経済の膨張期でもあった。島（1980）によると，1916年（大正5年）には，朝鮮半島，ハワイ，アメリカにも輸出され，マルウメブランドは日本の海苔の最高品質の代名詞として知られるようになったという。また，製造面においては，雨天や曇天でも海苔を乾かせるよう，深川に人工乾燥所を設置した。

4．四代目山本徳治郎（1884年〈明治17年〉～1941年〈昭和16年〉）

四代目山本徳治郎は，荏原郡大森町[19]の乾海苔問屋田中久太郎の四男庄之助として出生し，山本家に迎え入れられる。四代目の時代には，関東大震災が発生している。同社は，震災の影響を受け店舗と数棟の倉庫を焼失する。

四代目山本徳治郎は，東京湾内10組合の会長など数多くの公職を兼務していた。事業においては，震災の影響で，従来日本橋にあった魚河岸が築地に移転することに伴い，本店以外のはじめての支店となる山本海苔店築地出張所が開設される。その機動的な対応により，震災の影響を受けつつも，同社の売上高は飛躍的に上昇した。四代目の取組みは，従来の日本橋の魚河岸の周辺地域に依存した営業方針を脱して，販路の拡大を図ったことである。神田・岩崎（1996）は，従来の魚河岸の寿司屋などに頼った狭い商売ではなく，支店設置による商圏拡大を積極的に推し進めていったことがその後の同社の拡大に寄与したと指摘している。四代目による商圏の拡大は，マルウメブランドを広く普及させるという三代目の意向を引き継いでいる様子がうかがえる。

5．五代目山本徳治郎（1917年〈大正6年〉～1991年〈平成3年〉）

五代目山本徳治郎は，四代目の次男として生まれる。長男が満州事変で戦

19　現東京都大田区大森東二丁目。

死したために「山本德治郎」を襲名する。五代目の時代には，東京大空襲により戦災を受けている。また，五代目は対外的に要職を歴任している。戦後の財閥解体で三井物産の食品部門が独立した東食の初代社長を務め，全国海苔問屋協同組合連合会の会長を務めた（中原，1993）。

　事業においては，1944年（昭和19年）には戦況の激化の影響を受ける。しかし，終戦直後の1945年（昭和20年）12月には，事業を再開した。その後，1946年（昭和21年）には株式会社組織に改め，株主関係の整理など経営の整備をはかった。海苔の製造においては，乾海苔の加工技術に新しい手法を取り入れて品質の均一化を図っている。また，海苔業界ではいち早く株式会社山本海苔店研究所[20]を設立している。同研究所は，海苔の養殖技術などの研究を行ない海苔業界に貢献してきた。販売においては，高度経済成長期に百貨店展開など販売網の拡大を図っている。現在，この百貨店販路が同社における最大の販路となっている。また五代目は，自社の小売店の利益と顧客の利益の適正化を図ってきた。これは，二代目の厳格な海苔の仕入や販売の考え方を引き継いでいるものと考えられる。

第3節　五代目山本德治郎から六代目山本德治郎への事業承継

1．六代目山本德治郎（襲名前：実）

　六代目は，1950年（昭和25年）に五代目の長男として誕生する。先述の通り，山本家では，二代目から四代目までが外部からの養子を迎え入れての「山本德治郎」の襲名であった。五代目についても次男による襲名であった。そのため，六代目は，初代以来の長男による承継である。六代目は，五代目による自分の仕事上の処遇について次のように語っている。

20　1983年（昭和58年）の株式会社山本海苔店研究所長・大房剛氏へのインタビュー記事であるが，「海苔業者は現在全国でざっと27,000，うちトップクラスにランキングできるのが3,000〜4,000，いわゆるNB商品として知られるところとなると5〜10社ぐらいか。いわんや研究室なり，研究所を持っているところとなると4〜5社。わけても山本海苔店は最も研究のすすんでいるほうだ」としている（光琳，1983，p.21）。

表 4-2　各世代における経営実践の事例（株式会社山本海苔店）

初代山本德治郎	・日本橋室町一丁目に創業（新しい組織の実現）
二代目山本德治郎	・「味附海苔」開発〈1869年〉（新商品開発）
三代目山本德治郎	・人工乾燥所設立／東京深川〈明治中期〉（新生産方式） ・朝鮮、北米、ハワイへの輸出開始〈1916年〉（新販路開拓）
四代目山本德治郎	・支店設置による一般顧客向け販売開始〈1923年〉（新販路開拓）
五代目山本德治郎	・百貨店への展開〈1950年代〉（新販路開拓） ・株式会社山本海苔店研究所設立〈1963年〉（新しい組織の実現） ・現在の新社屋を竣工〈1965年〉（その他） ・乾海苔加工技術〈1960年代〉（新生産方式） ・「一藻百味シリーズ」〈1970年代〉（新商品開発）
六代目山本德治郎	・秦野作業所増床を機にHACCP対応工場として改築〈2000年〉（新生産方式導入） ・おむすび処「まるうめ」開店〈2000年〉（新販路開拓） ・カンロ株式会社との協働による「海苔と紀州梅のはさみ焼」の開発〈2002年〉（新商品開発） ・海苔製造工程へのHACCP導入〈2003年〉（新生産方式導入） ・海外現地法人設立／丸梅商貿有限公司（上海）設立〈2007年〉（新市場開拓） ・おむすびの専門店「omusubi maruume」開店〈2009年〉（新販路開拓）→現在廃業 ・ネット販売開始〈2011年〉（新販路開拓）
後継者	・上海・飲食チェーン展開〈2011年〉（新市場開拓）→現在撤退 ・シンガポール出店〈2011年〉（新販路開拓） ・台湾出店〈2012年〉（新販路開拓）

（注）「上海環球金融中心」の3Fに開店した。現在は撤退している。
（出所）筆者作成。

　自分の配置は、親父の五代目が決定していた。最初、仕入部で海苔を学び、できたばかりの工場で現場を学び、配送課で物流を学び、外商課で外回り営業をやり、そして経理を学んで会社全体のことを学んだという形である。親父が生きている間つまり社長になる前は、自分は経理回りをやり、営業面は従兄弟が担い、もう1人の従兄弟が仕入等を担うという、3人で役割分担をしていた。社長になってからは、勿論全般だが、社長になってしばらくしてから営業が芳しくなかったので、自分が営業を見るようになった。今も営業本部長を兼務している状態であると思う。（六代目）

事業においては，二代目以降重視してきた海苔の品質管理を徹底するために，製造工程にHACCP[21]を導入している。また，マルウメブランドを海外に広げていくため，中国の上海に同社では初めての現地法人である丸梅商貿有限公司を設立する。海外にマルウメブランドを広く普及させる拠点をつくったのである。

〈六代目山本德治郎〉
1973年（昭和48年） 4月　株式会社山本海苔店入社
1976年（昭和51年） 7月　同社　取締役
1982年（昭和57年） 7月　同社　常務取締役
1991年（平成3年） 7月　同社　取締役社長
1993年（平成5年） 2月　六代目山本德治郎襲名
1999年（平成11年） 11月　東京海苔問屋協同組合理事長
2003年（平成15年） 6月　全国海苔問屋協同組合連合会代表理事会長

2．五代目山本德治郎から六代目山本德治郎への承継プロセス

　六代目山本德治郎は，幼い頃から，五代目からはほとんどど叱られることはなかったという。また，六代目は高校生の時に，家業の仕事を学ぶために，夏・冬の多忙な時期に同社でアルバイトをした。大学卒業前に，六代目は今後の進路について他社に就職して外の世界を見たいと考えていたようである。というのも自分と同年輩の親族である今の副社長や専務が他社で修行していたからである。しかし五代目からは，自分が他社で経験を積むよりも他社経験者から話を聞けばよいといわれ，新卒で同社に入社したという。
　最初は，新入社員として，大森の同社工場に配属となる。現場のパート社員からは気兼ねなく接してもらったが，男性正社員からは六代目自身が将来の経営者として上にのぼる人間と見られ，気安くは接してもらえなかったという。

　最初は，なぜこのような職務をやらねばならないのだろうと思ったことはあ

21　Hazard Analysis Critical Control Point の略。製造上の安全を確保するための衛生管理の手法。

る。しかし，今は有難かったなあと思っている。自分は最初，他社で修行したいと思っていた。親父はそんなことはしなくてもいいと言われた。従兄弟も他社で経験を積んでいたので聞けばよいと言われていた。自分は会社に入社してからすぐに現場に配置されたお陰で本当の現場を経験することができた。新入社員なので，掃除もした。工場では，女性社員とだべったり昼寝をしたり。現場の一員で同じ目線で経験できたことは貴重な経験となった。男性社員は将来自分より上になるからという視線で少し遠慮があったが，女子は非常にフランクに接してくれた。これが，3年・5年外部で経験を積んで入社すると，まさか現場で掃除はさせられない。従兄弟の場合もそうだろうと思う。（六代目）

六代目の語りからは，正社員である男性従業員から気安く接してもらえなかった経験から，自ら従業員へ積極的に接近しようとする姿勢もうかがえる。

自分は今でも，社員の中に入っていこうとしている。若いときはなおさらそうであった。人一倍努力をしていったつもりである。仕事だけではなくプライベートでも。困った時以外はみんなに任せていけばよいと思っている。（六代目）

工場配属の後，仕入係に配属される。同社の仕入業務[22]は，同社の業務を総合的に理解するために重要な業務であるという。二代目が海苔を8種類に峻別した時と同様に，海苔の唆別眼を養成することができる。後に述べる後継者も仕入係に配属されている。その後，配送係，外商課を経て，26歳の時に，取締役経理担当（常務付）として経理部門に配属される。

経理に異動後は，会社のすべての動きは入出金伝票を見ればわかると教えら

22　神田・岩崎（1996）は仕入業務の重要性について次のように説明している。「昭和30年代，海苔の入札制度が導入される以前までは，独自の漁師と漁場を押さえることで『タネつけ』段階から品質を管理することも可能であった。しかし，入札制度の導入によって，産地そのものを押さえ差別化を図ることができなくなった。以来，良質の海苔を確保するうえで，海苔の『摘み取り』が始まる前の漁場の選別と入札により仕入れた海苔の格付けを行なう仕入とが，海苔の品質を決定する重要な仕事となった。熟練したベテラン技術者を抱えた社長直轄の『仕分技術室』は，暖簾とともに伝承されてきた海苔の選択眼を伝える重要な役割を果たしている」（神田・岩崎，1996，p.146）。

れ，全ての伝票に目を通し常務と行動を共にして銀行回りを行なった。（六代目）

六代目は，会社の資金面の取り仕切りや対外的な関係を構築していくとともに，その後も経理部門，総務部門を歩んできた。早期から，資金回りについて，経験を積ませられている様子がうかがえる。

五代目の自分の配置の考え方は，全般を知らなければならないということと，経理をやれば全般が理解できるだろうという意味があったのだと思う。（六代目）

若い頃から親族の常務の薫陶を受けながら，金融機関との関係の構築をはじめ，経理や総務な会社の管理部門を中心に任されるなど，五代目から六代目に経営上の自律性が確保されてきたことがうかがえる。六代目によると，この頃の五代目との関係について以下のように述べている。

社長継承前には，父は特に自分に対して何もいわなかった。……（中略）……父は，怒鳴ったりしなかったし，静かに任せるタイプであった。（六代目）

他方，五代目から細かな指示を受けなかった六代目も，若い頃に五代目に対して意見具申をしたこともある。バブル経済の頃，六代目が五代目に事業の多角化の提案[23]をしたところ，五代目からは強く制せられた。五代目からは次のようにいわれたという。

よく知っている本業の海苔の商売だけでも難しいのに，余計なことに手を出してどうする（中原，1993，p.155）。（五代目）

他にも，六代目が包装紙のデザインの変更を提案した時にも，次のように制せられている。

---

[23]「かつては海苔をつかうおにぎりチェーンや寿司バーなどに興味をもったことがある」としている（中原，1993，p.155）。

図4-1　五代目から六代目への承継プロセス

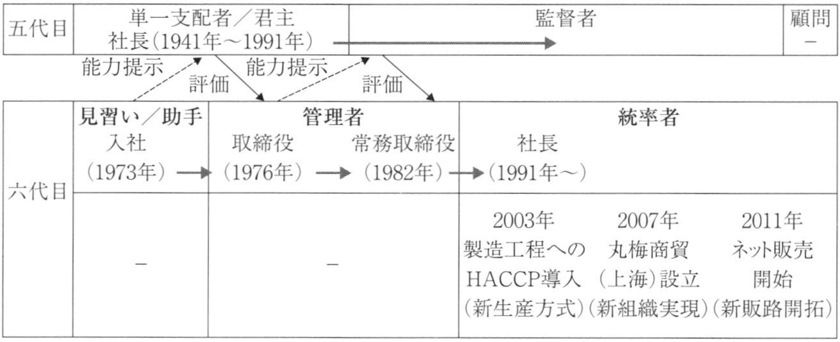

五代目	単一支配者／君主 社長(1941年〜1991年)	監督者	顧問 ―

能力提示　評価　能力提示　評価

六代目	見習い／助手 入社 （1973年）	管理者 取締役　　　　常務取締役 （1976年）→（1982年）	統率者 社長 →（1991年〜）
	―	―	2003年　　　　2007年　　　　2011年 製造工程への　丸梅商貿　　ネット販売 HACCP導入　（上海）設立　　開始 （新生産方式）(新組織実現)(新販路開拓)

（出所）Handler（1990）の表3（p.43）に基づき，筆者作成。

当社はこの包装紙によって皆様から認識して頂いているのであるから，容易に変えるものではない。（五代目）

ここからは，後継者の自律性が確保されているとしても，完全な自律性が確保されているわけではない様子が見てとれる。そこには，五代目による六代目への牽制が見られる。五代目による関わりは，自律性を確保された六代目の言動に一定程度の制約を与えていることがうかがえる。

第4節　六代目山本德治郎の経営実践

1．HACCPの導入

1991年（平成3年）の五代目の逝去の後，六代目が代表取締役社長を承継する。同時に，六代目の叔父[24]で社長を務めていた山本惠造が会長となり，六代目をサポートする体制がとられている。もう1人の叔父も副会長となった。併せて，叔父2人の息子が副社長および専務として代表権をもち，六代

---

[24] 五代目が代表取締役会長となった時に，代表取締役社長を務めるが「山本德治郎」は襲名していない。1947年（昭和22年）以来，五代目とともに二人三脚で経営にあたってきたという（中原，1993）。

目を助けている（柴田，2011）。六代目にとって，山本恵造は五代目が逝去してから重要な課題に対しては相談させてくれる貴重な存在であったという。

> 平成3年に父が亡くなり，叔父が会長となり，自分が社長を承継した。叔父は，6年前に亡くなったが，父が亡くなってから，重要なことは相談させてくれる存在であった。いてくれるだけで大変助かった。（六代目）

六代目は，社長を承継後，二代目の時になされはじめた海苔の厳格な仕入に加えて，三代目や五代目によってさらに取組みが強化された海苔の品質の均質化を進めていくことになる。具体的には製造部門へのHACCP導入による品質管理の徹底[25]である。明治期に二代目がそれまで画一的に取り扱われていた海苔を厳格に8種類に峻別し，仕入・販売するようになった。続く三代目は，二代目の海苔の仕分を強化して山本の海苔を海外の品質水準に耐えうるブランドに育てた。先代の五代目も，乾海苔の加工技術に新しい手法を取り入れて品質の均一化を図っている。六代目の発言からも，海苔の品質への思い[26]が見られる。

> 海外の輸出販売は，寿司ブームの時に，商社を通して販売したこともある。昭和50年代半ばに，一時期，アメリカのスーパーにも卸したことがある。しかし，顧客に届けられた段階で品質が保証されないためにすぐに止めた。（六代目）

昭和50年代に，アメリカで寿司ブーム[27]がおこる。創業当時，初代山本徳

---

[25] 「現在，海苔の品質は入札にかかる段階で80種類くらいに分類されますが，山本海苔店では上位5, 6等級以上の高級海苔だけ仕入れ，さらに工場でももう1回確かめ直すという慎重さです」と指摘している（柴田，2011，p.13）。

[26] 上記のインタビュー内容以外にも，神田・岩崎（1996）は，以下の六代目の語りを紹介している。「以前，乾海苔を100枚いっぺんに焼く機械を作ったことがありましたが，効率はいいんだけど，いっぺんに焼くと1枚1枚に火が通らない感じで，どうしても味が落ちてしまうんです。効率的にやろうとすると，大切なものが欠けてしまうような気がします。百貨店に入れさせていただいている商品でも，品質的に2年くらいは問題ありませんが，半年くらいで引き上げさせてもらっています」（神田・岩崎　1996，p.147）。

[27] 従来，現地での日本食レストランの対象は，日本のビジネス関係の駐在員や旅行者に限られて

治郎が，日本橋の魚河岸に寿司屋が魚を仕入れにきた際にのり巻き用の海苔を提供したように，同社はアメリカの大型スーパーを通じて日本食レストランに同社製の海苔を供給している。しかし，日本における百貨店での顧客への説明を交えた丁寧な店頭対面販売と異なり，ウォルマートなどの倉庫型の大量販売においては，同社製品を販売することは適切ではないと判断された。商機に乗じるのではなく，五代目逝去後も先代からの意向が六代目の経営実践に影響を与えているといえる。

> 卸売りの場合は，商品を卸した後，目が届かない。問屋が自由にばらまけてしまう。当社は，商品に最後まで責任を持ちたい。売れないならば，是非返品をお願いしている。川上部分では美味しい海苔を選別して買うこと，そして，購入後の海苔が悪くならないように管理をしっかりしていくこと，この部分で当社がいかに独自性を出していくかが重要だと思う。(六代目)

このように，同社の二代目以降受け継がれてきた良質な海苔造り一筋という意向を軸に，三代目が海外の品質水準に耐えうるブランドに育ててきた。戦後五代目は，乾海苔の加工技術に新手法を取り入れて品質の均一化を図るなど品質管理の礎を築きあげてきた。さらに六代目がその意向を継いで，製造工程へのHACCP導入に繋げている。なお，同社のHACCPの認証への取組みは，当時海苔業界では初めての試みであったという (柴田, 2011)。

2. 海外展開

六代目は，三代目からのマルウメブランドによる良質な海苔の普及という意向の具現化を図る取組みを行なっている。販路の拡大は，五代目が四代目の意向を受け継ぎ，高度経済成長期に百貨店への卸売販売という川下領域の新たな拡充を図っている。かつてのアメリカの大型スーパーでの倉庫型販売と違って，百貨店販売では直接同社の社員が顧客の顔を見て同社の海苔を販売して手渡すことができる。現在，百貨店販売は同社の主力販路である。後

いたが，アメリカにおける健康志向の高まりにより日本食レストランで寿司を食することがブームとなる。代表的なものにカリフォルニアロールがある。

述するが,国内の百貨店販売部門は,後継者ではなく,同社の経営幹部が担当している。その他,モータリゼーションやグローバル化の進展に伴い,新たな販路を今後の経済成長が著しい中国に求めている。この中国進出は,社内でも積極論と消極論が出たという。しかし,六代目の意向で合意した後,代表権をもつ親族の副社長と専務が条件など次の話し合いで最終決定をした(柴田,2011)。2007年(平成19年),中国上海に同社の海外子会社として丸梅商貿(上海)有限公司が設立される。当初,丸梅商貿は,中国国内において日本の海苔を啓蒙する目的から設置された。ところが,同社が蓄積した中国との繋がりが強みになり,現在の丸梅商貿は,同社製の海苔以外に,東京日本橋界隈の老舗企業の様々な商品を中国に輸出する商社機能を発揮するようになっている。その他,川下拡充の視点からは,ネット販売があげられる。六代目によると,現状のネット販売は売上高への寄与度は大きくないが,同社の販売店がない地域に対して供給するためのものであるという。この販路の開拓には,たんに商機を追うのではなく,マルウメブランドというよい海苔をより広く顧客に届けるという三代目の考えが受け継がれていることが垣間みられる。この川下領域への新たな展開は,海苔の品質にこだわり,その海苔を広く普及させるという先代世代の意向の具現化の取組みとしてうかがえる。

図4-2 山本海苔店の経営実践の変遷

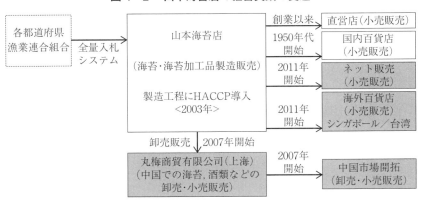

(注)■■■:六代目山本德治郎以降の展開領域。
(出所)筆者作成。

第5節　六代目山本徳治郎から後継者への事業承継

1．七代目予定者・山本貴大

　山本貴大（以下，後継者）は，六代目の長男として生まれる。後継者の語りからは，直系当主の子弟として運命づけられてきた様子がうかがえる。

　自分としては，人生の全ての選択が，山本海苔店の社長になるために決めてきたという感覚である。（後継者）

事業を承継することは，祖父母からも強く意識づけされたという。

　父や父側の祖父祖母からはとくに継ぐことに対して何も言われたことはなかった。しかし，母親側の祖父祖母の前では，「将来，サッカー選手になりたい」と言うと，「そんなことはとんでもない」と怒られんばかりの言われ方をされてきたと思う。（後継者）

　他方，後継者の語りからは，父親である六代目からも間接的な伝え方ではあるが，幼い頃からの事業への関わり合いを意識している様子がうかがえる。

　継ぐことに対して何も言わなかった父も，自分が小学校の頃よく家族で日本橋に食事に出かけてその帰りなどに自分に対して，「店に寄っていくけど，ついてくるか」と言うことがあった。小学校の頃だったので，何も考えずについて行っていたが，暗に将来承継してほしいということを言われていたのかもしれない。（後継者）

　この頃の経験からは，後継者は幼いながらも事業に対する親しみをもっていたという。ここからは，幼少期の頃から，後継者には将来の経営者としての意識づけと日頃からの会社への交わりなど、将来的な事業の承継を嘱望されていた状況がうかがえる。

また，以下の後継者の語りからは，六代目との仕事世界における親子関係の様子がうかがえる。

> 父とは，幼い頃から一度もぶつかったことがない。怒られたこともない。社員に対してもそういうイメージがある。もっと言えばよいのにと考えることもある。……（中略）……社長にはよく愚痴をいう。お父さんとして言っているような感じである。週末に言うこともあるし，開店時に社長と店頭で「いらっしゃいませ」をするがそこで愚痴を言っている。（後継者）

後継者からは，親族から将来の後継者として接せられた経験だけではなく，その裏面的な意味で，六代目世代を含めた先代世代からの恩恵を感じる様子が語られている。

> 社内で放任されているので，社長から守られているような感じはあまり感じないが，海苔業界の集まりや百貨店の集まりで，「社長にお世話になってます」と言われるのは有難い。（後継者）

この後継者の語りからは，2つの点がうかがえる。第1が，前半の語りにある六代目に対する率直な意見交換を行なおうとする姿勢である。第2が，先代世代からの間接的恩恵である。この先代世代からの間接的恩恵については，六代目も同様の経験をしている。

> 周り[28]は，親父の存在そのものを見て自分への接し方に気を遣ってもらっていたのだと思う。親父も守っているとは思っていないだろうし，自分も守られているとは思わなかったが。先代にお世話になったのだから，自分たちの世代を面倒見なければねというものだと思う。（六代目）

大学卒業後，後継者は外部の視点を身に付けてくる意味から，大手都市銀行に入行する。この就職は，六代目にも相談したという。当然，将来の事業承継の話にもなっている。六代目は次のように語っている。

28　経営幹部や従業員。

自分の時は新卒で入社したが，自社の常識は世間の非常識というように，他社を経験することは重要なことであると思う。（六代目）

　また，後継者は，家業に戻るタイミングについて六代目から以下のようにいわれている。

　他社で修行をするのなら，期間3年から5年くらいがよいのではないか。（六代目）

　後継者は大手都市銀行入行後，最初の2年間は池袋支店に配属され事業会社向けの提案営業を経験する。その後，新宿支店に異動となり建設・不動産業の担当者となる。時節的にリーマン・ショック[29]の頃であり，後継者曰く貴重な経験になったという。結果的に大手都市銀行での3年半において，企業の査定や評価の業務を経験したことから，財務的な視点も身につけることができた。

〈七代目予定者・山本貴大〉
2005年（平成17年）　4月　　株式会社東京三菱銀行入行
2008年（平成20年）　9月　　株式会社三菱東京UFJ銀行退行
2008年（平成20年）10月　　株式会社山本海苔店入社
　　　　　　　　　　　　　　同社　仕入部配属
2009年（平成21年）　3月　　丸梅商貿有限公司（上海）　副総経理
2010年（平成22年）　9月　　株式会社山本海苔店　海外事業室課長
2012年（平成24年）　3月　　同社　本店営業部長 兼 お客様センター部長
　　　　　　　　　　　　　　兼 海外事業室課長
　　　　　　　　　　　　　　兼 ダイレクトマーケット営業室課長
2013年（平成25年）　3月　　同社　本店営業部長 兼 お客様センター部長
　　　　　　　　　　　　　　兼 ダイレクトマーケット営業室課長

---

[29] 2008年当時，サブプライムローンなど証券化商品における資産価格の暴落が引き金となり，米投資銀行リーマン・ブラザーズが多大な損失を抱え破産申請したことを引き金に発生した一連の経済的危機である。特に，住宅ローン債権に端を発した経済危機であったため，日本の商業銀行においても，建設・不動産業向けの関係業務は非常に厳しい状況であったとされる。

第4章　事例研究Ⅰ　山本海苔店

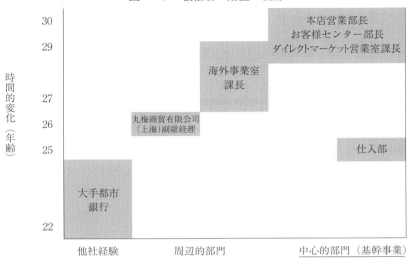

図4-3　後継者の配置の軌跡

(出所) 筆者作成。

2．専務取締役・山本敏治

　山本敏治（以下，経営幹部という）と六代目は，同じ年生まれで従兄弟関係にあたる。大手金融機関に3年半勤務した後に，山本海苔店に入社する。その後，仕入部門や製造部門を中心に経験を積み，現在同部門を担っている。そして，現在後継者の後見的な役割を果たしている。経営幹部は，事業承継について次のように語っている。

　　長い間，海苔の買い付けをやってきた。海苔に値段を付ける仕事である。当社も海苔を扱うことにそれなりに歴史をもっている。そのなかで，海苔の素を買ってくるわけであり，当社のポリシー等が反映される。全部競争入札であり，実務的に私がやってきた。偉そうな言い方をすれば，会社の原点でもあるかもしれない。海苔を買うということがどういうことであるのかを，会社に入ったらやるべきであろうということで，社長から社長の子弟（後継者）に対

して指導してくれないかといういきさつから，社長から私が指導役であるという紹介があったのかもしれない。(経営幹部)

　六代目は，後継者と経営幹部との関係性について，以下のように語っている。

　息子は，今は専務付ではないが，何かと専務にいろいろ相談していると思う。自分には，勿論相談もあるが愚痴はよく言うと思う。公式的な相談は，専務に聞いてみなという時もある。専務と役割分担は考えていない。親では言えないことや言いにくいこともあると思うので。自分も専務に言ってもらった方がよいと思う時もあるし，息子も専務に言いやすい場合があると思う。使い分けであると思う。(六代目)

　上記の六代目の語りからは，仕事世界における親子関係の距離のとり方の難しさがうかがえる。仕事世界における親子関係から生じる負の側面を補うために，六代目は，経営幹部に後継者の育成の一端を任せている様子がうかがえる。また，後継者の語りからは，仕事上の関係性において六代目と同様か，またはそれ以上に経営幹部に対して配慮している様子がわかる。

　大きな仕事の方向性についての相談は，レポーティングライン上の上司にすることは少ない。相談するとすれば，社長か専務にしている。たとえば，人事の話など専務から相談されるようなこともある。社長が考えて自分に相談するようなことはない。専務との話し合いを通じて社長に決済をもらうような形式である。(後継者)

3．最初の配置

　後継者は，3年半の大手都市銀行での勤務の後，山本海苔店に入社した。入社後，親類にあたる現専務取締役が後継者の育成担当となった。最初は，仕入部に配置される。仕入業務を経験することで，海苔の収穫高など需給的側面を含め，向こう1年間の商品企画や利益計画など総合的な経営的視点が

養成されるからである。六代目は次のようにいっている。

> 自分の時もそうであったが,息子も最初は仕入部に配属した。確か,9月に入社して来たと思うが。海苔業界は11月頃から仕入の時期にあたり,海苔の勉強や当社の業務を理解するには良い時期だった。(六代目)

この六代目による配置について,後継者は以下のように語っている。仕入部への配置は,六代目も経験しており,代々の後継者の登竜門であるということができる。

> 父は,副社長や専務と相談して,社会人4年目の10月から入社することになった。海苔というのはシーズンものであり,10月から年1回の仕入の時期にあたることから,この時期に入社することによりそのプロセスを習得することができる。……(中略)……仕入に配属された時の印象は,自分の父親が経験していたこともあるし,仕入をやる理由が業界を俯瞰するためであり,合理的であると思った。だから何の違和感もなかったと思う。海苔はとれる量が決まっているし,入札制度なので,あの海苔屋がどれくらいの値段で入札していたなとか全体的なことが理解できる。本来は,その次の年も仕入に配属されている予定であった。そのような育成プログラムが組まれていたのに,おむすび事業に配属された形である。(後継者)

後継者は,仕入部においてベテラン社員の下について業務の基本を学びはじめる。そのようななかで,後継者は自身が次世代経営者として処遇されることに対して従業員に配慮する様子がうかがえる。

> 早い昇進は,周りからの理解はあると思う。自分も入ったばかりの時に,仕入の尊敬する先輩に「自分が取締役になることにより,本来取締役になれた人がなれなくなるのではないか」ということを相談したところ,「貴大さんの取締役の枠は既定であるものなので心配することはないよ」と言われたことがある。(後継者)

当時の自分を取り巻く従業員との関係性について次のように語っている。

社員からは自分が後継者ということで，自分への対応には気を遣ってもらっていると感じている。（後継者）

この周囲からの特別な視線は，六代目も，先述の通り入社当初に同様の経験をしている。

同年次の社員と同様に，新入社員として最初は大森の工場に配属になった。現場のパートの方々は，自分に気兼ねなく接してくれた。彼女達からは，「山本さんが来ると空気が変わる」と言われたこともある。しかし，男性社員は，将来，自分が経営者の継嗣として上に行く人間だからということもあり，あまり気軽には接してくれなかった。（六代目）

六代目や後継者からの語りによると，ファミリービジネスには，将来の後継者に対する周囲からの特別な視線が内在されていることがわかる。六代目は，後継者としての周囲からの特別な視線が醸し出す職場の関係性の溝を埋めるために，積極的に社員のなかに入っていく努力をしたという。周囲からの特別な視線があるからこそ，後継者の行為に対して育成担当の経営幹部から事業の当事者としての振舞いをするよう意識づけがなされているのかもしれない。

佃煮をつくる機会があって，おばさんたちと6人程度でラインをつくって，煮る，瓶詰め，パックなどの作業をやっていた。自分はパックする役回りをしていた時に，専務から「何で君が煮る作業を率先してやらないのか」と言われたことがある。自分が一番危険なことをやりなさいと，それが経営者だよと言われた。（後継者）

また，後継者が休暇を取得しようと上席者に許可を得ようとした時のエピソードについて，以下のように語っている。

六月の上旬頃に，家族サービスを兼ねて休暇を取得しようとした時に，番頭格から「君には，公私の区別はないのだからそういう行動は慎みなさい」と言わ

れたことがある。そういうことはちょくちょく言われている。(後継者)

その後，親類にあたる専務が後継者の育成役となった。六代目が専務に任せたものであるという。後継者は専務付となっている。

後継者の配置は，社長を含め3～4人で決めたと思う。人事は社長の意思なしでは決めない。社長もこういうふうなものはどうであろうかと我々に相談してこられる。我々は，時期が早いのではないのでしょうかとか，こういったものがあってからこのような地位につけた方がよいのではないのでしょうかなどを提案することもある。昔は，後継者であれば入ってすぐに将来社長になるので副社長をやってもいいのかもしれないが，たとえそうみんなが思いつつも，みんなと一緒になって汗をかく，みんなが嫌なことを率先してやっていくということが重要であると思う。人事異動で言えば，上海のような外国で仕事をすることとか，日本国内でもみんながこの仕事は嫌だなあと思うような仕事を率先してやってもらうようにしている。……（中略）……だんだんとそのようなことをやっていくことによって，また積み重ねていくことによって，周りが認めてくるようになっていかねばならないと思う。この人の為なら命を落とそうとは言わないまでも一緒にやっていこうと。周囲からそう思われてくる時に，社長になったり，それなりの役職についていくことになるとよいと思う。普通の会社は，競争を通じてだんだんと落とされたり，そのなかで勝ち抜いていったりする。うちの会社はそのようなことはないまでも，自分の人間形成とともに周囲からこの人の為ならやっていこうように我々が感じ始めた頃が承継のタイミングとしてはよい頃合いではないかと考えている。(経営幹部)

4．海外赴任

その後，後継者は上海の現地法人の副総経理として赴任する。現地での職務は，新規事業としてのおむすび店を中国に出店するプロジェクトであった。この配置が発表された直後の心境として，後継者は以下のように語っている。

おむすび事業への配置の時は，その年の3月に結婚していたので，いきなり別

居かという印象であった。ただ，自分の場合は，公私の私はないと言われていたのでとくに何とも思っていなかった。何でもやりますという感じで赴任した。専務からは，育成の視点から，これからの経営者は末端のことも知っていなければならず，君には辛酸をなめる経験をさせたいと言われ続けていたので，上海の配属がこれかと思った。（後継者）

後継者に与えられたミッションは，中国の人々に対して，「良い海苔とは何か」「海苔の使い方」について，おむすび店を通じて啓蒙することであった。この配置の背景について，六代目は，次のように語っている。

上海でのおむすび事業は，（後継者が）上海に赴任していた時に始められた事業である。米はどうする，具はどうする，レシピはどうするのか，売り子はどうするのかなど最初からやらなければならない仕事であった。中国のおむすび事業はすでに設立されていた丸梅商貿での仕事であったが，海外事業室は中国だけではなく海外事業をいろいろ積み上げていく新しい任務であった。これをやる人物としては，貴大が最適であろうということで配置した。能力面や，やりたいようにやれるという意味もあった。……（中略）……海外で新しい事業を立ち上げるなど日本でできないようなことをやらせ，海外などみんながあまり行きたがらないような場所に貴大が行くことで「彼も大変なんだな」と周囲から思われることが，意味があると思うし，専務から相談を受けながら考えている。（六代目）

同様に，後継者の育成を担当した経営幹部も後継者の上海現地法人への配置について次のように語っている。

後継者としては分かっているが，この人物はどういう人物なのだろうかと。みんな見ている。そのようななかで，俺は後継者だというのではなく，みんなと同じように仕事を同じレベルで行ない，みんながむしろ嫌だと思うようなことをしていくことが重要である。（経営幹部）

同社の基幹事業は，五代目が高度経済成長期に築き上げた百貨店販売事業である。他方，後継者が配置された上海現地法人とは，2007年（平成19年）

に設立された新規事業である。上海現地法人は，今後成長が期待される海外販路拡大の事業と位置づけられる。後継者を最初は基幹事業とは離れた事業に配置することで，国内の基幹事業ではできない経験を積ませる意向が述べられている。海外事業への配置は，従業員に対するメッセージであるとともに，後継者に事業の当事者としての意識づけの意味が込められている。後継者は，当時のことを次のように語っている。

　丸梅商貿の時が一番やりやすかったと思う。副総経理という現地ではナンバーツーであり，丸梅商貿自体がかなりの権限を与えられていた。（後継者）

　後継者の語りからわかることは，後継者の仕事が新規事業であり，副総経理としての権限が与えられていたことである。ここからは，後継者が自律的に取り組める環境が整えられていたことがわかる。現地では，企画と店舗運営を担当する。事業規模は大きくないまでも，現地での食材の選定・調達や調理方法の商品開発など現地取引先との調整，現地社員の雇用管理など経営全般の経験を積んでいる。
　また，後継者は，現地での経験を積むうえで，以下のように語っている。

　丸梅商貿有限公司では，海苔以外の商品を販売する業務も行なった。たとえば，日本国内の当社と取引先の商品を現地で販売するものである。取引先からは，見ず知らずの会社ではなく，山本海苔店だからということで信用してもらえた。（後継者）

　この後継者の語りからは，現地での取組みは，現地での食材の選定・調達や調理方法といった商品開発など現地取引先との調整や雇用管理など後継者自身の貢献もあるが，信用という先代世代からの恩恵も受けている。
　六代目から後継者への承継プロセスにおいては，後継者が20代で本店営業部長という立場を任されるなど経営上の自律性が確保されながら将来の経営者への役割が移行している様子がうかがえる。他方，六代目の右腕である専務に育成役を任せるなど後継者の行動を牽制する様子もうかがえる。1年半に及ぶ上海現地法人での経験において，後継者は規模は大きくないが総合的

な事業経営の能力を培った。

第6節　後継者の能動的行動

1．本社海外事業室への配置

　帰国後，後継者は，上海現地法人での経験に基づき，中国のみならず，台湾，東南アジアなどの新規市場展開を担う海外事業室の課長に配置される。この海外事業室は，従来同社になかった組織であり，後継者が海外展開を担うにあたり新設されている。なお，台湾，東南アジアの地域においては同社に現地法人がないため，後継者は，本社（東京）から直接市場開拓を行なっている。この配置について，後継者は次のように語っている。

> 自分が日本に帰ってきた理由は，海外事業室にて中国以外を攻めろと言われたからである。自分の上には海外事業室長として常務がいる。しかし，自分に対しては放任であった。（後継者）

　六代目からは，中国以外の地域への販路開拓という経営戦略上の方向性を示されるものの，具体的な方法論は直属の上司から細々とした干渉を受けない環境が提供されていた。その後，後継者は，シンガポール出店を果たす。これは，前任者が現地日系百貨店で2～3回催事を行なってきたものを後継者が引き継いだものである。後継者は，前任者からの業務上の引継ぎや見本例がないなか，たびたび百貨店側と折衝を行ない出店に漕ぎ着けた。この後継者の取組みは，前任者が催事の開催に留まっていた案件について販売拠点の設置にまで昇華させた画期的な実績であった。
　帰国後の後継者は，シンガポールでの販路拡大など着実に実績を積み社内での存在感を増す一方，本社勤務の中での制約を感じ始めている。後継者は次のように語っている。

> 本社に帰ってくると制約が多すぎるというか……（中略）……基本的に，社内

では思考や発想が凝り固まっていると感じている。だから，誰にでも「別に，それもやろうと思えばできるでしょ」と思ってしまう。もしかすると，海苔業界自体が凝り固まっているのかもしれない。海苔という食品自体が，革命を起こさねばならない時期に来ているのかもしれない。（後継者）

そのようななか，後継者は，経営上の異論を表明している。以下の語りからは，後継者は将来の経営者として内部者の立場でありながら，既存の経営幹部たちや従業員に迎合するのではなく，他社経験を踏まえての事業に対する客観的な視線をもって臨んでいることがうかがえる。

自分としては転職者の立場での視点はある。当社は転職者が自分ともう1人しかいない。何でこうしているのかなど，波風を立てていっている感じ。反映される場合もあれば跳ね返されることもある。大きなことで波風は立ててはいないが。（後継者）

また，以下の後継者の語りからは，業務上の改善について提案するものの，意向が組み入れられずむず痒さを感じている様子がうかがえる。

社内でシャチハタが使われていないことを自分が指摘すると，「前からこういうやり方でやらせて頂いています」と応えられる。その他，休憩室で喫煙することが認められていることを総務担当の役員に指摘すると，「別にそんなことはないと思います」と応えられる。逆に，もっと言うことを聞いてほしいと思う時もある。（後継者）

他方，この後継者の意見具申に対して，経営幹部は以下のように語っている。

継承と革新について。自分は基本的に後継者には（新しい提案を）出せと言うスタンスである。但し，革新とは，瞬間的に変化を求めることではない。後継者が変化を求め過ぎると，下についてくるものが朝令暮改ではないが困惑してしまう。自分としては変化を求めることは好きであるが，当主としては腰を据えてやるべきであると思う。逆に革新をやる時には徹底的に革新する気持ちを

もってもらわないと，下についてくるものが不安になると思う。革新など仕事の相談は，自分に対して，社長に対してもそれなりに相談していることもあると思う。但し，親子間だけでやってしまうとまずい面もあると思う。我々はどちらかというと家族の方なのだけれども，仕事のことなのに，親子の面が見えてしまうこともある。かわいそうになったりすること，そこまでしないでもいいのにと思うこともある。我々としては，カリスマ性をつけさせるために，みんなが嫌なことをしてさせようとするつもりはあるけれども，親だとそこまでやらせるのかと感じることもある。他方，親らしくなったりすることもある。（経営幹部）

六代目も後継者の意見具申に対しては以下のような対応を示している。

息子には専務付という立場を与えている。基本的には専務に預けて，自分はなるべく口を出さないようにしている。（六代目）

後継者は，六代目との関係において，ぶつかったことも怒られたこともないと語っていた。加えて，海外現地法人でも，帰国後の海外事業室の業務においても，比較的自律的な環境が提供されていた。しかし，上記の語りからは，社内において後継者の能動的な言動に対してすべて是認されているわけではないことがわかる。後継者の能動的な提案に対して，経営幹部から疑義が唱えられる場合もある。この六代目世代からの牽制は，前述のようにかつて六代目も同様の経験をしている。

このように，後継者には，前経営者世代からの牽制を通じて提案内容の再考が求められていた。

2．本店営業部長との兼務

後継者は，20代の若さであるが海外事業室課長と本店営業部長を兼務する。本店営業部配下の一課（本店店頭担当）や外商課は，主に経験豊かなマネジャーが担い，後継者は海外事業と直営店，ネット通販事業のマネジメントを担っている。同時に国内事務について学ぶため，お客様センター部長も兼任している。この異動について，六代目は以下のように語っている。

あくまで海外事業は本業ではないので，本店営業部も任せることにした。(六代目)

この期間，後継者は本店営業部長としての業務を行ないながら，海外事業室課長として上海以外のシンガポール，台湾，タイ，アメリカへの営業などの取組みを行なっている。本店営業部長と海外事業室の責任者として二足の草鞋をはくなかで，後継者は社内調整に苦労しながらも，台湾出店（2カ所）を果たす。以前のシンガポール出店において，先代世代や前任者の見本例がないなかで独自に習得した経験が台湾出店でも活かされている。後継者は，すでに強固な取引関係が確立されている国内営業部門では習得できないような新規販路開拓のための折衝能力を培った。

3．国内営業部門への専念

2013年（平成25年）3月より，後継者は海外事業室課長の兼務が解かれ，本店営業部長に専念している。この配置について，後継者は次のように語っている。

今の本店営業部長の立場の方がやりやすい。海外事業室の業務がやることなすこと当社にとって初めてのことだったから。本店営業部長はまだ過去からの積み重ねがある領域なのでやりやすい。(後継者)

新設された海外事業室は，一から創り上げていく職務が中心であったが，本店営業部の場合，伝統的な職務上の取り決めが存在する職務である。その意味では，後継者は，伝統的な取り決めに従っていくほうが仕事がしやすい側面もうかがえる。六代目は次のように語っている。

海外はやっていることは大変だし派手だけれども，売上的にはたいしたことはない。もう少し現場に近いところで密着する意味で，本店営業部を中心に専念させている。いずれ経理も経験させねばならないし，総務も含めた管理本部も経験させねばならないし，将来的には営業のトップみたいになっていくのだろうなと思っている。(六代目)

ここからは，海外事業室の兼務が解かれることは，業務負担の軽減ではないことがわかる。むしろ将来の事業承継を見据え，同社の基幹事業により近い場所で職務を担うための準備であるといえるだろう。後継者は，全社的な経営の視点を身に付けたいという自身の意向を，六代目に表明している。

　　社長には，早く自分を上に上げないでいいのかとは言っている。（後継者）

　後継者は，六代目からのマルウメブランドによる良質な海苔を普及するという意向を引き継ぎ，同社の上海現地法人である丸梅商貿を通じた海外展開の取組みを行なっている。

　　丸梅商貿の設置の目的は，日本の美味しい海苔を中国でディストリビューションすること，もうひとつが中国産の海苔を中国国内と世界でのディストリビューションを行なうことである。海外は，今後東南アジアなどを含め広げていきたいと考えている。（後継者）

　同社では，二代目が常々「お客様の最も必要とされる商品を最も廉価で販売せよ」と口にしていたという。この意向は，後継者による経営実践として実践されていないが，今後引き継がれようとしている。また，後継者は，六代目からだけではなく，先代世代からの意向の継承を意識している。

　　当社は，三代目まで「良品廉価」という言葉をスローガンにしてきた。そのため，お客様には，一帖たりとも不良品が渡るようなことがあってはならないといわれてきた。（後継者）

　このように，六代目と同様に，後継者の行動は，隣接する世代間だけではなく，隣接しない世代からの影響も受けていると考えられる。現状の取組みや今後の展望についても，後継者は独自の考え方をもっているようである。

　　先代世代に対しては，もの凄く意識している。いつの間にか，当社は上物屋のような会社になっていると思う。高級品を扱うようになったのはここ50年くら

いなのではないか。社長にも愚痴で言ったと思う。二代目の考え方は，「お客様の求める商品をもっとも廉価で提供せよ」というものであった。適正価格で販売せよという意味だと思う。自分としては，適正価格の海苔であれば，廉価品でも販売してもいいのにと思う反面，すでにできてしまった高級品を提供する会社としてのイメージとどう整合性をとっていくのかが自分の葛藤でもある。……（中略）……二代目の書いた家訓がある。金庫に入っていて誰も見れない状態のものであるが，自分は社外で山本の歴史や日本橋の歴史についてプレゼンをする機会があるが，そういう時に先代世代の実践を勉強する。二代目の「お客様の求める商品をもっとも廉価で提供せよ」，三代目の「山本の名の付く海苔については1枚たりとも不良品があってはならぬ」がある。二代目のスローガンは廉価で販売せよなので，現在の高級品志向とどうバランスをとっていくのか。海苔は原料ビジネスなので良い原料のものは高くなる。海外に行けば当社においてある高級品は売れないと思う。今悩む話ではないのであるが。先代世代を参照するのはすがるものがないからなのかもしれない。一般企業では経営意向があってそこから逸脱するようなことはしないと思うが，当社の場合は，意向がないので先代世代の実践にすがっているのかもしれない。……（中略）……昨今の山本海苔店の不振を考えると，業務の多様化が必要だと思っている。当社の川上と川下を考えた場合，川上は全量入札システムの関係でとり得る選択肢が限定されている。そのため，川下部分において展開していく方法を考えている。たとえば，顧客接点をもつ路面店である。直営店を拡充する，またはレストランを経営するなど。また，海苔業界は競争入札システムがあり，生産者と海苔問屋が完全に分かれている。つまり海苔問屋が海苔の生産をすることはできないし，生産者が海苔を直接販売することもできない。したがって，川上部分への進出する場合には業界全体を変えていかねばならないので難しいと感じている。（後継者）

後継者の上記の語りのなかからは，経営への危機感が読み取れる。先代世代からの意向の継承は，たんに現世代がその意向に基づき経営実践に繋げているのではない。先代世代からの意向に基づき，現世代が抱える経営課題に即して，現代的な解決策を検討し経営実践に繋げている可能性が考えられる。六代目は，後継者との世代間の考え方の相違について以下のように語っている。

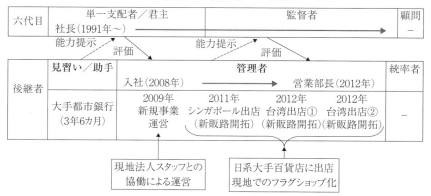

図4-4 六代目から後継者への承継プロセス

（出所）Handler（1990）の表3（p.43）に基づき，筆者作成。

事業承継で一番難しいと思っていることは，世代による考え方の違いであると思う。親父は親父なりの山本海苔店はどうあるべきかという考えがあるし，自分には自分なりの考え方がある。息子の場合も同様であると思う。（六代目）

後継者の語りからは，本店の制約のなかでのやり辛さとして認識されてきたものについて，その効用を指摘する語りも見られる。後継者は前経営者からの牽制に対して自らの行動を再考し，前経営者世代と自身の意見の相違について発展的解消を試みる様子も示された。

取引先を一時変えたことがあるが，これも8％コストが安いところでも不良品が10％出たら，結局信頼のある取引先の方こそコストが安くなるなど。「よくも悪くも」と最近言えるようになった。無駄だと思えることも意外と無駄ではないと思えるようになった。（後継者）

第 5 章

事例研究 II　あみだ池大黒

第1節　あみだ池大黒の概要

1．沿革

　株式会社あみだ池大黒は，創業200年を超える「粟おこし[1]」の製造企業である。おこしは，日本で最も古い歴史をもつお菓子といわれている。大阪堂島の米市場は，世界最初の先物取引が行なわれるなど，天下の台所として米・飴が入手しやすい場所であった。初代小林林之助は，長堀川の河畔に店舗工場を建設し，おこしを製造することになった。明治，大正，昭和，平成にかけて，その時代に応じて様々なおこしの形態を開発してきた。現在，六代目のもと，従来の百貨店向けの高級品に加え，大型テーマパーク，駅売店，空港，高速道路 SA など土産物市場という従来にない新しい顧客層に対する提案を行なっている。

2．地域

　同社の創業当時の所在地である大阪堂島は，米市場が設置されていた場所である。全国からの年貢米や流通米が集積され，全国へ配送されていた。大阪は天下の台所として，多くの大名の蔵屋敷が立ち並んでいた。米の集散地としての機能に付随する形で商業や金融[2]も発達した。当時の堂島界隈は，

---

[1] 小林編（2008）によると，大阪でのおこしの小話として，大阪商人が「大阪夏の陣」において疲労困憊していた兵士に対して「元気おこし」を配布した。そうすると，兵士は疲労を回復し一挙に大阪城を攻め落としたという。ここでは，東軍の兵士におこしを提供することがポイントである。大阪商人の先見性と抜け目のなさを紹介している。

[2] 米の豊作不作の季節的な影響要因を平準化するため，米の先物取引が開始される。世界で初め

おこしの原料である米，飴，砂糖が手に入れやすい地域であったといえる。初代小林林之助は，米を粟状に砕き飴で固めたお米のおこしをつくりはじめる。小林編（2008）によると，お米のおこしはその堅さ故に「岩おこし」と名づけられたという。それは，当時大阪において水路工事が施された際に，作業が捗り岩がたくさん掘り出された様子にちなみ，大阪の発展を象徴する縁起のよい菓子として地域に根付いたという。

明治維新以降，堂島や中之島に集中していた大名などの蔵屋敷が全て取り壊された。米市場があった当時の面影はなくなってしまったが，現在の堂島は，大阪のビジネスの中心としての新たな機能を発揮している。現在，同社は，本社工場を兵庫県西宮市に移転している。

3．和菓子業界の特徴

和菓子を含む菓子業界は，成熟産業と位置づけられる。菓子業界においても，清酒業界と同様，大手の総合菓子メーカーと特定の商品の専業メーカーという棲み分けがなされている。

4．市場・顧客の変化

五代目小林林之助によると，戦後昭和30年代に入ると，世間で「甘さ離れ・堅さ離れ」という流れがおこり，従来の方法では対応できなくなってきたという。そこで，同社は，1956年（昭和31年）に「福の花」というおこしに塩辛さを加える[3]という画期的な商品を開発する。昭和30年代から昭和40年代後半にかけての高度経済成長期にかけては，同社のおこしも飛ぶように売れたという。

その後，美味しさや味覚の多様さに加え，健康志向の高まりや食の安全志向が高まる。また，従来の百貨店に加え，同社はテーマパークへの販路の拡

て先物取引が行なわれた場所である。ちなみに，現在の日経平均株価指数先物についても，東京証券取引所ではなく大阪証券取引所に上場されている。

3　七代目後継予定者は，商品開発上のおこしの汎用性について指摘している。「『お米』と『砂糖』は日本人なら誰でも好きだし，味もシンプルだから支持されたのだと思うな。それを時代にあわせて生姜を入れたり，ピーナッツを入れたり，チョコレートを扱ったり，色々チャレンジしている先代当主と諸先輩達はホントすごいと思う」（小林編，2008，p.5）。

大を図っているが，テーマパークからは厳しい品質管理の要請がなされているという。そのため，同社は，2008年（平成20年）に製造工程にHACCPを導入している。

〈事例研究企業〉
社名：株式会社　あみだ池大黒
創業：1805年（文化2年）
創立：1951年（昭和26年）
所在地：大阪市西区北堀江3丁目11-26
代表者：代表取締役会長　小林林之助／代表取締役社長　小林隆太郎
事業内容：和菓子，洋菓子の製造および販売
従業員数：約150名
資本金：3000万円

第2節　先代世代（初代小林林之助～五代目小林林之助）の取組み

1．初代小林林之助（幼名：大助，隠居名：利忠）

　初代小林林之助は，美濃国安八郡名守村より大志を抱いて大阪に出て来た。まず大阪松屋町の米問屋で菓子製造販売の高岡屋長左衛門に丁稚奉公に入る。高岡屋の丁稚奉公では，お菓子造りから米の商法を習得する。その後，初代は高岡屋長左衛門より実力が認められて1810年（文化7年）に暖簾分けを受けて独立して同社を創業する。当時の大阪は，諸大名や旗本が蔵屋敷を設け，年貢米や特産物販売の拠点としていた。初代は，年貢米を運んできた千石船の船底にたまる余剰米に目をつけて，おこしの原料米とすることを考案する。もともと良質な年貢米を原料とするおこしは，大阪を象徴する縁起の良い土産として評判を呼んだという。なお，初代は，1833年（天保4年）にあみだ池に家屋敷を構えた際に苗字帯刀を許された。初代は，相当に商才に秀でた人物であったとされている（小林編，2008）。

2．二代目小林林之助（幼名：利恭，隠居名：無敵）

　二代目小林林之助は，12歳で「小林林之助」の名前を襲名し，16歳の1849年（嘉永2年）に二代目の家督を引き継ぐ。非常に聡明で，襲名前に自ら白鹿洞書院で朱子学や国学を学んだという。当時事業においては，レモネードなどの多様な菓子の取扱いを行っていたが，同社は「粟おこし」のみに商品を絞り込むことにより売上を伸ばす。現在でいう事業の選択と集中がなされている。また，二代目は，地域の私塾開設に尽力した。尊皇の志が高く全国の皇陵を巡り各地で大黒像[4]を蒐集する。これは，現在の同社の「あみだ池大黒」という名称として継がれている。

3．三代目小林林之助（幼名：富之助，襲名前：利昌）

　三代目小林林之助は，二代目の長男として生まれ，1899年（明治32年）に襲名する。同社では，三代目は中興の祖といわれている。三代目は，学童期に当時大阪の適塾に通っていた福沢諭吉と親交をもち，諭吉の帰京後も度々上京するなど諭吉に私淑[5]していたという。また，対外的にも精力的に活動している。1880年（明治13年）の第1回大阪府会・市会議員に20歳で当選し，政治活動もしている。加えて，摂津製油，愛国生命[6]，昌栄印刷などの役員も務めてきた。また，二代目の意志を継ぎ，1917年（大正6年）に皇陵巡拝会を組織し，1933（昭和8年）には，『皇陵巡拝案内記』を出版している。

　事業においては，1904年（明治37年）の日露戦争時に，明治天皇より戦地への日本軍に慰問品として同社の粟おこしが選定されている。宮内省（現宮内庁）からは，わずか三カ月の納期内に35万箱という膨大な注文がなされた。三代目は，「陛下のご用命を受けられぬとは大阪商人の恥」であるとし，三代目夫妻は刀を床の間に置き，切腹覚悟の白装束で不眠不休の生産に

---

[4] 大黒像は，約3500体あり，コレクションとして現在に引き継がれている。第二次世界大戦の際は，店舗や工場などは戦災の影響を受けたが，大黒像を所蔵していた蔵は，奇跡的に戦渦を逃れたという。
[5] 小林編（2008）によると，1906年（明治39年）に特選塾員に迎えられたという。
[6] 現ジブラルタ生命保険株式会社。

励んだという（小林編，2008，p.19）。菊の御紋章入りの「恩賜のおこし」は，戦地の日本軍兵士を慰労するだけではなく，相当な人気を博して全国的な知名度を上げたという。1911年（明治44年）には，同社の「粟おこし」が当時の菓子業界最高の賞とされる「梶川記念賞」を受賞している。さらに，三代目は，1906年（明治39年）に「輸入ピーナッツ入り 福おこし」の商品開発を行なう。これは，明治後期では珍しい和洋折衷の菓子であり，1915年（大正4年）にはサンフランシスコ万国博覧会に日本の菓子としては初めて出展され，海外でも話題に上ったという。

その後，三代目は，1922年（大正11年）に小林利重に事業承継し，芦屋の自宅で隠居生活を送る。ここで，五代目（現代表取締役会長）の小林林之助は，幼少期を中興の粗である三代目との共同生活を経験することとなる。

4．四代目小林林之助（幼名：林太郎，襲名前：利重）

四代目小林林之助は，三代目の長男として生まれ1922年（大正11年）に襲名する。三代目が福沢諭吉と親交が深かったことから，慶應義塾大学に進む。慶應義塾大学の同窓生やロータリークラブでの活動を通して交友関係を広げるなど，社交的な性格であったという。また，動物に非常に造詣が深く，シェパード，秋田犬，鶏，蜂，山羊，ガチョウ，猪などを飼育し，自宅はちょっとした動物園さながらであったという。とくに1935年（昭和10年）頃には，たびたび伝書鳩のレースに参加し受賞していたという。

事業においては，1927年（昭和2年）に近代工場を建設する。この近代工場は，原材料加工から製造まで一貫生産可能なものであった。この新工場建設の背景には，三代目が経験した日露戦争当時の「恩賜のおこし」における不眠不休の生産経験[7]が背景にある。四代目は承継当初の1922（大正11年）に，三代目とともに欧米への視察旅行に出かける。欧米の近代的な生産手法を目の当たりにした結果，量産可能な工場建設が急務と考えたという。

また，四代目は，奇抜なアイデアマンであった。大阪市内観光の名所巡りに，同社の大黒コレクションの見学コースを組み入れた。さらに，戦時中

7　1927年（昭和2年）まで，同社は家内制手工業の生産方式がとられていた。

表 5-1　各世代における経営実践の事例（株式会社あみだ池大黒）

三代目小林林之助	・「輸入ピーナッツ入り 福おこし」開発〈1906年〉（新商品開発）
四代目小林林之助	・原材料加工・製造一貫製造工場設置〈1927年〉（新生産方式導入）
五代目小林林之助	・「福の花」〈1956年〉（新商品開発） ・百貨店への展開〈1950年代〉（新販路開拓） ・粟おこし全自動製造機械〈1965年〉（新生産方式導入）
六代目小林隆太郎	・「大阪城主」による土産物市場への展開〈1981年〉（新販路開拓） ・「浪の詩」開発〈1981年〉（新商品開発） ・「ナッツ・バー」開発〈1983年〉（新商品開発） ・「チョコクランチ」開発〈1985年〉（新商品開発） ・和菓子店「四季香」展開（新しい組織の実現）→撤退〈1995年〉 ・「ミニ岩」開発〈1998年〉（新商品開発） ・「みんなのおこし」による若年顧客層の開拓〈2000年〉（新商品開拓） ・大型テーマパークへの展開〈2001年〉（新販路開拓） ・「大阪ちよ子」による若年顧客層の開拓〈2005年〉（新市場開拓） ・「復刻版」「特製」〈2005年〉（新商品開発）
後継者	・「新・浪の詩」開発〈2007年〉（新商品開発） ・おこし製造工程へのHACCP導入〈2009年〉（新生産方式導入） ・「pon pon Ja pon」開発〈2011年〉（新商品開発）

（出所）筆者作成。

は，大阪湾に300隻余りの連合艦隊が寄港するにあたり，四代目は，当時趣味にしていた伝書鳩を活用して受注伝票を持ち帰らせ菓子以外の携帯食料を含め納品したという。数々の効果的なアイデアとその実行力に対して，社員から大きな信任を得ていたという。

5．五代目小林林之助

　五代目（現代表取締役会長）の小林林之助は，1921年（大正10年）に四代目の長男として生まれる。五代目は兄弟と共に幼少期を芦屋の自宅で生活している。ここでは，隠居後の三代目と共に過ごすことにもなる。加藤（1999）によると，五代目は三代目から大きな影響を受けたという。五代目は，三代目と四代目の印象を次のように紹介している。

第 5 章　事例研究 II　あみだ池大黒

祖父は躾に厳しかったが，父は慶應ボーイとして，自由な振舞いを許してくれた（加藤，1999, p.56）。（五代目）

大学卒業後，五代目は外部の世界を見るために住友本社に入社する。その後，海軍に主計大尉として入隊する。そのようななか，1944年（昭和19年）に四代目が急逝する。そのため，五代目は，四代目より正式な事業承継を受けていない。また追い討ちをかけるように，1945年（昭和20年）3月13日の大阪大空襲により，同社の店舗，工場などが全て焼失してしまう。従業員も離散状態となった。そのため，事業は一時停止せざるをえなかったという。戦後，1947年（昭和22年）に五代目は，大建産業（現株式会社丸紅）に入社する。1951年（昭和26年）には，丸紅の初代ニューヨーク駐在員として渡米を経験する。この渡米経験のなかで，アメリカの広報技術などビジネス手法を学んだ。1951年（昭和26年）当時，関西財界の有力者であった故・小林一三[8]氏など外部の関係者から事業再開への協力の申し出がなされた。1805年創業という歴史を有する同社の暖簾の存在が大きかったのかもしれない。併せて，親族や先代からの支配人（番頭格）の協力があり，1951年（昭和26年）に事業が再開される。五代目は，丸紅に勤務しながら，週末に東京から大阪に戻り事業に携わった。このように，自らが社長を務めるが，実質的な運営は支配人など事業の幹部に委ねていた。ウィークデーは東京の丸紅本社に勤務し，土日に関西へ帰省して事業に関与したという。

事業においては，1956年（昭和31年）に三代目による「輸入ピーナッツ入り福おこし」（1906年〈明治39年〉）以来初めてとなる新商品「福の花」を開発した。「福の花」は，従来のおこしに塩辛さを追加した画期的商品である。

「福おこし」という従来製品があった。製法の技術というか，捻る技術ができた。この商品は製法技術（捻る技術）の革新により，甘さや塩辛さを併せ持つ商品（甘さ辛さが混ざらない商品）となった。これらは，従業員発ではなく，我々（経営側）のほうから提案したものである。そしてこんなものもできるか[9]と提案していった。（五代目）

8　元阪急グループ総帥。
9　たとえば，ピーナッツ味など。

「福の花」の宣伝は，当時，日本で始まったばかりのTV・ラジオCMによる広告を採用し，売上金額の約6割を投入している。これは，五代目がアメリカ駐在中に広告効果を学んでいたためであるという。その後，高度経済成長期を迎え，同社製品は飛ぶように売れたという。そのため，さらに生産性の高い機械設備が必要となり，おこし全自動製造機を開発し導入している。また，1987年（昭和62年）に生産能力の倍増を図るため，同社は創業の地の大阪から西宮浜産業団地に移転し，本社・新工場を竣工している。

```
〈五代目小林林之助〉
1943年（昭和18年）10月　住友本社入社
1943年（昭和18年）12月　海軍主計大尉
1947年（昭和22年） 4月　大建産業入社（現株式会社丸紅）
1951年（昭和26年） 9月　株式会社丸紅
　　　　　　　　　　　　　初代ニューヨーク駐在員として渡米
1951年（昭和26年）10月　株式会社あみだ池大黒
　　　　　　　　　　　　　同社　代表取締役社長　小林林之助襲名
1973年（昭和48年） 3月　株式会社丸紅退社後，株式会社あみだ池大黒に専従
1995年（平成 7年） 5月　あみだ池大黒　代表取締役会長
```

第3節　五代目小林林之助から六代目小林隆太郎への事業承継

1．六代目小林隆太郎

　現社長である小林隆太郎（以下，六代目）は，1947年（昭和22年）に五代目の長男として生まれる。学生時代には，家業のアルバイトも行なう。大学卒業後，サントリー株式会社に入社し，営業部，宣伝部，マーケティング部などを経験する。

　外の世界を経験するために，先代からの薦めもあって，サントリーに入社した。1年目の頃より，毎週土曜日は，午前中にサントリーでの勤務を終え，午

後からは家業の役員会[10]に出席していた。(六代目)

　六代目は，サントリーに10年間勤務した後，あみだ池大黒に取締役として入社する。「大阪城主」「浪の詩」「ナッツ・バー」「チョコクランチ」など五代目の後見のもと次々と新商品開発を担ってきた。その他，CI（コーポレートアイデンティティ）の確立，欧風創作菓子「ON FIRST」の開発，和菓子店「四季香」の開発運営など，おこし業界の枠にとらわれない取組みを行なってきた（小林編，2008）。1995年（平成7年）の阪神大震災においては，阪神大震災後の甚大な被害を受けたことに伴う組織内部の立て直しと外部取引先との関係再開などの役割を担ってきた。同年に社長を承継後，六代目は，土産物市場の開拓を狙った商品の開発（「大阪ちよ子」），テーマパークなどへの販路の拡大も行なってきた。

〈六代目小林隆太郎〉
1970年（昭和45年）4月　サントリー株式会社入社
　　　　　　　　　　　　　営業部，マーケティング部，宣伝部に配属
1980年（昭和55年）4月　株式会社あみだ池大黒入社
　　　　　　　　　　　　　同社　取締役
1995年（平成7年）5月　同社　代表取締役社長

2．五代目から六代目への承継プロセス

　六代目は，幼い頃から将来経営者となるべく意識づけされてきたという。六代目は，入社当時の自分と先代世代のベテラン従業員との関係性について，以下のように語っている。

　古株社員には，若いやつだけど，仕方がないと思われていたと思う。会社の神事[11]は，社長が行なった後，会社入社前の幼い時から自分が2番目で，その後

10　取締役会に出席しているが，他社勤務時代においては，特に役職についていない。
11　節分時期。

に役員が続くという形式であった。(六代目)

この語りからは,入社前の段階から六代目が当主の子弟としての立場を意識づけられていたことがわかる。同様に,周囲に対しても後継者としての位置づけを周知させる意味合いがあったのかもしれない。

その後,1970年(昭和45年)の大阪万博への出店時において,六代目は同社の出店でのアルバイトを経験している。五代目は次のように語っている。

息子[12]には,学生時代にアルバイトとして,会社の手伝いをさせていた。時代的には大阪万博(1970年頃)の頃であり,おこしもよく売れたので,彼も儲かる仕事であると感じていたのかもしれない。(五代目)

六代目も,この入社前の自社でのアルバイト経験を次のように語っている。

先代からは,幼い頃より将来経営者となるべく,意識づけされてきたと思う。学生時代は,よそでバイトをするのであれば,ここでしなさいということで,家業の手伝いをしていた。(六代目)

五代目によると,六代目が大学卒業後にサントリーに就職したのは,四代目が外部の世界を知らずに経営者となったこともあり,自分と同様に息子にも外の世界を経験させたいと考えていたからだという。六代目は,1980年(昭和55年)にあみだ池大黒に取締役として入社した。

息子には,10年間サントリーで経験させた後,当社に入社[13]させた(五代目)

入社以来,特定の部署に配属されることはなかった。「大阪城主」「浪の詩」「ナッツ・バー」などの新商品開発を任される。五代目は,六代目が入社した当初のことを次のように語っている。

---

12 六代目。
13 取締役として入社。

当主の直系の子弟が入社する上では，現場に上手く順応できるか古株社員と上手くやっていけるかは，こっちでよく睨んでおかねばならない。（五代目）

同社における新商品開発の仕事は，製造部門と営業部門を組織横断的にマネジメントする必要がある業務である。六代目は，五代目から新商品開発の統括責任者という立場を与えられている。新商品開発の統括責任者は，市場の動向を踏まえたうえで，自社の生産能力，既存商品との調和性など総合的な視点が求められる。併せて，製造部門や営業部門という縦割り組織の調整という役割も求められる。その意味では，縦割りの分業組織に配属されるのではないために，一定の自律性が与えられているともいえる。

チョコクランチは，森永さん[14]がある博覧会で設計図だけ出されていた。そのブースには人があまり寄っていなかったが，これは面白いと感じた。おこし以外で固める方法はないかと考えていた。そこで，チョコレートで代用できないかと考えた。……（中略）……チョコレートクランチやナッツ・バーは私主導でやったものだと思う。当初は，自分が指図してやらせていたと思う。息子はサントリーから来たばっかりで，商品の企画は厳しいと思っていたからである。……（中略）……私と息子と協働してやったものもある。「大阪ちよ子」は息子の時代でチョコレートクランチに技術を導入して作ったものである。「復刻版」などは自分がおこしについて口出しして導入したものである。当時は息子と二人三脚で助走期間のようなものである。商品開発に関しては，プロジェクトチームのような組織は作らないが，我々が営業や製造の人間と話をして導入する形式である。（五代目）

但し，五代目は，六代目が製造部門や営業部門と上手に調整ができるよう後見する役割を担っていた。具体的には，五代目は六代目が製造部門や営業部門との調整に難航している時はたびたび介入していたという。六代目は，この調整がうまくいかない時の状況を振り返り，次のように語っている。

チョコレートクランチは我が社にとっては革新であった。我が社でチョコレー

14　現森永製菓株式会社。

図5-1 五代目から六代目への承継プロセス

五代目	単一支配者／君主 社長（1944年〜1995年）	監督者	顧問 会長（1995年〜）
	能力提示 ↓↑ 評価	能力提示 ↓↑ 評価　能力提示 ↓↑ 評価	評価

六代目	見習い／ 助手	管理者		統率者			
		入社／取締役 （1980年） →	常務 （1985年） →	社長 （1995年〜）			
	大手飲料 製造業 （10年間）	1981年 「大阪城主」 （新販路 開拓）	1981年 「浪の詩」 （新商品 開発）	1983年 「ナッツ・バー」 （新商品開発）	1985年 「チョコ クランチ」 （新商品 開発）	1998年 「ミニ岩」 （新商品 開発）	2000年 「みんなの おこし」 （新商品開発）	2000年 「大阪ちよ子」 （新商品 開発）	2001年 大型テーマ パークへの 展開 （新販路開拓）

商品企画責任者として、プロジェクトチームを組織し、製造部門、営業部門との折衝

（出所）Handler（1990）の表3（p.43）に基づき、筆者作成。

トをつくることができるか。デザイン等は自分が担当した。最終決裁は会長が行なったと思う。……（中略）……「大阪城主」から「チョコレートクランチ」の開発部長は自分である。「浪の詩」や「ナッツ・バー」は生産効率が悪い。手作業の部分が多い。生産効率が悪いと現場が嫌がる。生産現場は「うーん」と顔をしかめていた。交渉としては、工場長を口説いて行なった。（六代目）

第4節　六代目小林隆太郎の経営実践

1．新商品企画担当の職務

六代目は、10年間のサントリーでの勤務を経て、1980年（昭和55年）にあみだ池大黒に入社している。入社当初は社内で様々な意見具申をしても、なかなか相手にされなかったという。

入社当初は，社内で何か言ってもなかなか聞いて貰えず，うちは大会社とは違うよと言われていた。（六代目）

また，六代目は，五代目からはじめて事業のバランスシートを見せてもらった時の印象を次のように語っている。

経営者は責任がある。他社経験から戻って来た時に，バランスシートを見ても社員の顔を見ても，はたしてこの会社を自分の代になってから30年どうやって持たせていくか自分も不安であった。息子もそうであったと思う。（六代目）

後継者へのバランスシートの開示は，事業の当事者としての意識づけと自身の代における将来の事業構想を練らせる意味があるのかもしれない。

2．新販路開拓担当の職務

六代目は，「大阪城主」「浪の詩」「ナッツ・バー」「チョコクランチ」など五代目の後見のもと次々と新商品開発を担い軌道に乗せてきた。新商品開発を通じて，営業部門や製造部門の古株社員からも将来の後継者として受け入れられ，信頼を獲得していった。

他方，六代目は，五代目の後見のもと，失敗経験も積んでいる。

1990年に，新規事業として，新しいスタイルの和菓子店をパイロット的に出店した。社内スタッフからは，投資のしすぎではないかとの反対意見が多く寄せられた。その事業には，自分と同年代の部下を使って取り組んだ。経費の取り扱いの面で，本体事業から兼任という形で人材を使っていた。その人件費が新規事業の方に負荷されたため，経費がかさばり赤字の状態[15]であった。（六代目）

六代目は，商品開発業務を経て，1995年（平成7年）に社長を承継後，新販路の開拓に乗り出す。新販路の開拓に乗り出すにあたり，六代目は以下のように語っている。

15　この事業は，1995年阪神大震災で甚大なる被害を被りやむなく撤退した。

同社に入社後まもなく，神戸ポートピア博覧会が開催された。あの時は，博覧会のマーク入り商品が少なく弊社のマーク入り商品は大変よく売れた。しかし，洋菓子全盛の時代であり，おこしのようなお菓子は時代的に苦戦を強いられていたと思う。自社が成長したといっても，他社はその倍成長していたように思う。そのため，製造の効率化，販路の多角化，つまり老舗販路だけでなくお土産販路の拡大などが必要であると考えていた。それまで会長は贈答品中心に取り組んできた。私は専務時代に量を売っていかねばならないので土産物市場に取り組もうと考えた。会長は，ブランドを中心にプレステージを上げていく方向，自分はお土産市場などの販路を拡大していこうという方向だった。（六代目）

　このように，六代目は五代目とともに役割の調整や分担を行ない，協働して経営にあたる。他方，二人は対立することも多かった。

　先代とは，ぶつかることも多かった。先代は頑固な面もあると思う。息子が入社してからは，息子を使って（間接的に）先代に話を伝えたこともある。先代にとっても，孫はかわいいものであり，息子の意見には折れている。（六代目）

　他方，五代目の語りからは，対立が生じても親子の絆がその意見の相違からくる離別を防いでいる可能性を示唆する語りが見られた。

　三人[16]によれば，意見の相違は始終おこる。しかし，そのなかで誰が正しいことを言っているのかはすぐに分かるものだ。（五代目）

　また，六代目の語りによると，五代目との対立だけではなく，自らの経営実践においても五代目からの恩恵の上に成り立っている様子がうかがえる。

　暖簾会，大阪土産品会，ロータリー等は，親父の名前が利く世界である。（六代目）

16　語り手・会長，息子・社長，孫・専務。

3．阪神大震災における事業復旧の責任者

1995年（平成7年）に兵庫県南部地震が発生した際，西宮に本社機能をもつ同社は甚大な被害を受けた。六代目は，事業復旧のプロジェクトリーダーとして，社内を統率した。陸路が寸断されていたので，海路を利用して商品供給を実現した。この対応が，五代目の目にとまり，承継の決定がなされたという。

> 息子には，10年間サントリーで経験させた後，当社に入社させた[17]。息子に社長を承継しようと決めたきっかけは，阪神大震災の際の対応を見た時である。阪神大震災においては，芦屋の自宅をはじめ，会社の工場なども甚大な被害が発生した。このようななか，息子が主導して船による大阪への製品の輸送を行なうなど，その復興に向けての取組みを見ていて，これなら任せられるだろうということで，半年後の1995年（平成7年）6月に社長を承継した。（五代目）

この五代目による事業承継の決定の背景には，従業員からの後継者への事業承継に対する承認が得られるかどうかを判断基準にしていることがわかる。従業員からの納得性が重視されている。

> 息子に対する社員の信用も増したと思う。そういうことがないと，社長の若い息子という形で見られてしまう。（五代目）

4．世代を超えた新商品開発の取組み

同社の社是においては，「のれんは絶えず創り直していくもの，のれんにあぐらをかくことなく，日々是新」を掲げている。三代目[18]は，従来の「粟おこし」に加え，1906年（明治39年）に和洋折衷菓子である「輸入ピーナッツ入り 福おこし」[19]を開発し販売を開始している。現在の同社の社是に

17　六代目は取締役として入社。
18　加藤（1999）によると，「利昌（三代目）は商才溢れた人で，あみだ池大黒中興の祖であった」という。

は，三代目の意向が隠されている。明治維新後，西洋文化が日本に入り，日本の文化様式も洋風化の波を受けることになる。三代目の時代は，西洋文化の模倣が始まり，ビスケットやドロップなどの洋菓子製造販売業者が出現してきた時期である（小林編，2008）。西洋文化の日本への流入という時代的要請を受け，三代目は新商品開発に乗り出す。従来の米と飴を原材料とする伝統的な「粟おこし」に加え，輸入ピーナッツを原料を使用して「輸入ピーナッツ入り 福おこし」を開発して発売している。先述の通り，「輸入ピーナッツ入り 福おこし」は，サンフランシスコ万国博覧会に日本の菓子としては初めて出展され，海外でも話題に上ったという。社是にあるのれんをおこしに置きかえて考えると，「時代に応じておこしは絶えず創りなおしていくもの」となる。まさしく，明治の時期に三代目は，伝統的な「粟おこし」に安住することなく，当時では珍しい和洋折衷型菓子である「輸入ピーナッツ入り 福おこし」の開発という洋風化時代の変化に応じた経営実践を行なっているのがわかる。

　五代目による「福おこし」，六代目による「ナッツ・バー」「チョコクランチ」などの商品開発についても，従来の「粟おこし」を現代風にアレンジした商品となっている。六代目による経営実践も「のれんは絶えず創り直していくもの，のれんにあぐらをかくことなく，日々是新」という三代目や五代目の意向を継いだものである。

　三代目からの影響は，新商品開発だけではない。三代目が「福おこし」をサンフランシスコ万国博覧会に日本菓子として初めて出展し当時海外でも有名になったということを五代目は，おこしづくりだけではなくその普及の方法について参考にしている。それは，五代目が，「福の花」を開発した際に，売上高の約6割を当時放送が開始されたばかりのテレビ・ラジオのCM広告に投入したことである。これは，五代目がアメリカ駐在中にその広告効果を学んでいたためであった。六代目による新販路の開拓も，三代目や五代目の意向を引き継いでいるといえる。従来の直営店舗や百貨店中心ではなく，土産物市場やテーマパークへの展開などを図ることにより，広く同社の

---

[19] 小林編（2008）によると，「福おこし」は，現在でも「福を招きおこす」縁起のいいお菓子として人気のある商品であるという。

おこし商品を顧客に届けることができている。

第5節　六代目小林隆太郎から後継者への事業承継

1．七代目予定者・小林昌平

　小林昌平（以下，後継者）は，1976年（昭和51年）に六代目の長男として生まれる。祖父にあたる五代目と祖母から，自分が将来経営者になるよう意識づけされた。また，父である六代目からは，努力なしでは将来経営者になれないことを懇々といわれてきたという。大学卒業後，大手金融機関に入社し，7年間勤務する。

> 30歳の時に，自分の意思であみだ池大黒に入社した。入社直後の感想としては，楽だなと感じたことである。オリックスの時には，人事異動にて突然見ず知らずの人が自分の上司として赴任し，その上司のもとで業務遂行していかねばならなかった。しかし，同社に入社後は，上司である祖父や父親は，幼い頃からよく知っており何を考えているのかがよくわかるので，とてもやりやすかった。（後継者）

　大手金融機関への入社は，後継者本人の意志もあるが，六代目も自分が経理関係に弱かったために金融機関への入社を後押ししたという。

> オリックスへの入社は，本人の意思もあるが，自分に経理の経験がないのでそれを補完してもらう意味もあった。（六代目）

　オリックスでは，豊橋支店や大阪支店で主に営業に従事する。同社では，人間関係，特に，よい上司とは何か，よくない上司は何かというマネジメントの在り方について学んだという。家業には，30歳の時に自分の意志で入社している。

〈七代目予定者・小林昌平〉
1999年（平成11年）4月　オリックス株式会社入社
　　　　　　　　　　　　　企業融資営業に従事
2006年（平成18年）4月　株式会社あみだ池大黒入社
　　　　　　　　　　　　　同社　取締役
2012年（平成24年）5月　株式会社あみだ池大黒入社
　　　　　　　　　　　　　同社　専務取締役

2．六代目から後継者への承継プロセス

　後継者は，2006年（平成18年）に家業に入社する。入社後，事業の当事者意識を涵養する意味からも，事業のバランスシートなどの経営情報が共有されている。

　　バランスシートは，入社当時から自分も情報共有されていたし，息子にも共有している。（六代目）

3．最初の配置

　後継者は，最初，営業部門に配属される。その後，「新・浪の詩」の商品企画を任される。「新・浪の詩」は，1981年（昭和56年）に六代目が中心に企画した「浪の詩」のリニューアル商品である。この「浪の詩」のリニューアル商品企画の業務についても，五代目から六代目に対して与えられた新商品開発の統括責任者の業務と似ている。商品の企画に留まらず，営業部門との採算性の検討，製造部門との生産効率性の検討を担わされていると同時に，分業組織に配属されるのではなく，組織横断的な役割を任されている。五代目は，六代目を通じて後継者に商品企画を任せたことについて次のように語っている。

　　「新・浪の詩」の企画立案は，当時「浪の詩」の売り上げが落ちてきている状況

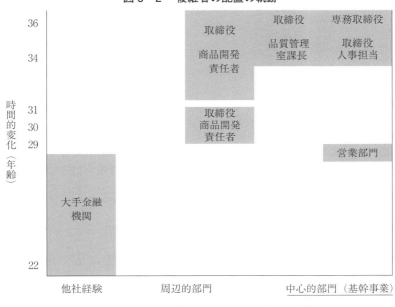

図 5-2　後継者の配置の軌跡

(出所) 筆者作成。

だったので，孫におこしのことを学ばせる意味でも，リニューアル企画を行なわせたものである。（五代目）

4．品質管理責任者の職務

その後，後継者は品質管理の総責任者の役割を与えられている。当時「白い恋人」や「赤福」など品質管理の問題が発生していた頃である。また，六代目が中心となって新しい流通経路としてテーマパークへの出店を図っていたが，そのテーマパーク側から厳しい品質管理にかかわる要求がなされていたという。

当時，将来USJに進出する目的でテーマパークに出て社内体制を敷いていっ

た。昔おこしを扱う小売市場があって，約250店の福の花会というのが，スーパーなどに押されてどんどん潰れていった。そこで，土産物市場に入っていた。そこから交通関係，テーマパークへと入っていった。テーマパークに入っていく時に，厳しい品質管理の要請があったので，息子が製造現場に入って行きHACCPの導入を行なわせた。（六代目）

六代目は，後継者を製造部門と折衝させるにあたり，次のように語っている。

自分の息子も社内のなかに入れたらどれくらいの実力か分からないので，気はつかった。彼の場合は，最初，製造部門にずっと入って誰もやらないような汚い仕事をやってHACCPを導入した。その段階で現場から信頼を勝ち得ていった。その後，企画部門へ行った。……（中略）……息子は品質管理担当として，外圧がテーマパークからあり社内でもどうしたらいいか分からないなかで，自分の部下と共に，工場長と折衝しながらHACCPを導入していった。（六代目）

六代目の語りからは，後継者に経営上の自律性を確保しながらも，息子に対して後見する姿勢が見てとれる。これも，六代目がサントリーから同社へ移った当初，新商品開発の責任者として製造部門や営業部門と折衝していく時に五代目が必要に応じて六代目に関与した経緯と類似している。

また，六代目と後継者の関係性においては，会社の上司と部下の関係を前提としながらも，親子関係における率直な意見交換ができる関係の一面も垣間見られる。

一度，東京で一度潰れた会社の事業のマネジャーを息子にさせようとしたことがある。しかし，息子より「僕はこの仕事をしたくない」と言われ断念したことがある。（六代目）

5．新商品開発責任者の職務

その後，後継者は，「pon pon Ja pon」という新商品開発を任される。本

企画に対しては，当初，六代目は反対であったという。それは，製造工程に多大な手作業が発生するからである。しかし，後継者はその反対を押し切り，商品化を進める。プロジェクトチームも，後継者が営業部門と製造部門から人を引き抜いて対応している。結果としては，新聞報道されるなど，成功商品となった。六代目は，「pon pon Ja pon」の商品企画について次のように語っている。

> 息子が新しい取組みを行なう時，たとえば，「pon pon Ja pon」の時は任せていたな。自分が本格的に関与していたらここまで思い切ったことはできなかったと思うよ。若いことは素晴らしい。しかし，今冷静に考えてみると，それが突破口であったなと感じるね。美味しいものができるのは分かるし，製造効率化が今でも図れていないが，しかし，ケーキ屋さんはもっともっと手作業を投入しているのも確かだから。息子は，製造部門1人，営業1人，デザイナー1人で開発に取り組んでいたとおもう。でも，息子の年上の営業部長からは，次の展開をどうするんですかと，プレッシャーをかけられているようだね。（六代目）

また，六代目からは，後継者の事業の当事者意識の涵養を図る意味での早い昇進の意味について語られている。

> よく他の会社から息子をどう上に昇格させていくかということについて，何か実績があればぽんぽんと上げていかねばならないよと言っている。そうして本人の自覚をつけていかさねばならない。息子も，「pon pon Ja pon」（新商品）の実績が3月に上がってすぐの6月の取締役会で専務に昇格させた。（六代目）

第6節　後継者の能動的行動

後継者は，先述の通り，「新・浪の詩」のリニューアル企画，製造工程へのHACCP導入，「pon pon Ja pon」の商品開発などを任されてきた。「新・浪の詩」のリニューアル企画や製造工程へのHACCP導入の際には，六代

目が必要に応じて関与をしてきた。但し，それは，後継者の経営上の自律性が毀損されるものではなかった。後継者は，入社以来の取組みについて以下のように語っている。

> 五代目や六代目の先代経営者から，将来の経営者として決まった業務を与えられてきたというのではなく，品質管理部門での経験や人材採用の経験など，自分が重要であると思う事を好きなようにやらせてもらってきたと思う。(後継者)

後継者もオリックス時代は営業部に配属され，管理監督者からの指示に基づく業務を行なってきた。その後，あみだ池大黒に入社し，今度は具体的な指示がない状況におかれることになる。そのようななかで，後継者は，社内にない知見を取込む意味からも，外部との関係性を大切にしている。外部からの知見の取込みを重視する姿勢は，五代目が博覧会での展示会からのアイデアの取得してチョコレートクランチの商品開発に繋げている経験と類似しているといえるかもしれない。

> 現在，息子は外部の活動は行なっていない。オリックス時代の仲間は大切にしているようである。また，船井総研のコンサルタントの方からよくアドバイスをもらっているようである。(六代目)

六代目の後見のもとではあるものの経営の自律性が確保される反面，後継者の発言からは，将来自分が会社を担っていかねばならないという緊張感もうかがえる。

> 最初，同社に入社した頃，やり辛さは感じなかったものの，社内スタッフでも競争相手として緊張感をもって取り組んできたつもりである。……（中略）……社内の幹部社員と自分の職責の違いとしては，たとえば営業部門長であれば営業実績の構築の延長線上に今後のステップアップがあるが，自分の場合は経営全般を俯瞰した上で必要な手だてを打っていかねばならない。……（中略）……会社での改革改善は，必要なことであると思う。何のために改革改善を行なうのかというと，自分が将来経営を担う時に，会社が不安定な状態で引き継

ぎたくないから。世襲は，ベンチャー企業や一般企業と異なり，20年後，30年後の経営を考える準備期間があり有利であると考えている。(後継者)

また，後継者は，三代目からの「のれんは絶えず創り直していくもの，のれんにあぐらをかくことなく，日々是新」という意向を受け継いでいる。「新・浪の詩」のリニューアル企画や製造工程へのHACCP導入は，五代目や六代目から与えられた仕事であった。他方，「pon pon Ja pon」は，開発の企画段階から後継者が行なっている。しかし，当初，五代目や六代目からは，「pon pon Ja pon」が，伝統的なおこしとは別物であり，売れるのかと不安視されていた。しかし，後継者が「新・浪の詩」のリニューアル企画や製造工程へのHACCP導入で，後継者としての信用を高めてきた関係から，止められはしなかった。取引先であった高島屋大阪店のバイヤーと協働し，従来の比較的年配の顧客層ではなく，いかに若年層を取込めるかということを検討してきた。後継者は，同社の技術者を巻き込んで新しいおこしの食感について試行錯誤を繰り返してきた。従来の「粟おこし」は，製造機械でプレスして製造されるが，「pon pon Ja pon」の場合は，手作業[20]で対応し

図5-3　六代目から後継者への承継プロセス

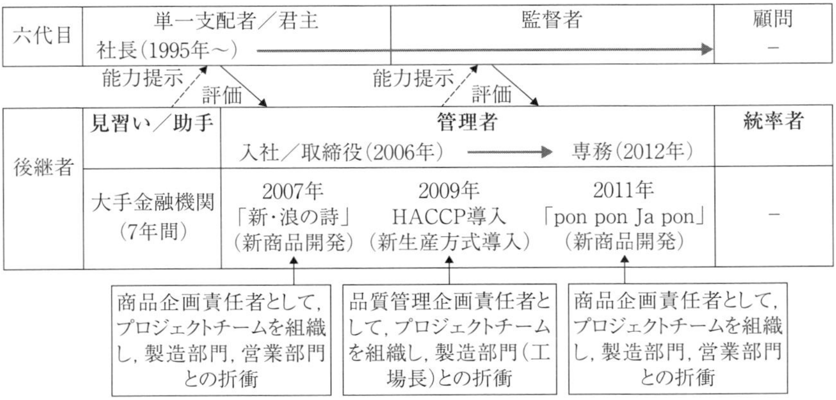

六代目	単一支配者／君主		監督者		顧問
	社長(1995年〜)		→		－
	能力提示／評価		能力提示／評価		
後継者	見習い／助手	管理者			統率者
		入社／取締役(2006年) → 専務(2012年)			
	大手金融機関(7年間)	2007年「新・浪の詩」(新商品開発)	2009年 HACCP導入(新生産方式導入)	2011年「pon pon Ja pon」(新商品開発)	－
		商品企画責任者として，プロジェクトチームを組織し，製造部門，営業部門との折衝	品質管理企画責任者として，プロジェクトチームを組織し，製造部門(工場長)との折衝	商品企画責任者として，プロジェクトチームを組織し，製造部門，営業部門との折衝	

(出所) Handler (1990) の表3 (p.43) に基づき，筆者作成。

20　六代目によると，生産管理上効率化できない手作業の工程が入ることも不安視した理由であったと指摘している。

た。また，後継者は，顧客への提案方法にも工夫を加えている。従来の売場を改装し，店員の制服をジーンズにベレー帽というカフェ風にしたことにより顧客層が一挙に若返ったという。「pon pon Ja pon」は，この軽い食感や売場の雰囲気が若い女性に受け，多くのマスコミにも取り上げられるなど，大ヒット商品になっている。

第6章

事例研究Ⅲ　大和川酒造店

第1節　大和川酒造店の概要

1．沿革

　合資会社大和川酒造店は，1790年（寛政2年）創業の福島県喜多方市に本拠をもつ清酒製造企業である。初代佐藤彌右衛門は，当時喜多方地域を治めていた会津藩より酒造免許を受けて創業した。喜多方の米と水を使用し，伝統的な醸造技術を用いて，純米酒と大吟醸[1]を中心に取り扱う酒蔵である。「純米吟醸 弥右衛門」「特別純米 山廃仕込み」など純米酒を中心とする弥右衛門シリーズ，「大吟醸 会津の冬」「大吟醸 山田錦」などの品揃えがある。現在では，九代目佐藤彌右衛門のもと，自社田による原料米の栽培といった川上領域への展開から，海外販売をはじめ新たな販路の拡充にも取り組んでいる。

2．地域

　同社の所在地である喜多方市は，最近では喜多方ラーメンという印象が普及しているが，元々は蔵[2]の街で有名な地域である。日本百名山のひとつとしても知られる飯豊山の豊富な伏流水が，喜多方地方の農産物などに豊かな恵みをもたらしている。良質な水と米に恵まれた土地を背景にして，昔か

---

[1] 『広辞苑（第五版）』によると，純米酒とは「70％以下に精米した白米と米麹のみで醸造した清酒」とされ（p.1296），吟醸酒とは「60％以下に精米した白米に米麹・水を加え，低温発酵させて醸造したもの」とされる（p.731）。
[2] 九代目佐藤彌右衛門によると，喜多方では40代で蔵の一軒も建てられないのは男の恥であるといわれるくらい蔵が地元市民の生活に馴染んでいるという。そのため，喜多方市観光協会によると，市内には4000棟以上もの蔵がある。

ら，酒蔵，醬油蔵味噌蔵という醸造業が営まれてきた。

3．清酒業界の特徴

　同社の杜氏・工場長（以下，経営幹部）によると，清酒業界とは非常に珍しい業界であるという。経営幹部は次のように語っている。

> 清酒業界は不思議な業界で，同業者が蔵を見せてくれといわれれば，全部見せてあげる。利き酒までさせてあげる。反対に同業者からは，工場を造る時もここをこうしておけばいいと同業の経験を教えてくれる。但し，同業者に内部を公開しても，真似されることはない。水は違う，米は違う，人は違うということで，真似しようとしても容易に真似できない。（経営幹部）

　このことは，酒蔵が地域といかに密着して成り立ってきた産業であるかを示している。また，清酒業界は，杜氏制度による製法を採用してきた。杜氏は，季節労働で毎年秋口から冬場にかけて地域の酒蔵に就業する。経営幹部によると，同社も以前は越後杜氏[3]と契約を交わしていたという。しかし，杜氏集団の過酷な労働環境[4]や後継者難の問題もあり，製造工程を全て機械化する酒蔵が多くなってきた。

4．市場・顧客の変化

　とうほう地域総合研究所編（2007）によると，福島には1970年代には百数十社の酒造業が存在していた。そのため，当時は「酒どころ福島」と評されていたが，2007年（平成19年）現在，当時の約3割が廃業しているという。九代目佐藤彌右衛門によると，福島県の酒蔵が廃業した理由として，1990年台のバブル経済のころ福島の多くの酒蔵が大量生産体制に移行したことを指摘している。バブル経済崩壊に伴う需要の低下に，世間の日本酒離れが拍車

---

[3] 越後杜氏は新潟県を発祥とする。佐藤によると，福島をはじめ東北地方の酒蔵には，越後杜氏と岩手県を発祥とする南部杜氏が酒蔵に入ることが多いという。
[4] 工場長の佐藤和典も同社に入社当初，杜氏集団のもとで修行を積んでいる。佐藤和典によると，杜氏集団の仕事とは，24時間体制で，仮に親が死んでも帰らないという過酷な労働環境であったという。また，2003年頃からの各都道府県の労働基準監督署による労働衛生面の規制の強化も，杜氏集団が減っている理由として指摘される。

をかけ,福島の多くの酒蔵が姿を消した。また,1992年(平成4年)には,従来の酒の級別制度廃止[5]という酒税法改正がなされている。従来は,級別制度のもとに大手酒造メーカーと地域の酒蔵が共存していた。しかし,この法改正に伴い,大手酒造メーカーと純米酒や吟醸を中心に取り扱う地域の酒蔵との棲み分けが明確になされるようになった。

〈事例研究企業〉
社名:合資会社　大和川酒造店
創業:1790年(寛政2年)
創立:1955年(昭和30年)
所在地:福島県喜多方市字寺町4761
代表者:代表社員　佐藤彌右衛門(九代目)
事業内容:清酒製造業
従業員数:35名
資本金:400万円

第2節　先代世代(初代佐藤彌右衛門〜八代目佐藤彌右衛門)の取組み

1.初代佐藤彌右衛門から六代目佐藤彌右衛門

　初代佐藤彌右衛門は,松山村(現喜多方市)の製綿業を営んでいた佐藤喜平次家から分家し,当初本家と同じ製綿業を営んでいた。その後,1790年(寛政2年)に会津藩から酒造免許を受けたのを機に,酒造りを始める(財界21,1992,p.52)。二代目以降も喜多方で粛々と地域の酒蔵としての地位を固めていった。明治に入り,六代目佐藤彌右衛門は,高アルコールで甘口のカス餅酒「彌右衛門酒」を発売する。そのカス餅酒「彌右衛門酒」は,同社での新商品開発の嚆矢である。六代目は事業だけではなく,酒造組合の組

---

[5] 1992年(平成4年)まで存在した日本酒の酒税法上の分類体系。戦後,政府が闇酒を規制する観点から「特級」「一級」「二級」「三級」「四級」「五級」に分類した制度。

合長を務めるなど，喜多方地方における酒造製造販売の組織化の基礎を構築していった。

２．七代目佐藤彌右衛門（襲名前：佐藤守一）

七代目佐藤彌右衛門は，六代目に引き続き喜多方地方の酒造業の維持・発展に資するべく，酒造業の組織化に力を入れた。戦前には地元の酒蔵の組合組織である耶麻協同組合を設置し，その後30年間にわたり組合長を務める。他方，戦前に地域の発展に努めた結果，戦後，地域の有力者として大政翼賛会や在郷軍人会との関係を指摘され，公職追放となっている。七代目は，この時ばかりは一時意欲をなくす場面もあったという。

事業においては，1954年（昭和29年）に本醸造の発売を開始した。戦後しばらくの米不足の時代に，福島の酒蔵としては画期的な取組みであった。これは，その後の世代に続く地域に根ざした本物志向の酒造りへの布石となっている。

３．八代目佐藤彌右衛門（襲名前：佐藤芳男）

八代目佐藤彌右衛門は，1924年（大正13年）に七代目の長男として生まれる。旧制喜多方中学校を卒業後，東京滝野川の醸造試験場で酒造りを学ぶ。1977年（昭和52年）に七代目の逝去に伴い，「彌右衛門」の襲名を受ける。

事業においては，襲名早々の1978年（昭和53年）に，全製造酒に糖類の添加を廃止するなど，地域に根ざした本物志向の酒造りに着手する。八代目はさらに，自ら醸造を研究した経験を新商品の開発に活かしている。財界21（1992）では，次のように八代目の語りを紹介している。

三増[6]を造っていたのでは大手に勝てない。親父が造っていた，米から造った本物の酒を造りたかった。それが受け入れられなかったなら小売店になるつもり

---

[6] 三倍増醸清酒（さんばいぞうじょうせいしゅ）。第二次世界大戦後の米不足の際に導入された清酒の一種であるが，米と米麹で作ったもろみに清酒と同濃度に水で希釈した醸造アルコールを入れ，これに糖類（ぶどう糖・水あめ），酸味料（乳酸・こはく酸など），グルタミン酸ソーダなどを添加して味を調える。こうしてできた増醸酒は約3倍に増量されているため，三倍増醸酒・三倍増醸清酒などと呼ばれる。

第 6 章　事例研究Ⅲ　大和川酒造店

表6-1　各世代における経営実践の事例（合資会社大和川酒造店）

七代目佐藤彌右衛門	・耶麻協同組合設置〈1954年〉（新しい組織の実現） ・本醸造発売〈1954年〉（新商品開発）
八代目佐藤彌右衛門	・全製造酒に糖類の添加を廃止〈1978年〉（新生産方式導入） ・小売開始〈1980年〉（新生産方式導入）
九代目佐藤彌右衛門	・三年古酒・純米吟醸「酒星眼回」開発〈1981年〉（新商品開発） ・純米酒「絞りたて」開発〈1984年〉（新商品開発） ・純米酒「岩代」開発〈1986年〉（新商品開発） ・製造工程機械化「飯豊蔵」設置／杜氏制度廃止〈1990年〉（新生産方式導入／新しい組織の実現） ・ネット販売〈1998年〉（新販路開拓） ・「大和川ファーム」設置〈1999年〉（新しい組織の実現） ・台湾向け海外販売開始〈2007年〉（新販路開拓）
後継者	・「夜ぐると」開発〈2011年〉（新商品開発） ・大手外食チェーンへの有機米供給〈2012年〉（新販路開拓）

（出所）筆者作成。

だった（財界21, 1992, p.52）。（八代目）

　この八代目の語りからは，七代目の地域に根ざした本物志向の酒造りの意向に影響を受けていることがうかがえる。
　また八代目は，六代目や七代目に引き続き喜多方地域の伝統文化の維持・保存にも力を入れた。1980年（昭和55年）に，「蔵の町，喜多方」というキャッチフレーズのもと，蔵を利用した資料館を開設する。しかし当時専務であった息子の九代目佐藤彌右衛門との間で資料館を開設するにあたり激しい対立が生じた。それは，資料館とする蔵が近隣の呉服店の敷地内にあり，その建物自体を移設してくるもので，移設費用が当時の年間売上高の半分にあたる約5000万円に及んだためである。しかし八代目は，息子の反対を押し切り，蔵を移設して資料館を開設する。結果として，この蔵の移設は，喜多方地域の文化の保存に貢献しただけではなく，個人顧客への直接販売という同社の伝統的な卸売販売に加えて小売販売の道を切り開くきっかけ[7]となる。

---

[7] 資料館（北方風土館）では，酒造りの歴史と製作工程にかんする展示と，個人への小売販売を開始している。

第3節　八代目佐藤彌右衛門から九代目佐藤彌右衛門への事業承継

1．九代目佐藤彌右衛門（襲名前：佐藤芳伸）

　九代目佐藤彌右衛門（以下，九代目）は，八代目の長男として生まれる。経営幹部である弟は，同社の杜氏・工場長を務めている。九代目は，酒どころ福島の酒蔵の長男ということで大学の醸造科に進んだ。九代目自身，「この進学に迷いはなかった」という（財界21，1990，p.52）。その後，他社経験をすることなく1974年（昭和49年）に大和川酒造店に入社する。

〈九代目佐藤彌右衛門〉
1974年（昭和49年）　4月　合資会社大和川酒造店入社
1985年（昭和60年）　4月　同社　専務社員
2005年（平成17年）　1月　同社　代表社員
2006年（平成18年）11月　九代目佐藤彌右衛門襲名

2．八代目から九代目への承継プロセス

　九代目は入社後，主に営業部門を歩む。ある小売業に卸した膨大な商品を販売してもらえず，商品を全部引き上げてくるという苦い経験もしている。この時期，社内でも新しい企画を行なうが，当時の番頭や古参社員から反対されることがほとんどであった。

　　入社後早々に，新しい企画を提案するが，番頭格から猛反対を食らった。ぶつかり合いはあったが，番頭からは仕事面で色々教えてもらった。（九代目）

　また，父親である八代目ともよくぶつかったという。九代目は，次のように語っている。

第 6 章　事例研究Ⅲ　大和川酒造店

親子の意見のぶつかり合いはあるもので，親子ケンカがない方がおかしい。（九代目）

　九代目の語りからは，ファミリービジネスにおける対立とは，決定的な決裂を意味するものではなく，むしろ世代間における異質な意見を取込むきっかけとなっていることがわかる。その後，九代目は実績を積み，昭和50年代中頃より八代目から経営上の自律性を与えられて酒造りに邁進する。同時に，八代目は酒造りの第一線の役割を九代目に少しずつ移行している。

先代からは，細々とした指示はなく実質的に任されていた。（九代目）

　また，九代目の弟である経営幹部もこの頃のことを次のように語っている。

自分が入社当時[8]，八代目は街並保存に力を入れており，実質的に兄に経営は任されていた。（経営幹部）

　九代目は，七代目や八代目の意向を受け継ぎ，1981年（昭和56年）の三年古酒・純米吟醸「酒星眼回」，1984年（昭和59年）の純米酒「絞りたて」，1986年（昭和61年）の純米酒「岩代」など，立て続けに高品質酒を世に送り届けてきた。同社の商品開発の業務は，新商品のコンセプトに基づき製造部門や営業部門との調整が必要な業務であるという。そのため，縦割り分業組織での業務とは性格を異にする。そのようななかで，九代目は，1981年（昭和56年）の「酒星眼回」を皮切りに実績を積み重ねていく。

　1985年（昭和60年）に，九代目は専務に昇格し，銀行印の引継ぎも受け，実質的な経営の実権を握る。この段階において，立て続けに高品質酒を世に送り出してきた実績が，八代目からの信頼に繋がり，大和川酒造店の後継者としての信用を獲得している。1990年（平成2年）には，酒造りの近代化[9]

8　1982年（昭和57年）。
9　平成2年まで同社は杜氏集団による製造を行なっていた。しかし，杜氏集団の後継者の問題，杜氏集団の過酷な労働環境の改善の観点から，酒造工場「飯豊蔵」をつくり製造の機械化を図った。

図6-1 八代目から九代目への承継プロセス

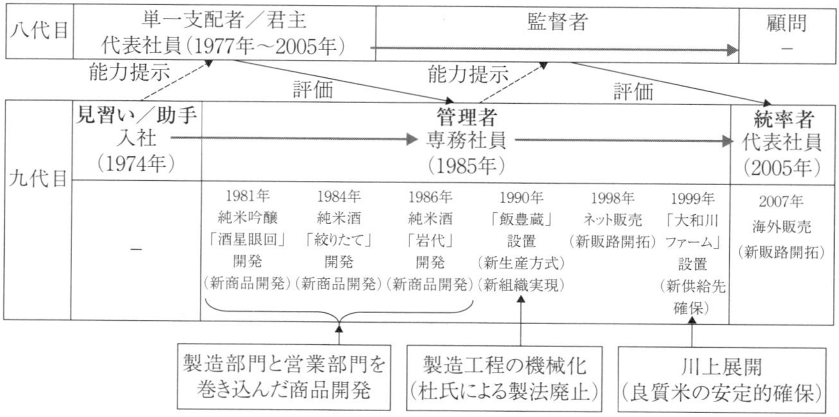

八代目	単一支配者／君主 代表社員(1977年～2005年)	監督者	顧問 —
	能力提示　　評価	能力提示　　評価	
九代目	見習い／助手 入社 (1974年)	管理者 専務社員 (1985年)	統率者 代表社員 (2005年)
	1981年 純米吟醸 「酒星眼回」 開発 (新商品開発)	1984年 純米酒 「絞りたて」 開発 (新商品開発)	1986年 純米酒 「岩代」 開発 (新商品開発)	1990年 「飯豊蔵」 設置 (新生産方式)	1998年 ネット販売 (新販路開拓)	1999年 「大和川 ファーム」 設置 (新供給先 確保)	2007年 海外販売 (新販路開拓)

製造部門と営業部門を　　製造工程の機械化　　　川上展開
巻き込んだ商品開発　　　(杜氏による製法廃止)　(良質米の安定的確保)

(出所) Handler (1990) の表3 (p.43) に基づき，筆者作成。

に対応するために，当時の年間売上高を上回る5億円超の設備投資（全自動の酒造工場の建設）を計画した。九代目は次のように語っている。

> 八代目に相談したところ，余腹（よっぱら）[10]だ。200年も続けて来たら十分で，そんなに長く続けなければと思わなくてもよいといわれた。（九代目）

九代目は，この八代目の助言がきっかけで思い切った行動がとれたという。この設備投資は，新しい生産方式の導入に留まらず杜氏制度廃止といった製造工程の近代化にも繋がっている。

第4節　九代目佐藤彌右衛門の経営実践

1．杜氏制度の廃止と製造部門の機械化

九代目は，吟醸酒や純米酒などの新商品開発だけではなく，先代から受け継いだ意向である「喜多方の米と水による本物志向の酒造り」のもと，経営

10　もう十分であるという意味（九代目）。

実践に着手する。九代目は，本物志向を継続する理由として，1990年（平成2年）の酒造工場への設備投資を行なった頃，次のように述べている。

> 絶えず消費者のニーズに合わせた酒造りは大切ですが，同時に蔵元としてどのような酒を造るのか，という哲学をもつ必要があると思う。もちろん，蔵元の自己満足，押し付けの酒造りではいけませんが，蔵元独自の主張はする必要があるはず（財界21, 1990）。（九代目）

また，筆者によるインタビュー調査においても，次のように語っている。

> 本物志向としたのは，大手が大量生産で，一級酒，二級酒をつくる。大手に負けないようにするには，当社が三増酒を作っていてはいけないんだよね。（九代目）

2．川上領域への展開

よい酒造りには，良質な米が必要である。三増酒に頼ってはいけないとの思いは，八代目の語りとも符合する。同社の所在する喜多方地方は，全国でも有数の豊潤な米の産地である。同社は，1999年（平成11年）に従来の契約農家による原料米の供給から，大和川ファーム[11]という農業法人を設立し，グループ内で自社栽培するという事業の川上分野に進出している。この川上展開について，九代目は次のように語っている。

> 酒をつくる米は，食用の米よりも栽培することが難しい。50年後，100年後もここでいい酒をつくり続けていくためには，ただ出来た作物を買い取ることだけではなく，農業と醸造が一体となって進んでいかなくてはならないんだな。（九代目）

大和川ファームは，大和川酒造店への原料米の供給とともに，一般消費者

---

11 同社は，香りや味など酒の特徴に合わせて6種類の酒造好適米を栽培している。また，原料米だけでではなく食用のコシヒカリも栽培している。

向けに有機米の直接販売を行なっている。併せて，従来の伝統的な卸売販売に加え，地酒の個人顧客への直接販売を行なうなど販路の拡大を図っている。現在，同社の売上高は伝統的な卸売販売が約50%程度，店頭販売が約42〜43%，海外販売が約5%，ネット販売が約2〜3%となっており，消費者への直接販売が増加している。

この経営実践を後押しさせたのは，バブル経済の最盛期における酒造業の大量生産体制への移行と世間の日本酒離れの影響による酒造業の衰退を九代目が目の当たりにしてきたことによるものである。1990年（平成2年）にかけての景気拡大に伴い，県内の酒造業の多くは大量生産・大量販売に舵を切った。巨額の設備投資もなされた。しかし，その後のバブル経済の崩壊と世間の日本酒離れが清酒市場の縮小を招いた。その結果，大量生産・大量販売を指向した県内の酒造業は軒並み業績を落としてきた。

この状況のなか，九代目は，「喜多方の米と水による本物志向の酒造り」という意向を具現化するために，量ではなく質の追求を図る。先述の通り，1992年（平成4年）に清酒業界では，酒の級別制度廃止という酒税法改正がなされた。その環境的な変化も，七代目以降の本物志向の酒造りという質の追求を後押ししたという。

地元喜多方で生きていくために，この地域の水と米を大切にしていきたい。喜多方の水は軟水，よい原料米。（九代目）

これは，よい酒を直接消費者に送り届けるという川下展開の拡充などに繋がっている。さらには，この取り組みは，生産と販売の需給調整のためでもある。不作の季節では，自家栽培であるため一定量を確保できる。豊作の季節や酒の出荷量の減少の場合でも，酒の原料米ではなく有機米として消費者に直接販売できる。小売販売への展開により，従来の伝統的な卸売販売の顧客以外の顧客開発が可能となり，販売量の拡大を図ることができる。当時の財界21（1990）のインタビュー記事では，九代目は次のように語っている。

大口の取引先だけに頼っていてはウチの方のリスクは大きいし，取引先のいい

図6-2 大和川酒造店の経営実践の変遷（事業構造）

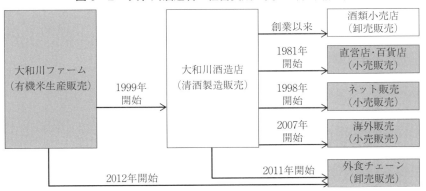

（注）　■：七代目佐藤彌右衛門以降の展開領域。
（出所）　筆者作成。

分が強くなる分，ウチで造りたい酒も制限される可能性が高くなる。そのため，取引先の間口を広げようと思った（財界21，1990，p.52）。（九代目）

第5節　九代目佐藤彌右衛門から後継者への事業承継

1．十代目予定者・佐藤雅一

　佐藤雅一（以下，後継者）は，1981年（昭和56年）に九代目の長男として生まれる。2つ違いの弟がいるが，弟も大和川酒造に入社し製造部門に配属されている。幼年期より，自分が後継者になるという意識づけはされてきた。これまで酒問屋とIT企業に勤務し，2005年（平成17年）に大和川酒造に入社している。入社後は，外部団体を通じた活動も行ってきた。

　JC青年会議所で，部会の委員長の経験をした。ここでは，議案を参加者で議論し決定していかねばならない。そのため，運営の方法や人の巻き込み方などを学ぶことができた。ここで習得した方法は，社内でも実践している。（後継者）

〈十代目予定者・佐藤雅一〉
2005年（平成17年）4月　合資会社大和川酒造入社
2013年（平成25年）4月　同社　専務社員

2．工場長・佐藤和典

　同社の製造部門責任者であり工場長を務める佐藤和典（以下，経営幹部）は，九代目の弟である。大学卒業後，酒造メーカーに入社するが，九代目の要請により1983年（昭和58年）に同社に入社する。入社後，製造部門に配属される。当時，同社では，製造部門を杜氏集団が担っていた。その杜氏集団のもとで一から酒造の基礎を学ぶ。その後，1990年（平成2年）の製造工程の機械化に伴い，製造部門の総責任者となる。経営幹部も，本物志向の酒造りに対する意向をもっている。

　　会津の水で，会津の米で，会津の気候風土でうちの酒を造るので，関西の蔵元が来ても真似できるものではない。（経営幹部）

　経営幹部は，責任者である工場長となってからは，同社の経営陣の一角として，工場の運営方法，労働条件の整備など，製造工程の機械化に伴う新しい規則を整備していく。入社以来兄である九代目と二人三脚で経営を担ってきた。経営幹部も，九代目から後継者への承継プロセスに関与している。

　　雅一に対しては，経営者になるのだから，身近なところでは人よりも早く来てやるとか，ビン詰工程でもこう改良すればよいと意見具申するとか，をいってきた。経営者だからというのではなく，社員は見ているので自らが社員の手本となるよう，雅一には伝えている。最初は，生活習慣から指導してきた記憶がある。業務上の指示など，親子間では駄目な面もあると思う。（経営幹部）

　経営幹部の語りからは，現経営者と後継者の間に親子関係が介在することから生じる甘やかしを牽制する姿勢がうかがえる。

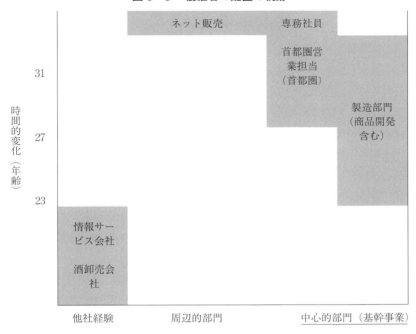

図 6-3 後継者の配置の軌跡

(出所) 筆者作成。

3. 最初の配置

　九代目の長男の後継者に対しても，将来の襲名に向けての育成がなされている。最初，九代目の弟である経営幹部が工場長を務める製造部門で 4 年間配属されている。後継者は次のように語っている。

> 父からは直接的に職業上の指示や訓練を受けたことはないが，工場長からは私生活の面を含めて怒られ，比較的厳しいことを指摘されてきたように思う。（後継者）

　2011年の東日本大震災以降，後継者は，将来を見据え意識的に九代目や経

営幹部に経営上の意見具申をするようになった。以前は，話さえ聞いてくれなかった経営幹部も，自分の意見を改善提案として検討してくれるようになったようである。そして，現在，後継者は営業部門に移り，首都圏という同社では国内最大の見込み顧客を担当している。昭和50年代中頃，九代目が八代目から酒造りの全般を任されたように，後継者は，工場長の経営幹部のもとでの製造部門の業務から，以前よりも経営上の自律性が高い業務を担う役割に移行している。

　仕事上の企画を受けるかどうかは，営業的な見地から考えて，工場長に「将来このように決定しますけどいいですか」という形で確認をとる。後は，営業部長にも確認をする。口頭で確認をする。その後，社長に確認するが，とくに異を唱えられるようなことはない。あらかじめ営業的に大丈夫だと言う見込みがあるからかもしれないが。（後継者）

後継者の語りによると，経営上の自律性が確保される一方，経営上の重要な決定は，九代目と後継者の間で決めるのではなく，必ず経営幹部を介在させていることがうかがえる。後継者は，首都圏という大きな市場を任される一方で，失敗経験を味わっている。後継者は次のように語っている。

　自分が企画したもので，蜂蜜リキュールというものがあるんだけど，現状あまり芳しくない。女性向けの商品として検討したもの。蜂蜜屋さんとの協働での企画で，広告会社とのコラボレーション企画のようなものであった。リキュールは，おおざっぱにいうと，日本酒と蜂蜜を配合したもの。何種類かの試作品を造り東京でパイロット調査を行なった。社内からも大丈夫といわれていたのだが，現状芳しくない感じである。社長からとくに怒られなかったけど。リキュールは日持ちするものなので，これからバンバン売りたいなという感じである。ラベルのデザイン料などこれまでの商品よりも予算もかかった商品なので，経理からは大丈夫かといわれている。（後継者）

また，九代目は，次のように語っている。

経営者は30歳代で承継すべきだと考えている。若いうちなら，失敗ができる余地がある。（九代目）

後継者は，現経営者から経営上の自律性が確保されているとともに，現経営者から失敗の余地も許容されている。九代目のもとで，後継者は本命の純米酒や吟醸酒の商品ラインではなく，純米酒と蜂蜜を配合したリキュール酒の新商品開発という本業内新事業を任されている。九代目も八代目から，1981年（昭和56年）から1984年（昭和59年）にかけて，「酒星眼回」「絞りたて」「岩代」などの新商品開発を任されてきた。先述の通り，同社における新商品開発とは，製品部門と営業部門の調整を図る組織横断的な業務である。後継者も，外部の蜂蜜メーカーとの交渉のなかでアイデアを自社に持ち帰り，製造部門，営業部門，経理部との調整を経験している。九代目の時は，数々の商品開発の実績が将来の経営者としての信用を高めていった。九代目は後継者に対しても，同様の経験をさせている。

第6節　後継者の能動的行動

1．営業部門における首都圏地域担当の職務

現在，後継者は，商品開発に加え，従来から地酒を納入している外食チェーンに対して，新たに大和川ファームで栽培される有機米を提供するという取組みを任されている。外食チェーンでは，同社のこだわりの地酒がメニューで提供されている。併せて地酒の原料となっている大和川ファーム産の有機米も提供される。地酒と有機米がセットで提供されることにより相互が強化し合い，顧客からの評判もよい。この取組みが新たな顧客層の開拓に寄与しているという。九代目は，「喜多方の米と水による本物志向の酒造り」の意向に基づき，よい酒造りにはよい米が必要であることから大和川ファームを設置した。後継者の地酒と有機米の外食チェーンへの提供は，九代目の意向の具現化の取組みをさらに発展させた経営実践となっている。この取組みも，七代目以降の「喜多方の米と水による本物志向の酒造り」の意向が受

け継がれている一端がうかがえる。

　後継者による工場長のもとでのこれまでの地道な仕事の積み重ね，並びに商品開発の取組みが，九代目への信頼に繋がっている。そして，九代目の信頼の裏返しの意味で，後継者に対して経営上の自律性が提供されていた。経営上の自律性の提供が，後継者による大手外食チェーンとの共同プロジェクトや蜂蜜リキュールの商品企画といったスケールの大きい仕事への取り組みを促している。

　他方，首都圏という最大のマーケットを任されていた後継者であるが，経営幹部からは仕事上の牽制を受けている。

> 兄[12]には口答えするが，自分に対してはそうではない。この前も，事務所で専務[13]が社長に対して口答えしていたのを伝え聞いた。一般の社員はそれを見ているものだ。雅一には，厳しく伝えているよ。(経営幹部)

　大和川酒造店での事業承継において見られる経営上の自律性は，後継者に行動上の自由を与えているのではない。あくまで，九代目を補佐する経営幹部の牽制のもとでの経営上の自律性である。

2．専務社員への昇格と本社勤務

　その後，後継者は専務社員に就任する。従来よりも本社勤務の割合が増えてきた。また，以前はよく経営幹部より指摘を受けていた後継者も最近は指摘を受けることが減ってきたという。

> 工場長からは，最近はとくに最近はいわれなくなったというか，見られているなという気がする。専務にもなったのだから，しっかりやれよという感じだと思う。(後継者)

　担当職務についても，従来の首都圏の営業部門を担いつつ，新たな販路開発としての本社のネット取引部門を引き受けている。また，専務社員昇格に

12　九代目。
13　ここでは後継者のこと。

伴い，後継者にも経営情報の共有がなされるようになっている。

　今年[14] 6月に専務に昇格した。日々の実務は，特別，昇格前と後で変化したことはない。他方，専務として経営に携わる意味で，自主的にではあるが決算関係の資料を勉強の意味で見るようになった。（後継者）

　他方，以前よりも本社勤務が増える中，従業員との関係性について，後継者は以下のように語っている。その語りからは，社内の従業員に対して気を使っている様子がうかがえる。

　古参社員だけにとどまらず社員と自分との間の関係性は，お互いが何か気を使っているなと感じる。入社当初と比較すると，変わってきていると思うが。互いに意見を交換できるようになってきていると思う。専務とはいえ，営業の担当なので，役員的な振る舞いはしていない。……（中略）……社員に対しての指示は，たとえば製品課の社員に「～なので，～してほしい」という形である。とくに専務として指示するというよりも，業務として指示をするという形である。（後継者）

　後継者は承継プロセスを通じて，九代目に対して以下のような印象をもっている。

　会社に入ってやってみて，社長がやってきたことはすごいことだと感じる。輸出など，当時は採算を度外視してやってきた。それを10年前からやってきたおかげで今に繋がっている。当時は，それをやるという勇気があったということがすごいと思う。親なので，やや気恥ずかしい面もあるが。でも，すごいと思う反面，これは違うなと思うこともある。（後継者）

　このように，後継者は，九代目の経営実践の数々から影響を受けている。九代目による，1981年（昭和56年）以降の純米酒や吟醸酒の商品開発，1990年（平成2年）の製造工程の機械化，1997年（平成9年）の大和川ファーム

14　2012年（平成24年）。

設立,海外輸出販売などである。後継者は,これらの取組みが現在の同社に与えている功績を評価している。他方,後継者は九代目を認めながらも,独自の将来の展望ももっている。次のように語る。

従来の事業について考えれば,何を止めるということではなく,販路を新しく考えたい。今でも色々と販路はもっているが。たとえば,文化的なからみで。社長が蔵をイベントホールとして改装しているが,喜多方にこんなに面白いホールがある[15]ということをアーティストの仲介役のプロモーターを通じて宣伝してもらっている。顧客は老若男女で,地元以外の人々も来ている。県外から来たお客さんに,コンサート前に酒蔵を見学してお酒を味見して買ってもらうとか。音楽という文化が好きな人たちに,今度は蔵とかの酒の文化をみてもらうという文化の融合が重要かと思う。それは,音楽でも,漫画やゲームとかの大衆文化でもなんでもよい。昔から,酒蔵は文化人との交流[16]が多かった。今後,文化人との交流を通じて,様々取り組みたい。社長は,先代から受け継いだ時に,社長自身が色々変えてきたという思いがあると思う。だからこそ,今の大和川があるとも思う。売上も伸びているし,自分も正しかったと思っている。でも,自分としても,全部変えるというのではなく,一つひとつ見ていき,変えるべきものは変えていきたいと考えている。たとえば,喜多方全体の観光客数は増えているのに,本社での店頭販売はそれほど伸びていない。風土館[17]の在り方自体が前時代的になっているのかもしれない。蔵としては文化的な価値がある。喜多方市全体のことを考えて,観光客を増やせれば恩恵も増える。これを先程の文化交流などを活用して,改善していきたい。当社としては酒ありきなので,地元の水や米を使っていくというのは変えてはいけないことであると思う。地酒であるということがベースで,これを売っていくことが地元に還元していくことであると思う。とくに,当社には家訓のようなものはないけど。喜多方の水と米を使って酒造りをすることは守りたい。(後継者)

---

15 筆者が,2012年9月24日に二次インタビュー調査で同社を訪問した際も,朗読会が開催されていた。
16 九代目によると,以前まで酒蔵には,文人,政治家,芸術家が出入りしていたという。大和川酒造店においても,七代目の頃の1951年(昭和26年)に,武者小路実篤が来ている。九代目は,酒蔵が無償で,文人,政治家,芸術家に酒宴と宿を提供するのは,様々な情報を置いていってくれる効用を指摘している。現在の同社の蔵を使用したイベントの開催も福島地域以外の人々からの情報を酒蔵として取得したいためであるという。
17 同社商品の展示と利き酒ができる酒蔵。

第6章　事例研究Ⅲ　大和川酒造店

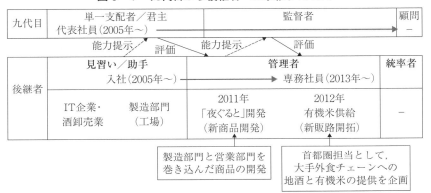

図6-4　九代目から後継者への承継プロセス

(出所) Handler (1990) の表3 (p.43) に基づき, 筆者作成。

　後継者は，「喜多方の米と水による本物志向の酒造り」は変えてはいけないと述べている。七代目以降の意向を九代目が承継してきたのと同様に，後継者にも引き継がれている。後継者は，九代目とは異なる独自の展望をもちつつも，その独自の展望はあくまで九代目と同様に「喜多方の米と水による本物志向の酒造り」という意向の延長線上でのものであると考えている。

　自分が考える大和川の伝統というのは，伝統を覆していくことが伝統であると思っている。これまで連綿と引き継がれてきたものを踏襲するが，それにとらわれるのではないという考え方である。それが，今の社長が先代から引き継いだ以後にやってきたことであるし。自分としても，違うことをやりたいなと思っている。親子なので，親がやったことのないことをやりたいと思っている。入社した時はぼんやりとしか考えていなかったが，基本的に思いは変わっていない。(後継者)

139

第7章

事例研究Ⅳ　近江屋ロープ

第1節　近江屋ロープの概要

1．沿革

　近江屋ロープ株式会社は，創業212年の京都府京都市に本拠をもつワイヤロープ・繊維ロープ・安全保安用品の販売企業である。初代・近江屋藤助は，江州堅田字野々内から京にのぼり，麻，綱，糸を商う「つな屋」を開業する。1941年（昭和16年）に戦時統制の関係から麻綱と綿綱の製造部門を切り離し，以後，同社は近江屋商店として卸売販売業に特化することとなる。1944年（昭和19年）に大阪支店が大阪空襲に遭遇する。戦後の1955年（昭和30年）には，七代目野々内泰一が林業の近代化促進に寄与するため架空索道資材（ワイヤロープ・集材機）の取り扱いを開始する。1962年（昭和37年）には，チェーンソーの販売を開始する。この段階で組織を産業資材部門と林業機械部門の二部門制とする。1981年（昭和56年）には，クレーン工事を主体とする機械器具設置工事業に参入する。八代目野々内達雄は，1997年（平成9年）に獣害防止用「グリーンブロックネット」の販売を開始する。続けて，2004年（平成16年）には，獣害防止ネットシステム「イノシッシ[1]」「ビリビリイノシッシ[2]」が開発されて販売が開始されている。

---

[1] 鹿食害防止ネット「グリーンブロックネット」の延長線上に開発された，農業地帯に出没するイノシシ対策の防護金網柵の製品。
[2] 「ビリビリイノシッシ」は，猪対策の防護金網柵の製品。

2. 同社取扱いの産業資材[3]業界の特徴と市場の変化

　同社は，江戸後期の天保年間における二代目近江屋藤助および三代目近江屋藤助の頃に，産業資材としての麻綱，綿綱の製造販売をはじめた。明治維新後，当時の富国強兵を目指す近代日本の政策の影響もあり，ロープの需要は，建設，土木，鉱山，農林漁業，造園業に幅広く使用されるようになってきた。とくに京都市内の伝統的な庭園師からの需要が高かったという。加えて，明治期の日本における農業は，機械化されておらず，牛馬の力が必要とされていたため，追い縄，手綱の需要も多かった。大正期の国内の不況，その後の第二次世界大戦を経て，繊維ロープは，従来の天然素材から化学繊維[4]に代わり，農林漁業分野で大量に使用され出すようになる。その後，昭和30年代からは，林業分野において，ワイヤロープや繊維ロープへの注目が集まる。林業は，高度経済成長期には非常に好調であったが，徐々に輸入木材に代替されていくようになった。林業が構造不況に陥る反面，昭和期から平成期に差し掛かる頃，いわゆるバブル景気に伴い，繊維ロープやワイヤロープなどの産業資材[5]は，公共事業に後押しされた建築土木業界からの旺

〈事例研究企業〉
社名：近江屋ロープ　株式会社
創業：1804年（文化元年）
創立：1960年（昭和35年）
所在地：京都市下京区七条通西洞院東入夷之町689番地
代表者：代表取締役社長　野々内達雄
事業内容：ワイヤロープ・繊維ロープ・安全保安用品の販売，
　　　　　天井走行クレーンなどの機械器具設置工事業
従業員数：30名
資本金：3800万円

---

[3] ここでは，同社の取扱い商品の中心領域である繊維ロープを中心に紹介する。
[4] 近江屋ロープ株式会社編（2013）によると，ビニロン，ナイロン，ポリプロピレンなどを原料としたロープが開発されたという。
[5] 服部（1983）によると，同社は中心商品であるロープの販売チャネルを生かして，作業の安全保全器具類やチェーンソーなどの林業用機械，クレーンやコンベアなどの荷役搬送機器なども，その取扱品目に加えてきた（p.32）。

盛な需要が発生する。バブル経済の崩壊後は，繊維ロープやワイヤロープ等の産業資材は停滞する。他方，最近では，地域の山林などでのイノシシや鹿などによる獣害の問題への対応として，侵入防止ネット[6]（繊維製・金属製）の需要が高まっている。実際同社の売上に大きく貢献しているという。

第2節　先代世代（初代近江屋藤助〜六代目近江屋藤助）の取組み

1．初代近江屋藤助から六代目近江屋藤助（野々内辰造）

　初代近江屋藤助は近江の国，西江堅田の出身である。当時この地域は織物の生産地であったことから，京都に来て，麻布，麻糸，綿布の販売をはじめた。二代目近江屋藤助および三代目近江屋藤助は，麻綱をつくるようになり，商いの内容は徐々に産業資材としての麻綱，綿綱の製造販売を行なうようになってきた。この頃より，清水寺に鐘の緒[7]を納めはじめている。二代目や三代目の頃に，現在の同社の原型が形づくられた。

　明治時代に入り，富国強兵を目指す近代日本の政策の影響もあり，ロープの需要は，建設，土木，鉱山，農林漁業，造園業に幅広く使用されるようになってきた。とくに，京都の伝統ある庭師にとって強いロープは必需品として使用され，現在に至るまで同社と造園業者との取引の素地が形成された。他方，明治期の日本における農業は，牛馬の力が利用されていたため，追い縄，手綱の需要も多かった（近江屋ロープ株式会社編，2013）。また，田植えの際に使用される田引縄というシュロ縄の需要も膨大にあった。高級麻である野州麻を使用した綱は，一部海軍が購入したという（近江屋ロープ株式会社編，2013）。五代目近江屋藤助（野々内辰之介）は，このような日本の近代化の流れにのり，麻ロープや綿ロープの製造販売に取り組んだ。

　六代目近江屋藤助（野々内辰造）は，同社では中興の祖といわれている。大正期に入り，第一次世界大戦の直前の日本国内では極度の不景気が続いていた。六代目は，この状況を察し，卸販売先の開拓を目的とする幹部社員に

---

[6] 侵入防止ネットには，繊維製と金属製のものがある。
[7] 具体的には麻綱。

よる西日本各地中心の行脚をはじめる。その成果もあり，綿ロープの販売量において国内有数の店になったという。加えて，大阪の角座，中座，京都の南座など劇場との取引もなされはじめている。

2．七代目野々内泰一

　七代目野々内泰一の世代のはじまりは，ちょうど第二次世界大戦に頃までさかのぼる。第二次世界大戦では，同社の社員の多くが徴兵された。終戦を迎え，七代目は改めて家業の復興に乗り出す。戦後は物資の欠乏が顕著であり，梱包用の麻布は統制品となっており，仕入が困難であった。1950年（昭和25年）の朝鮮戦争の開始に伴い，麻布などの商品価格が高騰し，ロープ関連製品の需要も増えていった。

　その後，繊維ロープは，農林漁業分野に大量に使用されはじめる。また，この頃から，ロープの素材が，天然素材から化学繊維に変わる。そこで，同社は，クレモナロープといった合繊ロープの販売を開始し，各地に販売網を展開する。

　1955年（昭和30年）頃より，林業分野においてワイヤロープに注目が集まる。七代目は，従来の産業資材販売に加えて林業分野に進出する。これは，国策の一貫に乗ったものであった。当時，同社にとって，林業は経験のない領域であり革新的事業として位置づけられた。七代目は，林業機械部を設置して，京都府の美山町，京北町，丹後半島における伐採，搬出事業を展開した結果，好況の恩恵を受ける。他方，林業は，高度経済成長期には好調であったが，徐々に輸入木材に代替されてしまう。その後，七代目は年々売上が落ちてきた林業部門を，同社の部門長に暖簾分けをした。

　その他，七代目の代では，ワイヤロープ，繊維ロープの卸売販売を担ってきた産業資材販売部において，ウィンチ，チェーンブロックなどの省力機械の販売，天井走行クレーンの設置事業をはじめる。東大寺における昭和の大改修においては，同社のクレーンが採用されている。

表 7-1　各世代における経営実践の事例（近江屋ロープ株式会社）

七代目野々内泰一	・架空索道資材（ワイヤロープ・集材機）を開始〈1955年〉（新商品開発） ・クレモナロープなど合繊ロープの販売〈1957年〉（新商品開発） ・チェーンソーの販売を開始〈1962年〉（新商品開発）
八代目野々内達雄	・教材用とびなわニュースキッパーの販売〈1978年〉（新商品開発） ・緑化資材の関東・中部・近畿・四国・中国地区への展開〈1980年〉（新販路開拓） ・クレーン工事を主体に機械器具設置工事事業に展開（新商品開発） ・獣害防止ネットシステム「イノシッシ」「さるさるネット」の販売〈2004年〉（新商品開発）
後継者・野々内裕樹	・グリーンブロックネット等の関東地域への販売〈2011年〉（新販路開拓）

（出所）筆者作成。

第3節　七代目野々内泰一から八代目野々内達雄への事業承継

1．八代目野々内達雄

　八代目野々内達雄（以下，八代目）は，1974年（昭和49年）に慶應義塾大学を卒業する。卒業後，東京の株式会社下谷金属に入社する。その後，近江屋ロープに入社する。入社後，本社に隣接する西洞院営業所に配属される。そこでは，ロープの切り方や組み方などの雑用業務に従事する。その際，同期入社である現常務取締役の谷田光雄（以下，経営幹部）と協働している。その雑用業務に従事しながら，八代目は，それまで同社が進出していなかった首都圏地域を任されている。

〈八代目野々内達雄〉
1974年（昭和49年）4月　株式会社下谷金属入社
1977年（昭和52年）4月　近江屋ロープ株式会社入社
1983年（昭和58年）3月　同社　取締役
1985年（昭和60年）1月　同社　常務取締役
1987年（昭和62年）3月　同社　代表取締役副社長
1991年（平成3年）1月　同社　代表取締役社長

2．七代目野々内泰一から八代目野々内達雄への承継プロセス

　八代目は七代目との関係で，とくに大きな衝突をおこしたことはなかったという。七代目は，まじめな人であり，家族を大切にし，社員からも慕われていた。八代目はそのような七代目を尊敬していたという。そのため，幼い頃から会社を継がねばならないという自覚があった。そのような境遇のなか，八代目は，自らの申し出に基づき，大学卒業後に他社に就職する。

　大学卒業後，父と関東のワイヤロープの代理店の社長との間で話がなされ，勉強してきたらどうだということで，下谷金属に入社した。自分自身も，どこかで勉強したいと希望していた。それこそ，大学1～2年までは，この家に戻ることすら窮屈だと思っていた。そこで留学[8]したりしていたが，将来父に背いてまで別の道へ進むことは考えていなかった。他社経験は，そのまま家業に入っても力不足だと思っていたし，業界も知りたいと思っていたので，自ら申し出たというのが正しいかもしれない。（八代目）

　他方，この他社経験は，八代目にとり非常に厳しいものであったという。八代目はこの時の経験を次のように語っている。

　3年間の他社経験は，聞きしに勝る壮絶な経験であった。通常，慶應大学の学生がやるような仕事ではなかった。取引先の息子を預かるという感じではなかった。辞めてもどうでもよいという形で扱われた。倉庫に泊まりがけで放り

8　サンフランシスコに1年間留学している。

込まれたりした。飯場のような生活だった。最後の1年だけ営業をやらせてもらった。営業も卸販売が中心だった。（八代目）

その後，八代目は，近江屋ロープに入社する。最初，西洞院営業所に配属になる。厳しい他社経験をしてきた八代目からは，家業に対してその経験で磨かれた厳しい視線が投げ掛けられている。

その仕事を1～2年やった後はトントン拍子であった。下谷金属での経験を積んで東京の状況を知っていたので，家業に戻ってきた時に，当社の社員は何で営業しないのだろう，何とのんびりしているのだろうと思っていた。（八代目）

八代目の事業に対するこの客観的な視線は，将来，同社を背負う者としての危機感の裏返しでもある。八代目は，西洞院営業所に配属されながら，新規の営業を任される。ただ，この営業とは既存の取引先との取引ではなく，すべて新規開拓であり，同社と何のゆかりもない遠隔地での営業であった。

当時は，名古屋以東は取引がなかった。緑化資材を全国的展開に乗せたい気持ちと，自分の将来のためにと，一生懸命にやっていた。……（中略）……当時，父に応えたいという気持ちと，このままで行くと会社が駄目になるという気持ちがあった。東京を見て京都を見ると，市場規模も1/100とも考えられ，今後どうなるのかと思う時もあった。今やらねばという危機感があった。（八代目）

八代目は，緑化資材商品を中心に関東地域に向けて新販路の開拓に取り組むと同時に，教材用とびなわニュースキッパー[9]を開発する。これは，現在も続くロングセラー商品となった。また，八代目は，七代目のもとで，比較的のびのびと業務を遂行させてもらっている様子がうかがえる。

9　八代目は自ら何件かの特許をもっているほどのアイデアマンである。服部（1983）によると，ニュースキッパーの開発について次のような八代目の語りを紹介している。「あるときテレビを見ていたら，なわ飛びのチャンピオン大会をやっていたんです。確か山形県出身の男の子だったか，優勝者の使っていたなわは，それこそ真ん中がすり切れんばかりに細くなっちゃっている。これはひょっとすると，これまでのなわには基本的な点で錯誤が潜んでいたんじゃないかなって……」（p.32）。

父親が社長で，産業資材が専務，林業が常務という幹部社員がいた。その下に多くの先輩社員がいた。専務は，細かいことなど管理面はいわれたが，自分が新しいことをやることには協力的であった。これは，専務も会社を飛躍させたいが，当時の社員の状況では厳しかったのだと思う。(八代目)

　以下の八代目の語りからは，同社で実績を積んでいくにつれて，七代目からひとつの事業部門だけではなく複数の事業部門の仕事を任されるようになっていることがわかる。

　自分は若い時から林業も産業資材の部門も担っていた。……（中略）……林業の時は年輩社員についていく，産業資材の時は専務の下の古株社員についていくなど，古くから蓄積されてきた知識を吸収していった。(八代目)

　他方，八代目は先代世代から比較的自律的な機会が確保されてきた一方で，以下の語りからは，後継者だからこそ従業員からの特別な視線つまり厳しい視線が投げ掛けられている様子がうかがえる。

　自分がいくら成功しても，従業員からは，あれは社長の息子だからできたと思われていた。従業員からは一緒にやっていこうという雰囲気ではなかった。仮に，自分が東京に行って実績を作っても，表面では喜んでくれるが，あれはメーカー側にも社長の口が利くことでできた実績だと思われていた。これはどの世界でもあると思う。社員の感覚と，そこの当主の感覚は違うと思う。入社した時は，先輩社員とは心理的な距離がある。仮に自分が実績を上げたとしてもなかなか認めてもらえず距離があったと思う。(八代目)

　八代目は，同社の知見を活かして，クレーン工事を主体に機械器具設置工事業に進出している。この機械器具設置工事業は，八代目の同期の入社である経営幹部からの提案によるものであった。

第 7 章 事例研究Ⅳ　近江屋ロープ

図 7-1　七代目から八代目への承継プロセス

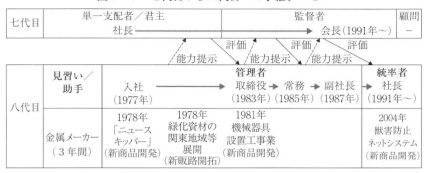

(出所) Handler (1990) の表3 (p.43) に基づき，筆者作成。

第 4 節　八代目野々内達雄の経営実践

　八代目は，1991年（平成3年）に七代目から事業承継を受ける。1991年とは，バブル経済が崩壊[10]した直後であり，徐々に業績が落ちてきた時期にあたる。近江屋ロープ株式会社編（2013）を以下引用する。

　1991年をピークに，売上高は年々減少し始めました。バブル経済が崩壊し，卸販売という商法が年々通用しなくなってきました。ホームセンターが乱立し，ユーザーの多くが当社の得意先から離れていき，当社の仕入れ先である大手商社は，自ら地方に拠点を持ち，当社の得意先にも販売し始めました。また，輸入商材などが，全く違うルートから参入し始めました。地方の公共事業が減少したことで，当社の販売店は衰退するところが殆どであり，老舗でも倒産に追い込まれるところも出てきました。そのような時代の変化の中，当社も経営不振に陥っていきました。（近江屋ロープ株式会社編，2013，p.6）

　このような状況のなか，八代目は新商品開発に取り組むことになる。八代目は，同社の不振部門となった卸売販売の社員とともに，新規で市町村の役

---

[10] バブル経済の崩壊の定義は様々存在するが，たとえば日経平均株価をその指標と考えると，1989年12月29日に，至上最高値である3万8915円87銭をつけており，事例の時期はその1年後ということになる。

149

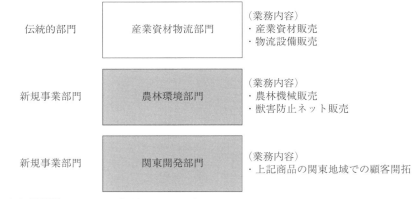

図7-2 近江屋ロープの事業構造の変遷

(注) ▨▨▨：八代目野々内達雄以降の展開領域。
(出所) 筆者作成。

場への訪問を行なった。時には大学の研究機関を活用した。そのような地道な取組みが，山林における鹿や猪などの獣害防止用のネットである「グリーンブロックネット」や「イノシッシ」の開発に繋がっている。

第5節　八代目野々内達雄から後継者への事業承継

1．九代目予定者・野々内裕樹

　後継者の野々内裕樹（以下，後継者）は，八代目と七代目との関係と同様，八代目ともめたことはなく，順調な関係であったという。後継者は，大学卒業後，産業資材メーカーに就職する。同社では，自動車安全部門に配属され，約5年間勤務する。産業資材メーカーへ入社したきっかけは，同社の産業資材部門が家業の取引先であったためである。主に営業業務に従事する。先輩社員はとくに何も教えてくれなかったが，トヨタやスズキなどの一流メーカーと触れ合える機会がよい経験となったという。大手企業の購買手法などが大変参考になったという。

上司は，厳しかった。その会社では，上司の人はとくに仕事を教えてくれず答えを出してくれるような人ではなかった。上司のやり方を見て仕事を肌で感じて覚えていった。（後継者）

〈九代目予定者・野々内裕樹〉
2002年（平成14年）4月　　アシモリ工業株式会社入社
2007年（平成19年）3月　　近江屋ロープ株式会社入社
2011年（平成23年）1月　　同社　営業部産業資材物流課長　兼　関東開発課長
　　　　　　　　　　　　　　　兼　農林環境課長

2．取締役営業部長・谷田光雄

　取締役営業部長・谷田光雄（以下，経営幹部）と八代目は，近江屋ロープへの同期入社の間柄である。最初に，八代目も経営幹部も西洞院営業所に配属になっている。

　　現社長に対しては，他の従業員は「達雄さん」と律儀に対応されていた。他の
　　従業員からは，次の社長になられるという見方をされていたと思う。他方，自
　　分は現社長に対して当時から全然距離を感じていなかった。（経営幹部）

　上記の経営幹部の語りからは，当時，八代目が将来の後継者ということで，従業員から特別な視線を受けているなか，八代目とは親密な関係であったことがわかる。
　その後，経営幹部は，物流工事部門を八代目とともに立ち上げ，現在は営業部門を中心に全体を統轄する役割を担っている。そして，現在営業部において後継者の後見的な役割を果たしている。経営幹部は，事業承継について次のように語っている。

　　現社長も私も次の世代にバトンタッチすることが，一番重要な課題である。400
　　メートル走でいえば，自分が退職するまでにバトンエリアのなかでバトンを
　　きっちりと渡すことである。会社内部も取引先などの会社外部の関係について

も。だから，現社長にも言っているが，何でも情報を共有しようと言っている。それが大事やし，自分が正直ではないと駄目だと思う。(経営幹部)

経営幹部の語りにあるように，重要な経営課題は，現社長と経営幹部に加え，課長職の後継者によって情報が共有されている。現経営者と後継者，つまり親密的な親子関係の間に経営幹部が入ることにより，経営上の情報が共有され，意思決定がなされている様子がうかがえる。

今は，取締役会のようなものはないが，社長と取締役営業部長[11]とのミーティングには入れてもらうようにしている。話題としては，採用の話等。……(中略)……新しいことをする時には，部長や社長に相談する。(後継者)

また，後継者は，八代目と親子の関係でありながら，会社では，フォーマルな関係を形成している。八代目は次のように語っている。

立派だなと思うことは，会社ではたとえ2人の時でも社長と呼ぶ。とても営業はよく頑張っている。ある意味では尊敬している。(八代目)

経営幹部からの語りにおいても，後継者の八代目に対する会社の中での距離の取り方についてうかがうことができる。

滑稽だったのが，裕樹君が現社長に対して「社長よろしいでしょうか」と言って入ってきた。一線引いているなと感じた。自分の息子と同じようなもの。正直，息子だから大目に見ようと言う気持ちもあった。でも，逆に自分の息子のように厳しくやっていかんと駄目だと思うようになった。(経営幹部)

経営幹部の語りからは，仕事世界における親子関係の距離感の取り方の難しさがうかがえる。また，あえて八代目と後継者との間に入るという，経営幹部としての関与の仕方について述べている。

---

11 現常務取締役。経営幹部のことを指す。

九代目の裕樹君に対しては，息子だからということで対応していない。より厳しいと思う。現社長も同様に厳しいと思う。現社長から「野々内君に部長の方から言うて下さい」と言われることもある。（経営幹部）

事例によると，経営幹部が入社当時，同期の八代目が周囲から受けていた後継者としての特別な視線について認識していたことがわかる。自分が後継者を育成する役割を担う現在，その時の経験を活かして後継者を保護する取組みをしている。

現社長が入社されてきた時に，従業員が裏でこそこそ言っているのは聞いたことはある。「谷田はええわなあ」と，他の従業員からやっかみみたいなものはあった。だから，九代目が入ってきた時は，そのことを心配した。だから，会社の雰囲気づくりに努めた。（経営幹部）

経営幹部によると，従業員からの特別な視線が，同社での経験が浅い後継者にとって，従業員との仕事上の距離感の取り方を難しくさせていることがうかがえる。

確かに，一時期やっかみをもつ社員は存在した。うわさでこそこそと言う者はいた。ただ，昔のやり口でやる社員こそ，そういうことを言っていたと思う。だけど，そういう社員は辞めて行った。裕樹君とその社員との間で，お前に言われたくないわというようなやり取りはあった，と聞いている。（経営幹部）

上記の経営幹部からの語りからは，経営幹部自身が後継者を取り巻く人間関係について，非常にきめ細かく配慮していることがわかる。加えて，後継者が若いが故に，もしくは将来の事業の当事者として暴走することに対しても，牽制と配慮がなされている。

裕樹君には，今の課長職で，実績をつけさせる。今も現実につけてくれている。上下関係も理解してくれている。但し，あまり突っ走らないことかもしれない。一つひとつを固めていくことが重要。自分の若い時と同じである。北海

道も行く，九州も行く，四国へも行く．但し，その代わり，無理するなよと裕樹君に言っている．何かがあったら困るから．若いため，しすぎるところがある．（経営幹部）

他方，経営幹部は，伝統の継承とともに新しいことへの取組みの必要性と後継者としての自覚を促す助言を行なっている．

短い期間であっても，課長になって実績を上げてくれている．新しいことは必要だし，昔のやり方では通用しない．発想，新しいエリアの開拓などは評価している．敢えて，あんたは九代目だよと暗に言っている．だけど，私の立場上，営業はもうええよとは言わない．だから，裕樹君とぎくしゃくすることはない．（経営幹部）

上記の経営幹部の語りからは，現経営者世代の後見とは，後継者に自律的な行動を促すことと，後継者に牽制を与えることとの，微妙なバランス感覚が要請されることがうかがえる．

また，経営幹部は，後継者の多くが受ける従業員からの後継者としての特別な視線や従業員との職場関係上の距離を埋めさせる指導も行なっている．

若い子，20〜40代クラスの集団に入っていけと言っている．その集団を束ねる役目を野々内君にしろと言っている．自分が全てお膳立てするのではなく．裕樹君から入って行けと．現社長の時は，他の従業員と年齢差も離れていたので，現社長としては自分の立ち位置が取りにくかったかもしれない．（経営幹部）

また，以下の経営幹部の語りによると，経営幹部が営業部長として若手の営業部員に指示する役割を敢えて後継者に託すことにより，後継者と若手営業部員との関係性の構築を促進している．

自分が若い子にトップダウンで言うよりも，裕樹君を通じて間接的に若い子に言ってもらうようなこともしている．裕樹君もよく話す．だから営業の関係でも報告書は出さなくてもよいと言っている．とくかく話そうと．だから，自分

第7章 事例研究Ⅳ 近江屋ロープ

図7-3 後継者の配置の軌跡

(出所) 筆者作成。

は営業の関係で知らないことはない。(経営幹部)

このように，同社の承継プロセスにおいて，現経営者，経営幹部という旧世代と後継者の世代との非常にデリケートな関係性が確保されている。

裕樹君に対しては，今は任せている。でも，彼もわきまえてくれている。賢い子なので，問題はなかった。但し，息子が，部長を飛ばして社長に言うということはNGである。だから，全体的な決め事の時は，裕樹君を入れるようにしている。3人でするようにしている。だから，九代目だからということで，我々役員との間にバリアをはるということはない。自分と社長との関係も，裕樹君と自分の関係も良好であると思っている。(経営幹部)

3．最初の配置

後継者は，2007年（平成19年）に，近江屋ロープに入社する。入社当初3カ月間は，ベテラン営業員とともに顧客訪問を行なう。どのような顧客がい

155

るのか，ベテラン営業員がどのように商談を纏めるのかを学んだ。その後，農林環境部門に配属となる。農林環境部門は，緑化資材と獣害関係を扱っている部門である。

息子は4～5年程度，メーカーで営業を経験していた。最初，営業をさせたが，状況を少し説明するだけで，「わかった」と言っていろんなところに自律的訪問してくれた。メーカーでの営業経験が生きているのだと思う。（八代目）

八代目の語りでは，後継者の将来的な当事者としての意識が垣間見られる。農林環境部門において，後継者は担当エリアを決められて営業を任されることとなる。後継者は次のように語っている。

最初は，内部でどのような仕事をしているのかを学んだ。その後，各営業マンについて回りどのような顧客がいるのかを学んだ。3カ月してから，自分の担当エリアを決められて営業を任されることになった。但し，その時は，一切，引継ぎの顧客をもつことはなかった。和歌山エリアと奈良エリアを任されることになった。和歌山県はその当時一切取引先がなかった。自動車のナビで1軒1軒の自治体を回った。獣害ネットの設計組み込み作業の提案などでそのエリアの市町村自治体，JA，森林組合を一から回っていった。（後継者）

後継者の配置は，八代目の配置と類似している。それは，既存の取引関係がある顧客への営業ではなく新規開拓中心の営業である。加えて，京都市内に本社のある同社と離れた和歌山県や奈良県のエリアを任されていることである。八代目も最初，名古屋以東の関東における新規顧客開拓を任されていた。この配置を通じて，後継者は少しずつ実績をあげていく。

1年目の秋頃に和歌山県で大口の物件を獲得することができた。ノウハウは古参の社員と一緒に回って習得した。……（中略）……その後，2～3年目の時に大阪の卸の顧客も追加で担当するようになった。この頃から，和歌山や奈良での成功事例をもとに，全国向けに広範囲に営業をかけていく気風になった。3年目には，四国や九州などに行き，花が咲いてきた。古参の社員が四国に行っていたので，そのやり方を見て自分は九州を担当した。（後継者）

上記からは，後継者が実績をあげて経験を蓄積するなかで，経験豊かな社員のサポートが存在することがうかがえる。

4．農林環境部門と産業資材部門の兼務

その後，後継者は，3年目に差し掛かる頃から産業資材物流部門を兼務することとなる。大阪の既存の卸売業との取引である。農林環境部門と産業資材物流部門という同社の二大部門を同時に兼務させることで，後継者のキャリアの横の幅を拡大させている。

> 当社には大まかに2つの部門がある。産資物流課，農林環境課がある。産資物流課は，卸のセクション。金物屋などへの訪問。物流の方は，工場の設備関係でクレーンなどを扱っている。農林環境課は旧来の緑化資材を扱い，プラス獣害関係をやっている。事業ポートフォリオとしては，産資物流課4割，農林環境課5割という感じである。獣害関係がのびている。残りの1割が関東開発課である。（後継者）

第6節　後継者の能動的行動

1．3つの部門の兼務

現在，後継者は営業部の産業資材物流課長，営業業務課長，並びに農林環境課のグリーンブロックネットグループの課長を務めている。後継者は，課長職でありながら，ほぼ全社の主要部門を横断的に任されていることになる。

> 谷田部長は，他の課長と自分とでは，対応の違いはあると思う。部長は一緒にしているつもりだろうけれども。与えられている裁量権など。（後継者）

上記の後継者の語りでは，部門横断的に後継者の担当部門が拡大されると同時に，他の同じ課長職の従業員よりも遥かに裁量性が高いことが示されて

いる。このことは，後継者が，課長職でありながら八代目と経営幹部との会議に正式メンバーとして入っている事実からもうかがえる。

> 今は営業課長として，課の方針を立ててやっている。各営業担当者が自分の数字をもってやっており，営業部長がその数字を管理しているという形である。課長は，自分の数字をもちながら部下のマネジメントをする形である。農林環境課における課長のポジションは3つあり，各々グループがありそのグループを担う課長が複数いる。自分の直接の部下としては，新入社員とひとつ年上の社員がいる。（後継者）

2．経験豊かなマネジャーからのサポート

他方，後継者にとって，職務上あまり経験のない部門では，経験豊かなマネジャーが配属されている。産業資材物流課は，産業資材グループや物流グループに各々40代の係長がおり，サポートを受けている。後継者がポジション的には課長として上だが，職務の遂行は2人の経験豊かなマネジャーに実質的に依存している。その他，後継者は，営業業務課では女子社員7名を纏め，農林環境課グリーンネットグループでは同社の新商品について新入社員に指導する立場についている。

八代目は後継者に対して次のようにも語っている。

図7-4　現八代目から後継者への承継プロセス

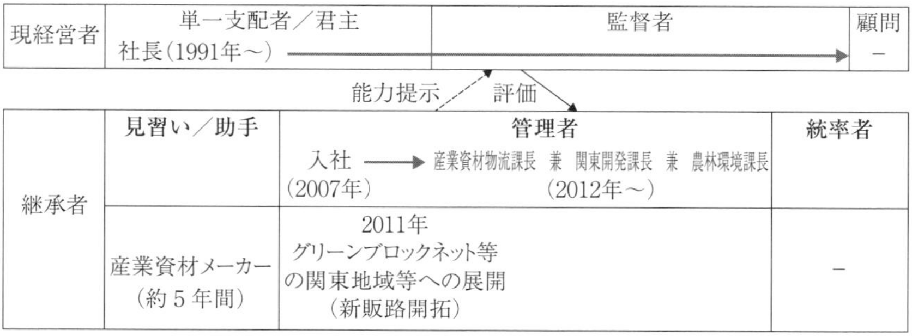

現経営者	単一支配者／君主 社長（1991年〜）	監督者		顧問 ー
		能力提示　評価		
継承者	見習い／助手	管理者 入社　　　　産業資材物流課長　兼　関東開発課長　兼　農林環境課長 (2007年) 　　　　　　　　　(2012年〜)		統率者
	産業資材メーカー （約5年間）	2011年 グリーンブロックネット等 の関東地域等への展開 （新販路開拓）		ー

（出所）Handler（1990）の表3（p.43）に基づき，筆者作成。

老舗では，継嗣が経営を承継するということは宿命的なことである。しかし，継嗣はどこかで自分の殻を破らねばならない時があると思う。（八代目）

第8章

議論

　本章では，山本海苔店，あみだ池大黒，大和川酒造店，近江屋ロープの4社の事例について分析を行ない議論を展開する。第1節では，後継者のおかれる状況について議論する。第2節では，後継者の配置の視点から，現経営者の行動と後継者の能動的行動との関係について議論[1]する。

第1節　後継者のおかれる状況

　本節の目的は，先行研究で示された承継プロセスの後継者がおかれる制約的かつ自律的という二律背反的状況と後継者の正統性の関係について議論することである。後継者としての正統性が後継者の制約性や自律性に与える影響が示されれば，承継プロセスにおける後継者の能動的行動がなぜ可能となるのか，どのように能力の蓄積がなされるのかの現象を理解することに繋がる。なお，本節における分析上の時間軸としては，後継者がファミリービジネスに入社してから最初の配置までの段階を対象とした。最初の配置以降の分析は，主に次節においてなされる。

１．入社前の後継者の状況

　ファミリービジネスにおける経営者と後継者といっても，当然のことながら，ファミリービジネス入社前の段階では普通の親子関係の様子が示されている。この段階における普通の親子関係故に，後継者が入社後の仕事世界における親子の特有な関係性が生み出される。

---

[1] なお，本書は，信頼性と妥当性の観点から，データの解釈について，日本経済大学の後藤俊夫教授に確認を頂いた。

(1) 幼少期からの後継者としての意識づけ

　本書がインタビューの対象とする後継者とは，将来の事業承継が既定もしくは可能性が極めて高い対象者[2]である。そのため，インタビューでは，何らかの形で幼少期から将来の後継者としての意識づけが明示されていた。Gersick et al.（1997）は，将来の承継が既定された対象者，つまり「約束された後継者」という地位は通常，親との緊密さが増し，自分が特別な人間であるという甘美な感覚を当人にもたらすと指摘する。他方，裏面的には，後継者にとってキャリアの選択肢を狭めることも意味する。山本海苔店の後継者の事例からは，これまでの人生の全ての選択が，将来の承継を前提としたものであるという語りがあった。この語りからは，後継者がファミリービジネス入社前から，意思決定の場面において将来の事業の承継が影響を与えていることが示される。父である六代目からは，家族で日本橋に食事に出かけた際の帰りに「店に寄っていくけど，ついてくるか」といわれ，会社に立ち寄ることがあったという語りがあった。現経営者から後継者への声かけは，さりげなさのなかにも後継者が自然と事業に親しめるよう配慮が隠されている。また，山本海苔店の後継者の場合，祖父や祖母という親族から，承継することが前提であるといわれてきたという。

　山本海苔店のような直接的な意識づけではないが，間接的な意識づけがあみだ池大黒の事例で見られる。あみだ池大黒の事例によると，六代目が幼い頃から会社の神事において当主の次に参列し経営幹部がその後に続くという語りがあった。ここからは，後継者本人への意識づけとともに，幼いながらも六代目が将来の後継者あるという，いわば従業員に対するメッセージでもあると考えることができる。これが結果として，幼いながらも六代目に対する特別な視線が醸成されることに繋がっている。そして，従業員を含めた周囲からも将来の後継者としての視線が降り注がれることが，後継者自身に後継者らしい振舞いをする必要性を認識させることに繋がっている。ここからは，入社前の後継者が「約束された後継者」としての地位を保有しているの

2　柴田（2011）は，山本海苔店の六代目の次の語りを紹介している。「それぞれに長男がいます。本人の希望が最優先ですが，それぞれの家の長男だけ経営に当たるという先代からの申し合わせがあり，僕らはそれを期待しています」（p.14）。

第 8 章　議論

と同時に，事業の承継を前提とされた後継者の制約面を保有している状況が示されている。

(2)　擬似的な職務経験

　Longenecker & Schoen（1978）は，後継者のファミリービジネス入社後の社会化のプロセスをモデルとして提示している。その 7 段階のプロセスの内，「就業前段階」「部分的就業段階」として入社前の部分的な社会化の段階を指摘している。Longenecker & Schoen（1978）は，この段階の特徴として後継者が職務の経験をしていない段階で，自社の経営幹部や従業員との接触をもつ側面を指摘している。事例からも，後継者に対して，事業承継に向けての段階的な社会化がなされていることが示された。この段階から，後継者は，生得的な地位は保有するものの獲得的な地位は担保されていないという制約的な影響を少しずつ受け始める。

　あみだ池大黒の事例では，後継者に事業のアルバイトをさせるという語りがあった。大阪万博開催時に同社の出店販売における手伝いをさせたというものである。ここでの後継者の使命は，当然博覧会場での販売要員としてのものである。しかし，それ以上に現経営者が入社前の後継者に同社従業員と意図的に関わり合う機会を与えることで，後継者に次の事業の当事者として

図 8 - 1　入社前における後継者への意識づけと効果

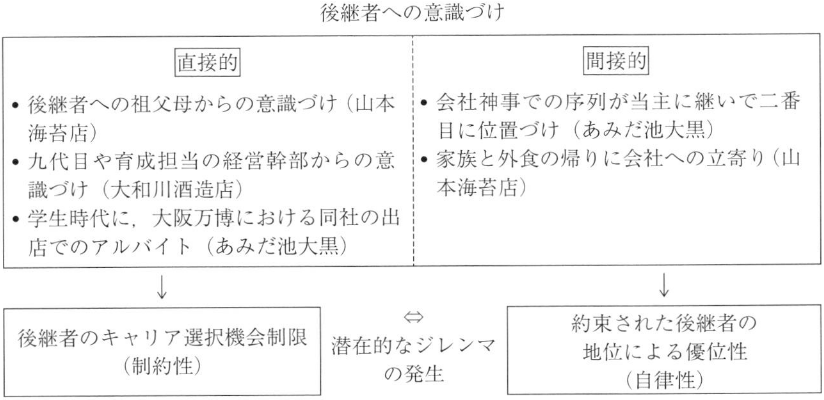

後継者への意識づけ

直接的	間接的
・後継者への祖父母からの意識づけ（山本海苔店） ・九代目や育成担当の経営幹部からの意識づけ（大和川酒造店） ・学生時代に，大阪万博における同社の出店でのアルバイト（あみだ池大黒）	・会社神事での序列が当主に継いで二番目に位置づけ（あみだ池大黒） ・家族と外食の帰りに会社への立寄り（山本海苔店）

↓		↓
後継者のキャリア選択機会制限 （制約性）	⇔ 潜在的なジレンマの発生	約束された後継者の地位による優位性 （自律性）

（出所）筆者作成。

の意識づけを狙っているといえるかもしれない。

以上の関係を図示すれば図8-1のとおりである。

2．仕事関係を通じた親子関係

先述の通り，後継者は将来の経営者として捉えられ，現経営者世代より様々な影響を受ける。事業への子弟参加の段階では，後継者は，現経営者に対して親としての認識に加えて，事業における上席者としての認識をもつことになる。Gersick et al.（1997）によると，ファミリービジネスへの参加段階においては，後継者にとって「自分ははたして自分自身の生活を持った自立した大人になれるのか」（本書でいう「後継者の自律性」）という問いと「親のビジネス（親の世界）に組み込まれたままでいられるのか」（本書でいう「現経営者世代による制約性」）という問いとの潜在的なジレンマが存在するという。これらの問題に対して後継者が「子弟参加」段階の間に出す答えが，そのファミリービジネスの将来を大きく左右することになるとされる。

また，この段階では従来と異なり，現経営者世代と後継者には，仕事関係を通じた関係性が生じることになる。Rouvinez & Ward（2005）によると，世代間に繋がりがあれば，ファミリービジネスを支える世代間が調和して相乗効果を生み出し，若い世代の衝動性，性急さ，エネルギーに，年長の世代の知恵，経験を合わせて最大限の効果があると指摘している。これは，後継者が従前の親との関係を超えて，事業承継の当事者として，仕事世界の中で親と向き合い始める段階であるといえるだろう。

(1) 率直な意見交換ができる関係

事例企業の内，2社で見られたのは，気兼ねのない[3]現経営者と後継者との関係である。気兼ねのない関係性だからこそ，後継者は現経営者に対してはっきりものが言える側面が示されている。言い換えると，後継者が現経営者と親子関係にあるが故に気兼ねのない関係性が存在し，その気兼ねのない

3　ファミリービジネスにおける親子関係という複雑な現象を，「気兼ねのない関係」と一括りに表現することはできない。本書では，「率直な意見交換ができる関係」と定義する。

関係性が仕事世界における現経営者と後継者との関係においても温存されている。

　山本海苔店の事例では，後継者は現経営者から叱責されたことがないという語りがあった。後継者の語りからは，温厚な現経営者像が見てとれる。あみだ池大黒の事例によると，他社勤務の頃と異なり，祖父や父親は幼い頃からよく知っているのでやりやすかったという語りがあった。ここからは，幼少期からの親子間における基本的信頼の関係に基づき，後継者に自律的な機会が提供されていることがわかる。この率直な意見交換ができる関係とは，職場関係上のやりやすさだけを示すものではない。山本海苔店の事例によると，後継者が自身を全社的な経営の視点が養成できるポジションにつけるべきではないかとの現経営者に提言を行なう様子がうかがえた。ここからは，後継者が能動的に意見具申ができるような環境整備がなされていることがわかる。経営者に対して，部下である後継者が自分自身の処遇に進言する行為は，非ファミリービジネスでは見られにくく，ファミリービジネス特有の事象であるといえるだろう。また，あみだ池大黒の事例によると，現経営者が，後継者に対して事業の再生を命じた時に，後継者より拒絶されるという語りがあった。この事例からは，親子関係において気兼ねがない関係性であることに加え，現経営者に対しても自律的な立場で意見具申が行えることがわかる。近江屋ロープにおいても，山本海苔店と同様，後継者の語りからは，温厚な現経営者像が見てとれる。

(2) 衝突や対立を許容する関係

　事例企業の内，3社で見られたのは，現経営者と後継者との衝突や対立を伴う関係である。先述の通り，仕事世界とはいえ親子関係が基底にあることから，双方が率直な意見交換ができる関係性が保たれている。結果として，後継者は現経営者に対して明確に自分の意思を表明しやすい。このことは，世代間で知恵をぶつけ合い解決策を探るという効果を生む可能性がある。

　山本海苔店の事例では，六代目が五代目に対して，多角化の提案や包装紙の変更の提案を行なった際に，行動を制せられたという語りがあった。あみだ池大黒の五代目は，世代間における意見の相違が起こることは，むしろ自

然のことであると語っていた。大和川酒造店の事例によると，九代目は八代目との間でも喧嘩は絶えないと語っていた。加えて，回数は多くないとしながらも，九代目からは，後継者とも口論となるという語りがあった。

衝突と対立を伴う関係からは，仕事世界における親子関係の2つの特徴を指摘することができる。第1に，対立の積極的側面である。山本海苔店の六代目は，自らの提案の再考を求められたことに対して否定的な感情を抱いていなかった。あみだ池大黒の場合，五代目は，世代間で意見の衝突が起こったとしても，最後は誰が正しいことを言っているかは世代間で自然と分かるものであると語っていた。大和川酒造店の場合も，親子間で対立がない方がおかしいと語っていた。ここからは，仕事世界における親子関係における衝突や対立の性質によっては，世代間の異質な価値観をぶつけ合うことにより，伝統の継承と新規性のある取組みの相克を検討する視点を与えているといえるかもしれない。第2に，親子関係における同志的対立[4]であるが故に，後継者の現経営者に対する意見具申の自由さが確保されていることである。非ファミリービジネスのように，上司や同僚に対する意見具申に際しての配慮や遠慮をする必要が少ないからである。また，後継者に事業上の意見具申を行なわせることで，後継者に将来の事業の当事者としての自覚を醸成させる効果もある。

(3) 上司・部下のフォーマルな関係

他方，親子間において気兼ねのない関係，並びに衝突や対立を伴う関係がある反面，事例からは，現経営者と後継者との間に上司と部下というフォーマルな関係性が垣間見られる。

インタビューにおいては，4事例ともに後継者は現経営者のことを社内的な役職名で読んでいた。とくに近江屋ロープの事例によると，後継者は会社において周囲に従業員がいる場合だけではなく，あるいはたとえ2人の時でも，現経営者を「社長」と呼ぶことについて，現経営者と経営幹部がその振舞いを評価している語りがあった。後継者の語りからも，現経営者には父親

---

4 後藤（2012）が詳しい。承継プロセスの相互作用的展開におけるあみだ池大黒の事例で詳述する。

ではなく，あくまで経営者として接していることが推察される。ここから次の2点が指摘できる。第1に，現経営者と後継者の関係性そのものに対する従業員からの視線への配慮である。第2に，組織に親子関係を持ち込まないという秩序の維持である。これらは，上司と部下という関係性の重視であり，組織の規律づけが存在していることを示す。

(4) 世代間での自律的余地の調整

4社事例ともに，後継者の制約的側面として組織のなかの上司・部下というフォーマルな関係を有していた。他方，後継者の自律的側面は，各事例において温度差が示された。たとえば，現経営者の配置命令に後継者が留保の意向を示す場合（あみだ池大黒）など事例毎に様々であり，事例間で大きな温度差があった。この相違は，幼少期からの親子関係の個別性に起因するものなのかもしれない。しかし，ここで注目するべきは，親子関係における後継者の自律的側面の相違の程度が高かったとしても，世代間の関係性の毀損もしくは対立に進展するようなものではなく，むしろ世代間相互で調整していることである。承継プロセスとは，後継者の自律的な行動に，現経営者の経験や知恵が複合的に相互作用される時に効果があるとされる（Rouvinez & Ward, 2005）。Handler（1990）は，承継プロセスを現経営者と後継者による舞踏（dance）と形容した。Handler（1990）およびRouvinez & Ward（2005）からすると，承継プロセスとは，後継者の自律性と現経営者による制約性という二律背反の関係を維持しながら相互作用するプロセスであるといえる。言い換えると，後継者が現経営者世代の制約性を受け入れる限り，事例企業毎の自律性における個体差は存在するものの，後継者に自律性が許されることになる。Handler（1990, 1994）は，承継プロセスは，後継者をゆっくりと慎重に巻き込みながら世代間相互に職務上の役割を調整して移行していく過程であることを示した。本書は，事例分析から，必ずしも職務上の役割に限らない世代間の承継プロセスにおける自律性の余地を調整する可能性を指摘する。

以上のような親子関係の二重性と相互の役割調整の関係を図示すれば，図8-2のとおりとなる。

図8-2 親子関係の二重性と相互の役割調整

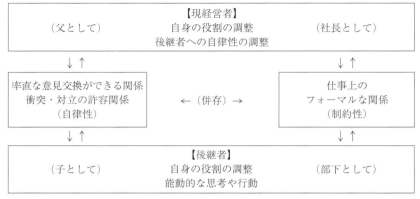

(出所) 筆者作成。

3. 親世代の経営幹部との関係性

　Beckhard & Dyer (1983) によると，事業承継は経営幹部の心理面に大きな影響があると指摘している。第1に，経営幹部が自ら従事してきた現経営者の価値観，関係性，方針，実践方法を後継者が継続するつもりなのかを懸念することである。第2に，事業承継後，後継者が親世代の経営幹部との関係性をどのようにとっていくかという課題である。将来の事業の承継が見込まれる状況において，経営幹部にとって後継者の存在は，ある種の脅威である。経営幹部は後継者の事業承継後，会社の中における自分の新しい位置づけを模索する存在でもある。

　他方，日本の老舗企業研究では，事業承継における番頭の役割について重要な論点が指摘されていた。第1に，世代交代のつなぎ役である。事業承継にあたっては，世代交代のつなぎ役としての役割が重要になる（前川・末包，2011）。第2が，事業承継段階における後継者の後ろ盾をする存在である（青野，2011）。

　事例からは，経営幹部が承継プロセスにおいて後継者に経営上の牽制や規律づけを行なっている様子がうかがえた。また，現経営者や後継者が互いに親子関係があるからこそ，仕事上の関係をとりづらくしていることがうかが

えた。その中で，経営幹部は，仕事世界における親子関係を補完する役割を担っている。

(1) 牽制と規律づけ

　山本海苔店，大和川酒造店，近江屋ロープの事例によると，現経営者世代の経営幹部は直接的に後継者に牽制や規律づけを行なっていることが示された。大和川酒造店や山本海苔店の事例からは，後継者は経営幹部から事業の当事者意識[5]について指導している様子がうかがえた。ここからは，後継者の正統性という概念が関係してくることが示される。

　大和川酒造店の事例によると，後継者が入社後に現経営者の弟である経営幹部のもとに配置され，基本的な業務の習得だけではなく，私生活の面も含め叱責され比較的厳しい指導がなされていた。現経営者と後継者との関係では，仕事上のフォーマルな関係に関わる語りが見られたものの，現経営者が後継者に対して細部にわたる指示を行なう語りは見られなかった。ここからは，現経営者では後継者に対して親子間であるが故に伝えにくい側面が垣間見られる。親子関係を第三者の視点から見ることができる経営幹部であるからこそ，後継者に対して仕事の厳しさを率直に伝えられる側面が示されている。

　山本海苔店の事例によると，後継者が従業員と佃煮を作る作業において，なぜ後継者自身が一番危険な役割を担わないのかと経営幹部から叱責されていた。ここからは，親子関係に第三者的立場で関わりをもてる経営幹部の存在の意味が示された。同時に，経営幹部から後継者に伝えられる内容が将来の事業の当事者として意識づけを促すものであることが示される。経営幹部の叱責の背景には，後継者の事業の当事者としての行為の連続が，従業員への支持や信頼に繋がり，後継者としての獲得的な地位を高めることが示唆されている。

　また，上記の3事例間においては，親族関係の近さに関わる微妙な牽制と

---

[5] 足立（1993）によると，とりわけ老舗の主人の役割について，次のように指摘している。「上に立つ主人（社長）は単なる雇われ社長ではなく，経営者としては，率先垂範，事業経営の先頭に立ち，よくその職責を果たして，全員を統率し，全員の和合を図り，従業員をあわれみ，恵み，慈悲心をもってその生涯を保障し，守護すること」（p.323）。

規律づけの温度差も見られる。大和川酒造店の経営幹部は九代目の弟にあたる。そのためか，後継者に対しては職務上の事項を含め，プライベートの生活習慣に関わる点にまでその指導の範囲が及んでいた。山本海苔店の経営幹部は六代目の親族関係であった。後継者に対しては，職務上の当事者意識に対する規律づけがなされていた。他方，近江屋ロープの事例では，育成担当の経営幹部は，八代目との間で親族関係がない。主要な牽制や規律づけは，職務上の人間関係の構築や働きすぎに対する配慮が中心であった。その意味では，親族関係が近ければ近いほど，育成担当の経営幹部から後継者に対して率直な意見がいいやすい側面が指摘される。

(2) 仕事世界での親子関係を補完する経営幹部

事例からは，業務の基本を指導しようとする育成担当の経営幹部の姿が示されている。4つの事例からは，育成の観点から，現経営者が直接的に後継者に関与する典型的な語りが見られなかった。その意味では，現経営者の役割を経営幹部が補完していると考えられる。

山本海苔店の事例によると，後継者の育成担当である経営幹部が管轄する仕入部に配属した経緯についての語りがあった。この経営幹部の語りでは，同社での仕入部の位置づけは会社の原点であり，後継者に同社業務の基本を学ばせる意向があったことが見てとれる。また，同社の仕入部の業務は，年間の海苔の仕入を決定するという経営戦略にも繋がるものであり，組織横断的に複数の部署と折衝せねばならないものである。仕入部への配置は，将来の全般管理を担わなければならない後継者に対する経営能力を養成する一環でもある。大和川酒造においても，後継者は製造部門に配置され，精米，醸造，蔵出し，ビン詰などの基本的な業務の習得において育成担当の経営幹部が重要な働きを担っていた。この製造部門での酒造りの経験が，首都圏営業担当としての外食チェーンに対する提案や清酒ベースのリキュール商品の開発に繋がっている。近江屋ロープの事例では，初期の基本的業務のサポートを含め，営業部内での後継者と従業員との人間関係の調整，現経営者から後継者への指示命令系統における介在などの役割を育成担当の経営幹部が担っていた。近江屋ロープでは，配属当初，後継者が従業員との間で摩擦を生じ

第 8 章　議論

ていたが，経営幹部が，後継者が上手く職場に馴染めるよう配慮していた。

　事例からは，親子関係に依存するだけでは，後継者に対する牽制や規律づけが効果的に機能しない可能性が示された。親子関係を基底とする現経営者・後継者間では，率直な意見交換ができる関係を通じて，承継プロセスにおける後継者の自律性は確保される。他方，親子関係では甘えを許容してしまう可能性もある。現経営者と後継者を客観的に見られる経営幹部が，仕事世界における親子関係を，補完している可能性がある。大和川酒造店の経営幹部の語りによると，後継者が事務所内で現経営者に対して口答えをしたことに対して叱責したという。そのために，大和川酒造店の経営幹部は，業務上の指示などは親子間では適正に機能しない面もあると指摘する。ここからは，仕事世界の親子関係における距離の取り方の難しさが示されている。事例からは，仕事世界の親子関係における距離の取り方の工夫として，仕事世界での親子関係に経営幹部が介在するところが多く見られた。その意味では，上記の3事例とは異なるが，あみだ池大黒の事例においても，六代目と後継者の関係において，世代を跨ぐ形となるが後継者の祖父にあたる五代目が，第三者的な視点に基づく関与をしている。

　それだけではない。経営幹部の役割は，従業員が後継者を新たな競争相手としての脅威ととらえる不要な警戒心を取り除き，職場の中における従業員との調整役となってくれる可能性がある。さらに，育成担当の経営幹部がいるからこそ，出過ぎた場合に牽制や規律づけされ，後継者は自律性を存分に発揮できる環境が醸成されている。

　先述の通り，仕事世界における親子関係では，気兼ねのない関係や衝突・対立の許容関係に基づいて，世代間で率直的な意見交換がなされることはファミリービジネスが有する親子関係の利点である。他方，親子関係では，気兼ねのない関係や衝突・対立の許容関係があるが故に，正式な仕事世界における一般企業と同じ形での上司と部下としての距離がとりづらい。その弱点を補うものとして，仕事世界における親子関係のフォーマルな関係を補完する第三者的な経営幹部の存在が効果を発揮している。承継プロセスでは，手綱を緩めることも必要だが，手綱を締めることも必要である。事例でも，後継者に対する牽制や規律づけなどを担う経営幹部が存在した。

図 8-3　経営幹部の仕事世界における親子関係の補完

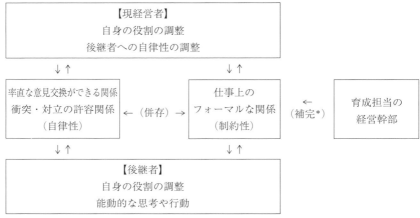

(注) ＊経営幹部が，現経営者（親）と後継者（子）の仕事世界の関係に規律づけを行うこと。
(出所) 筆者作成。

以上，経営幹部による仕事世界における親子関係の補完関係をまとめると，図 8-3 のようになる。

4．従業員との関係性

Rouvinez & Ward (2005) は，ファミリー出身の後継者を，周囲から認められにくい存在であると指摘する。後継者はファミリービジネスに入社後，将来の経営者として特別な処遇がなされる。他方，ついこの間まで幼かった後継者が，事業の将来の後継者として振る舞うことに対して，従業員など周囲からの受容が十分になされていない状態も想定される。事例からは，従業員から後継者への特別な視線，後継者と従業員との間の職場上の距離感などが特徴として示されている。

(1) 従業員から後継者への特別な視線

後継者としての特別な処遇にある裏面的な意味は，周囲からの特別な視線が内在されていることである。事例からも，将来の後継者として特別的に扱われている様子が示されている。近江屋ロープの経営幹部によると，現経営者が若い頃にベテラン社員から常に「達雄さん」という敬称で呼ばれていた

第 8 章　議論

とあった。事例を分析していくと，周囲からの後継者への特別な視線には，2つの意味が内在されていることがわかる。

　第1に，Linton（1936）が指摘する，後継者としての獲得的地位が確立されていないことである。近江屋ロープの経営幹部の語りによると，後継者の入社当初，後継者に対してやっかみをもつ従業員の存在が指摘されていた。後継者は，入社当初より将来の事業承継を見据え比較的順調な昇進や仕事の与えられ方など特別な処遇がなされる。他方，後継者は，特別な処遇がなされる裏付けとしての実績がない。山本海苔店の経営幹部の語りからは，「俺は後継者だというのではなく，みんなと同じように仕事を同じレベルで行ない，みんながむしろ嫌だと思うようなことをしていくことが重要である。社内の人はそれを厳しく見ている」というものがあった。ここからは，後継者とは特別な処遇がなされるが故に，より率先して従業員と同じ目線で辛い仕事を行なわねば，次期経営者として周囲から受け入れられないことが示されているといえるだろう。

　第2に，従業員が今後の自身の処遇の問題や後継者との関係の取り方などを模索する存在であることである。Barnes & Hershon（1976）によると，現経営者から後継者への事業承継においては，「影響力の移行上の問題がファミリーメンバーと非ファミリーメンバーの双方に影響を与える」と指摘している（p.105）。そのうえで，「先代から後継者への影響力の移行時の経営は，争いなどにより硬直的になりやすく，優柔不断になりやすい」という（p.105）。Barnes & Hershon（1976）からの知見は，事業承継における影響力の移行プロセスは，決して現経営者と後継者だけの問題ではないことを示している。従業員など多くの関係者を巻き込む問題なのである。山本海苔店の現経営者の語りによると，利害関係が強い正社員からは，パート社員と異なり気安く接してもらえなかったとあった。このように，周囲からの後継者への特別な視線が，事業承継プロセスにおける後継者を取り巻く状況を一層複雑にしている。

(2)　後継者と従業員との仕事上の距離感

　周囲からの後継者への特別な視線が存在するが故に，後継者と従業員との

173

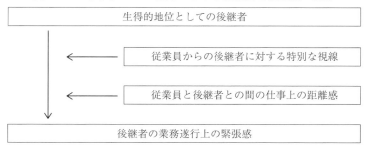

図8-4　承継プロセス初期における従業員と後継者の関係

(出所) 筆者作成。

間で職場関係上の距離感が生じることになる。事例からは，後継者と従業員との仕事上の距離感を示す語りが取得されている。大和川酒造店の後継者によると，古参社員だけではなく従業員と後継者自身との関係性においても相互に気を使っていると感じるという語りがあった。加えて，後継者の語りによれば，従業員に対する指示は，業務の目的の説明を付け加えた丁寧な言い方を心掛けているという。ここにも後継者の周囲に対する配慮がうかがわれる。

　他方，あみだ池大黒の後継者の語りによれば，従業員を競争相手とみなして緊張感をもって仕事に取り組んできたという。ここからは，後継者と従業員との仕事上の距離感の正の側面として適正な競争関係を促していることが示される。後継者と従業員との仕事上の距離感が，後継者が従業員と良好な関係性をとろうとするあまり従業員の意見に安易に迎合することを防ぐ役割を果たしている。

　このように後継者への従業員からの特別な視線，並びに後継者と従業員との仕事上の距離感は，後継者の能動的行動に緊張感を与えている可能性が指摘される。以上の議論を踏まえ承継プロセス初期における後継者と従業員との関係を図示すれば図8-4のとおりとなる。

(3) 後継者による従業員への能動的な接近

　後継者としての特別な処遇，周囲からの特別な視線などに基づいて，従業員との間で職場関係上の距離感が生じることが示された。従業員との仕事上

の距離感では，仕事上のやりづらさや後継者の業務遂行上の周囲との緊張感の醸成が指摘された。事例からは同時に，後継者がその職場上の距離感を積極的に埋めようとする取組みが示されている。近江屋ロープの経営幹部の語りでは，後継者に積極的に職場の若手従業員のなかに入り込んでいくように指導がなされていた。近江屋ロープの場合，後継者が従業員との仕事上の距離感を埋めることだけを目的としているのではない。後継者が積極的に仕事上の関係の距離を埋め，従業員からの支持や信頼を構築することを目的としている可能性がある。山本海苔店の事例[6]からも，現経営者自身が入社当初に従業員と一緒に掃除をしたり時には昼寝をしたりしたという語りがあった。後継者が従業員と同じ目線で立ち居振る舞いすることにより，距離感を埋めようとしているといえる。これまでの議論を振り返ると，後継者には従業員との仕事上の距離感のバランスが求められているといえるかもしれない。後継者は，独自の視点を組織に持ち込みやすいよう従業員との一定の距離感や緊張感を保ちながらも，将来の経営者として従業員から受容されなければならない。

5．外部の利害関係者との関係性

後継者には，親としての現経営者，経営幹部，従業員など組織内部の関係性だけではなく，青年会議所や取引先など外部の利害関係者との関係性も存在する。後継者と外部の利害関係者との関係性は，次の2点の特徴が指摘される。

第1に，外部の利害関係者との接触関係を通じた後継者の知見の取得とその知見の自社への持込みである。事例からは，自社にない知見を青年商工会議所等の外部団体との接触関係を通じて，取得しているアドヴァンテージが見られた。大和川酒造店の事例によると，JC青年会議所での部会委員長の経験を通じて，会議の運営やプロジェクトの運営に関わる知見を習得したと

---

[6] 柴田（2011）は，六代目の従業員に対する姿勢をうかがわせる次の語りを紹介している。「私どもの会社は家族的な会社です。和を大切にして気持ちのいい会社にすることが第一です。縁があってこうして集まった者同士です。社会を構成しているようなものと考えています。しかし，一面新しいことをやるパワーや推進力にかけるきらいがあります。どちらも大切ですが，そのバランスを上手に取ることが大切と，（六代目は）社員に声を大きく言っています」(p.14)。

表8-1 外部の利害関係者との関係性

	外部の利害関係者	制約性	自律性
先代世代からの関係先	業界団体 (山本海苔店,あみだ池大黒) のれん会 (山本海苔店,あみだ池大黒) ロータリークラブ (あみだ池大黒) JC青年会議所 (大和川酒造店)	先代世代からの関係を通じた制約性	後継者としての承認に基づく自律性 (経験や年齢でなく血筋)
後継者独自の関係先	独自で開拓した取引先 (山本海苔店,大和川酒造店,近江屋ロープ) 外部の専門家 (あみだ池大黒)	−	先代世代への配慮の必要がない関係

(出所) 筆者作成。カッコ内は行為の主体。

いう語りがあった。また、あみだ池大黒のHACCP導入における事例によると、外部コンサルタントなどとの後継者独自の関係性を通じて、自社にはない知見を習得している様子がうかがえた。後継者にとって、外部の利害関係者との接触関係とは、たんなる知見の習得に及ぶだけではない。それは、自社に存在しない後継者独自の視点の涵養を促進するものである。一般的な非ファミリービジネスの場合、経営者候補が外部視野の養成の視点から自社を離れて一定期間他社勤務を経験することは難しい。また、ファミリービジネスの場合、後継者が入社後の早い段階で青年会議所や取引先など外部の利害関係者との関係性を構築することができることも利点のひとつである。

第2に、後継者が将来の後継者として、組織の内部からだけではなく外部の利害関係者から承認されるという側面も指摘される。山本海苔店の後継者の語りからは、先代世代からの恩恵により業界団体やのれん会において経験の浅い者でも受け入れてもらえる様子がうかがえた。他方、先代世代からの関係性を重んじる外部団体の場合、後継者には先代世代からの歴史的文脈に沿った行動が求められることになる。反対に、後継者が配慮しないでよい外部の利害関係者も存在する。それは、後継者が独自に開拓した販路、外部の

専門家との関係性である。山本海苔店の事例では、後継者が上海での新規事業で開拓した供給業者や台湾やシンガポールの出店に繋がった日系百貨店の現地スタッフとの関係がそうであった。あみだ池大黒では、後継者がHACCPを導入するに際して外部の専門家を独自に見つけ出していた。事例からは、後継者にとって配慮の必要性が少ない外部の主体との関係性が、後継者の能動的行動の源泉のひとつの位置づけとして考えることができるかもしれない。

以上、後継者と外部の利害関係者との関係における制約的要因と自律的要因をまとめれば表8-1のとおりとなる。

6. 後継者の内部視点と外部視点

他社経験は、従来のファミリービジネス研究でもその積極的意味と消極的意味が議論されてきた（Barach et al., 1988）。事例からは、他社経験を通じて後継者の外部視点の涵養がなされていることが示された。

(1) 経営情報へのアクセス

後継者は、いずれ現経営者より事業を承継して経営者となる。当然、事業を承継するには、全社的な経営情報について把握しておかねばならない。あみだ池大黒の事例においても、大和川酒造店の事例においても、後継者が入社後比較的早いタイミングで経営情報へのアクセスを許可していることが示された。後継者に対する早期の経営情報のアクセスには、2つの意味が内在されている。

第1に、後継者に対して、早期に事業の当事者としての意識の涵養と覚悟をもたせることである。後継者の職務上の緊張感を高める効果があるといえるだろう。従業員の誰もが知ることができない経営情報に触れること自体の心理的効果も然ることながら、事前に経営情報が提供されることにより後継者に全社的な視点からの職務遂行が促されることに繋がる可能性がある。

第2に、他社経験を積んできた後継者にとっては、早期に経営情報が提供されることにより、外部視点からの事業観の養成が期待できることである。なお、この後継者によるガバナンス機能は、次の、他社経験に基づく事業へ

の客観的視点において説明する。

(2) 他社経験に基づく事業への客観的視点

　Barach et al. (1988) は，後継者が他社勤務を経てから入社することの利点と欠点を指摘している。他社勤務による効用は，第1に後継者が客観的な能力を身につけることができる点である。第2に，外部の実績が，有能な経営者としての承認につながりやすい点である。他方，他社勤務による弊害としては，後継者が外部経験に基づいて行動してしまい内部での摩擦や衝突につながる可能性が示されている。

　事例からは，他社経験を積んできた後継者が事業に対して冷徹な視点を向けていることがわかる。近江屋ロープの八代目の語りでは，先代世代に対して積極的に営業するべきではないのかという疑問が呈されていた。その後，現経営者はその問題意識に基づき，従来取引関係がなかった関東地域に取引先の基盤を築いている。山本海苔店の事例においても，喫煙室の運用やシャチハタの業務上の使用など後継者から社内の硬直的な思考に対して疑問が提示されていた。事例からは，入社当初の後継者は，社内の歴史的文脈に精通していない反面，他社経験において養成された視点から事業への客観的視点をもつことができるといえる。加えて，後継者が，従業員との間での仕事上の距離感があるが故に，このように事業への客観的視点をもち込みやすい。従業員との仕事上の距離感が存在するが故に，後継者が外部の利害関係者に依存しようとするインセンティブも働いている。

　このように，他社勤務とは後継者に対して事業への客観的視点を涵養させる。それと同時に，事業の当事者としての意識の高揚と相まって事業へのガバナンスの役割を果たしている可能性がある。硬直的な経営になりがちなファミリービジネスにとって，後継者の他社経験は，現経営者への牽制や規律づけをする機能がある。

　以上，後継者の内部者視点と外部者視点を図示すれば図8-5のとおりとなる。

図8-5 後継者の内部者視点と外部者視点

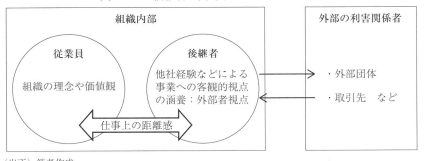

(出所) 筆者作成。

7. 事業における後継者の位置づけ

(1) 生得的地位の保有者としての後継者

長子相続制度が存在する老舗企業では，後継者の縦のキャリアは生得的に保証されていることが多い。あみだ池大黒の事例によると，会社の神事が行なわれる時には，後継者が幼い頃から当主に続き二番目に参列し，その後に他の経営幹部が続くという語りがあった。このことからは，後継者はLinton (1936) が指摘するところの生得的な地位を保有しているといえる。

(2) 後継者としての特別な処遇

従業員からの特別な視線の部分で述べたが，事例からは，後継者としての特別な処遇がなされていることが示された。Gersick et al. (1997) によると，「約束された後継者」という地位は通常自分が特別な人間であるという甘美な感覚を当人にもたらす一方，同時に周囲から大いなる業績を要求される要因でもある。事例分析によると，約束されたポスト，早い昇進，大きな裁量権，重要な会議への出席，将来の経営者を見据えた行動などが示された。

山本海苔店の後継者からは，社内のポストについて後継者は別枠で考えられている旨の語りがあった。また，後継者が海外事業室課長のポストにあった時に，海外事業室担当の経営幹部からは細かな指示を受けなかったという

語りがあった。あみだ池大黒の事例からは，後継者は他社経験を10年積んだ後に取締役として入社していた。その後も，分業組織において特定の上席者の下に配属されるのではなく，商品開発のプロジェクトリーダーを任されていた。山本海苔店やあみだ池大黒の事例からは，社内のポストだけではなく，自律性の高い仕事が任されていることがわかる。自律性の高さは，近江屋ロープの後継者にも見られる。近江屋ロープの後継者によると，他の課長と比較しても与えられている裁量性が大きいという語りがあった。ここからは，後継者は役職上の上下関係とは別に，他の従業員と比較して与えられる自律性の程度が大きいことがわかる。近江屋ロープの事例からは，後継者のポストが課長職であるにもかかわらず，現経営者と経営幹部とのミーティングに入れてもらっているとの語りがあった。山本海苔店の六代目の事例では，若いときから，会社の資金の調達と運用を理解するために経営幹部に同行して銀行回りを行なってきたとあった。

以上を纏めると，後継者としての特別な処遇とは，たんにポストの高さだけではなく，自律性の程度，経営への参画の程度などが明確に他の従業員と区別されているものであると理解することができる。

(3) 経営上の異論の表明のしやすさ

Miller & Le Breton-Miller（2005）によると，ファミリービジネスの最大の財産のひとつは，経営幹部が世代や部門の垣根を越えて率直に話し合える組織風土であるとし，彼らは失職する恐れがないために遠慮なく批判をぶつけ合うことができるという。これらの指摘は，あみだ池大黒における三世代間の意見の相違と調整の事例，大和川酒造店における八代目と九代目並びに九代目と後継者の衝突の事例など実証的にも示された。

上記に加えて，事例分析によれば，従業員からの特別な視線，それに基づく従業員との間の仕事上の距離感の存在も示された。ファミリービジネスの後継者とは，立場として経営幹部や従業員へ配慮する必要がないことに加え，従業員との仕事上の距離感が存在することにより，経営上の異論[7]を表明しやすい。このことは，ファミリービジネスの後継者が内部昇進の経営者よりも非連続的な変化を導きやすいとする指摘（加護野，2008）への根拠を

図8-6 後継者がおかれる状況

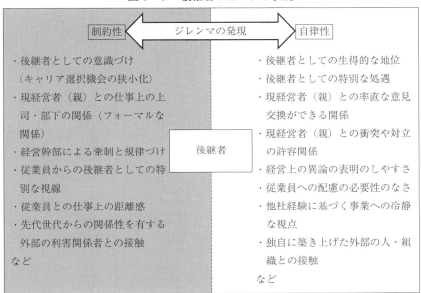

(出所) 筆者作成。

与えることに繋がる。

　以上，後継者の意識づけ，現経営者（親）との関係性，育成担当の経営幹部との関係性，従業員との関係性，外部の利害関係者との関係性などを纏めると，図8-6のように後継者を取り巻く状況が要約される。

8．生得的な地位と獲得的な地位とのジレンマ

　事例企業の後継者の場合，将来の経営者として生得的な地位を保有している。他方，生得的な地位は，必ずしも後継者の実績や周囲からの承認を伴うものではない。その結果，事例からは，生得的な地位と獲得的な地位との狭間におかれる後継者の葛藤が読み取れる。

7　ここでいう「経営上の異論の表明のしやすさ」とは，先述の「率直な意見交換ができる関係」と区分されている。「経営上の異論の表明のしやすさ」とは，とくに経営上の課題においてより後継者が意向を表明しやすいことを示すものである。

山本海苔店の後継者の語りによれば，後継者が効率化の視点からシャチハタの使用を提案した際も，休憩室での喫煙に対して疑義を呈した際も，自分の意向が従業員に組み入れられず，後継者はむず痒さを感じている様子が示された。ここからは，後継者が従業員との仕事上の距離感からある種の自律的な立場がある一方，全ての提案が受け入れられているわけではないということが示されている。それだけではない。近江屋ロープの現経営者の語りには，「従業員からは，あれは社長の息子だからできたと思われていた」というものがあった。後継者自身がいくら実績をあげたとしても，経営者の子弟であるからという理由で，従業員からは素直に受け止められない側面も示された。

　事例分析からは，2つの点を指摘することができる。第1に，獲得的地位を示すためには，後継者は，能力とくに実績を示す必要があることである。これは，生得的地位を背景に後継者が行動するだけでは受け入れられない点である。第2に，近江屋ロープの事例のように，仮に後継者が実績を提示できたとしても，周囲からは生得的地位ゆえの恩恵であると割り引かれて評価される場合がある点である。

　事例のように将来の承継が既定された後継者には，承継プロセスにおいて特別な処遇がなされる。後継者は，立場上，経営幹部や従業員への配慮の必要性も少ない（加護野，2008）。反面，そのような地位を保有する後継者のファミリービジネスへの入社が，経営幹部や従業員にとって新たな利害関係者としての脅威となり（Beckhard & Dyer, 1983），周囲から後継者に対して特別な視線が向けられる。結果として，仕事上の距離感も生じることに繋がることになる。他方，後継者の実績と能力が適正に評価されて処遇される場合，後継者は周囲からの支持と信頼を獲得して受け入れられることに繋がる（Barach et al., 1988）。ここからは，とくにファミリービジネスへ入社して間もない後継者の場合，生得的な地位と獲得的な地位の狭間に置かれることになり，後継者にとってのジレンマとなっている可能性が指摘される。以上を纏めると，後継者の生得的地位と獲得的地位におけるジレンマについて図8-7のように要約される。

第 8 章　議論

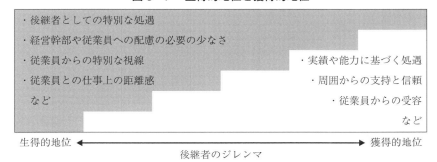

図 8-7　生得的地位と獲得的地位

9．事業承継における後継者の正統性

　本章の事例分析を通じて，現経営者世代からの制約性と後継者の自律性が併存する状況を生み出す基底要因として，後継者の正統[8]性に関わる問題があることが導き出される。Linton（1936）は，正統性の根拠のひとつと考えられる社会的地位について，生得的地位（ascribed status）と獲得的地位（achieved status）とに分けて説明をしていることは前に述べた。生得的地位とは，人が本人の意志に関わりなく生まれ持って保有する地位のことであり，獲得的地位とは，人が自発的に取組み獲得してきた地位のことである。本事例分析によると，長寿企業の後継者は，周囲からの支持，実績や能力の蓄積などによる信頼の獲得の前の段階から直系当主の家に生まれてきたという生得的な地位を保有していることが示唆された。

　Christensen（1953）によれば，後継者は法的権威や将来的なオーナーシップをもっているにもかかわらず，後継者は従業員から本当の尊敬を勝ち取らねばならないと指摘する。他方，現経営者は後継者を入社させることはできるが，後継者を組織に受容させることはできないとも指摘する。Christensen（1953）の指摘からは，本書において 3 つの含意が示された。第 1 に，後継者の生得的な位置づけと後継者の組織的な受容の問題である。第 2

---

[8] 『広辞苑〈第五版〉』によると正統とは，「正しい系統。正当の血統。伝統・しきたりを正しく伝えていること」とされる。

183

表8-2 事業承継における2つの地位の相違

	生得的地位	獲得的地位
受容の根拠	家系，血統	自らの実績
支持の性質	主に現経営者，育成担当の経営幹部からの支持	主に経営幹部や従業員からの支持

（出所）Barach et al.（1988）の図1（p.52）に着想を得て筆者が作成。

に，事業承継において，後継者は自分の獲得的地位を周囲に対して認めさせていかねばならないことである。第3に，現経営者にとっても，後継者の獲得的地位を周囲に対して認めさせていかねばならないことは重要な課題であるということである。

Barach et al.（1988）によれば，後継者が事業承継を通じてファミリービジネスに適応する重要な要素として，正統性の獲得をあげている。後継者が獲得するべき正統性とは，原則的にファミリービジネスの文化に応じた思考や行動の様式を受け入れ，周囲からの支持を獲得し，ファミリービジネスに価値を取込む能力を蓄積して信頼の獲得に至った後，後継者の地位を周囲に認めさせる正統性獲得の段階に至るとされる。その意味では，Barach et al.（1988）の正統性の獲得の定義では，後継者が実績を積み能力の蓄積を図りながら徐々に正統性を獲得していくものと規定される。

10. 残された課題

本章では，承継プロセスにおいて制約的であり自律的であるとされる後継者を取り巻く状況を描き出すこと，並びに前世代からの制約性と後継者の自律性の間の規定要因を探索することを主眼に分析が行なわれた。その結果，承継プロセスにおいては，現経営者世代による制約性と後継者の自律性が併存する可能性が示された。そして，事業承継プロセスの制約性と自律性の併存関係の規定要因として後継者の正統性の存在が示された。

本節で残された課題は，現経営者との承継プロセスを通じて後継者はいかに正統性を獲得していくのか，そして正統性を獲得していくプロセスにおいて現経営者世代による制約性と後継者の自律性の関係はどのようにマネジメントされているのかという問題である。この問題に対して，次節以降で考察

していくことにしよう。

第2節　新旧両世代の行動の関係

1．事業経営上の後継者の配置の意味

　経営者を養成するための人の配置として，関連のある職種や職場の間を配置転換する教育的配置転換があげられる（神戸大学経営学研究室編，1999）。伊丹・加護野（2003）によれば，人の配置の直接的影響として，職場での体験学習を伴う人材形成をあげている。一般企業においては，職場での専門知識，業務ノウハウの習得に加え，これらを活用した業績の実現が目的とされる。では，ファミリービジネスの事業承継を前提とした後継者の配置とは，どのような特徴があるのであろうか。以下，4つの事例について，考察してみることにしよう。

(1)　山本海苔店の事例

　同社では，後継者が大手都市銀行にて3年半の勤務を経て，仕入部に配置されている。仕入部は，海苔の収穫高などを含め，向こう1年間の商品企画や利益計画など総合的な経営的側面に配慮せねばならない部署であり，同社にとって基幹事業部門である。但し，後継者は当該部署に約6カ月間配置されるが，長期的な配置というよりも業務の基本を習得することが目的であった。その後，上海の丸梅商貿有限公司に赴任している。この丸梅商貿有限公司は，2007年（平成19年）に六代目が，「マルウメブランド」を中国に普及させるために設立した同社の海外現地法人であった。同社では，仕入部を含め，強固な取引関係を有する百貨店事業を基幹事業としており，丸梅商貿有限公司は新規事業部門の位置づけである。六代目の語りからは，この後継者の配置について3つの意向が読み取れる。第1が従業員へのメッセージ効果である。六代目の語りでは，上海という本社から物理的に離れた場所に従業員は誰も行きたがらないために，敢えてそこに後継者を配置する意向があった。第2が，新規事業部門であるからこそ六代目世代のベテラン社員の影響

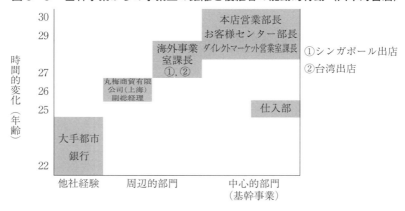

図8-8 基幹事業からの事業上の距離と後継者の能動的行動（山本海苔店）

(注) ①，②は後継者の能動的行動。
(出所) 筆者作成。

が及びにくく，後継者に自律的な行動を促しやすいことである。第3が，国内市場の成熟化に伴う，同社の海外市場の開拓のためである。

その後同社では，後継者が日本に帰国するタイミングで海外事業室という組織を新設して，そこに後継者が配置されている。後継者の人事異動に合わせて新部署が新設されることは，ファミリービジネス特有のものといえるだろう。海外事業室において後継者に与えられたミッションは，中国以外の地域において新市場開拓を展開することであった。さらに，海外事業室課長に配置後の2年目からは，基幹事業の一角である本店営業部長とお客様センター部長を兼務している。この段階での後継者の実績としては，海外事業室課長の頃にシンガポール出店と台湾出店を果たしている。

(2) あみだ池大黒の事例

同社の後継者は，大手金融機関にて7年間の勤務を経て，商品開発責任者に配置されていた。同社の商品開発責任者とは，営業部門と製造部門の調整など組織横断的な視野が求められる業務である。後継者は，商品開発責任者に配置されていた時に，「新・浪の詩」の商品リニューアルを行なっている。

第 8 章　議論

　その後，品質管理室課長に配置される。この品質管理室は，テーマパークからの厳しい品質基準をクリアするために新設された部門である。ここでの後継者の成果は，HACCP の導入である。この品質管理室は，伝統的な製造部門とは独立[9]して設置された部署である。HACCP 導入に際して，後継者は製造部門と度重なる折衝を行なっている。その後，改めて商品開発責任者として，「pon pon Ja pon」の開発を行なう。入社当初の「新・浪の詩」の商品リニューアルの仕事は，五代目や六代目が主導して職務の選定やプロジェクト組織の編成が行われた。しかし，「pon pon Ja pon」の商品開発は，企画段階から開発段階，そして市場導入に至るまで，後継者が主導してプロジェクトが進められている。

　現在，後継者は，商品開発と品質管理を含め，中心的部門である人事担当として人材採用や人材開発も兼務するなど経営全般を担うようになっている。

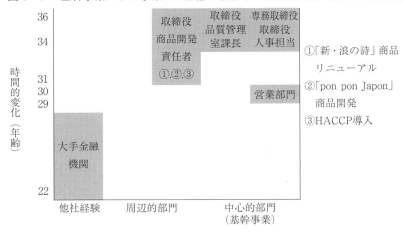

図 8-9　基幹事業からの事業上の距離と後継者の能動的行動（あみだ池大黒）

（注）①，②，③は後継者の能動的行動。
（出所）筆者作成。

9　品質管理室は，HACCP という厳格な基準を導入することを目的として設置されている。そのため，製造部門と密接に関連する事項を取扱うが，製造部門の利害関係の影響を受けないよう同社では独立部門として設置された。

187

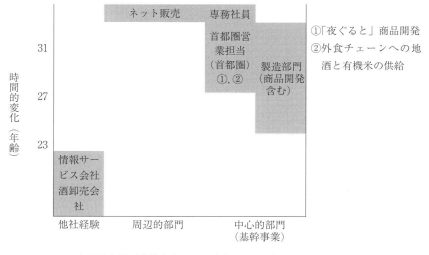

図8-10　基幹事業からの事業上の距離と後継者の能動的行動（大和川酒造店）

（注）①，②，③は後継者の能動的行動。
（出所）筆者作成。

(3) 大和川酒造店の事例

　同社では，後継者が情報サービス会社と酒卸売会社の勤務を経た後，最初に製造部門に配置されていた。同社の製造部門は，九代目の弟である経営幹部が杜氏・工場長を努めている部門である。山本海苔店の仕入部と同様，同社では後継者にこの製造部門にて一連の業務の基本を習得させることが通例とされている。後継者は，製造部門において4年間経験を積んだ後，首都圏の営業担当者と商品企画責任者を兼務させられている。首都圏の営業担当者の仕事は，同社の地酒を広く首都圏に新販路を求めていくミッションを担うものであった。後継者の能動的行動との関係では，後継者は首都圏の営業担当者に配置されている時に，「夜ぐると」の商品開発や大手外食チェーンへの地酒と有機米の供給を行なっている。同社では，酒造をはじめ強固な取引関係を有する卸売販売事業を基幹事業としており，首都圏の営業担当者とは新規事業の種を見いだす職務であるといえる。後継者の語りからは，育成を担う経営幹部からの牽制や規律づけは，製造部門の頃よりも，首都圏の営業

図 8-11 基幹事業からの事業上の距離と後継者の能動的行動（近江屋ロープ）

(注) ①は後継者の能動的行動。
(出所) 筆者作成。

担当者として行動する段階となるにつれて，少なくなってきているとの話があった。その意味では，本社から出張という形ではあるが福島から物理的にはなれた首都圏における営業業務では，後継者が比較的自律的に行動できたことが推察される。

現在，後継者は，専務社員に昇格し，営業担当者と商品企画責任者の兼務に加え，ネット販売企画責任者にも任命されている。

(4) 近江屋ロープの事例

同社では，後継者が産業資材メーカーでの勤務を経た後，最初の配置として営業部門に勤務していた。同社の営業部門は，八代目の同期入社である経営幹部が営業部長を務めている部門である。山本海苔店，大和川酒造店と同様，同社ではこの営業部門にて後継者に一連の営業業務の基本を習得させている。後継者は，営業部門においてベテラン社員について業務の基本を学んだ後，農林環境部門という新規事業部門の営業担当者に配置されている。同社の農林環境部門とは，獣害ネット関係を担う比較的新しい部門である。加えて，同社の売上高への寄与度が上昇してきている部門である。最初，奈良

地域と和歌山地域を任され，その後，大阪地域，九州地域や四国地域も任されるようになった。京都府内に本拠をもつ同社にとって，後継者が任された地域における営業は新販路開拓がメインとなる業務であった。大和川酒造店の後継者と同様，所属する事業場こそ本社であるが，担当地域が京都府以外の遠隔地に位置しており業務の大半が出張形式であった。後継者や育成担当の経営幹部の語りから推察すると，後継者は比較的自律的に動ける状況が確保されている様子が見てとれる。後継者の能動的行動との関係では，後継者は農林環境部門の営業担当者に配置されている時に，グリーンブロックネットの関東地域などへの展開を行なっている。

(5) 小括

4社の事例で見られた事業経営上の後継者の配置の動きの特徴としては，4点挙げられる。第1が，周辺的部門への配置から中心的部門への配置という動きである。第2が，海外現地法人や支店などの事業場から本社へと人事異動がなされるタイミングで，後継者のために新組織が設置されていることである。第3が，複数の職務や部門の兼務であり，後継者のキャリアの横展開を意識した配置である。つまり，単一部門の担当から複数部門の兼務へという動きである。第4が，周辺的部門への配置から中心的部門への配置

図8-12 主要な後継者の配置上の動き

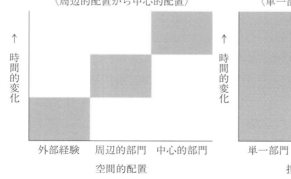

（出所）筆者作成。

第 8 章　議論

の動きと同時に，単一部門の担当から複数部門の兼務の動きが複合的に絡み合いながら配置がなされていることである。以上，主要な後継者の配置軌跡の傾向をまとめると，図 8-12 のように要約される。

2．配置上の現経営者との物理的距離

次に，後継者の配置上の現経営者との物理的距離の調整についてみていくことにしよう。伊丹・加護野（2003）によると，人の配置とは，物理的環境が人々の間の接触パターンの基礎となると指摘し，人材の育成にも影響を与えるという。とくにファミリービジネスの場合，先の事例分析の通り，仕事世界における親子関係の距離の取り方には複雑な問題が存在する。

以下，4つの事例について，考察してみることにしよう。

(1) 山本海苔店の事例

後継者は六代目と同じ事業場である本社に配置され，仕入部の職務に従事する。しかし仕入部では，同じ事業場にいる六代目とは仕事上直接関わり合うことがなかった。仕入部の後，後継者は六代目から物理的に遠く離れた上

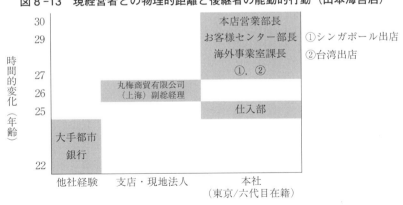

図 8-13　現経営者との物理的距離と後継者の能動的行動（山本海苔店）

（注）①，②は後継者の能動的行動。
（出所）筆者作成。

海現地法人に配置される。丸梅商貿有限公司が新規事業部門であったことを含め，東京（本社）と上海という事業場の物理的距離が六代目世代からの影響力が及びにくく，後継者の能動的行動を促しやすい部署であった。後継者による台湾出店とシンガポール出店は，帰国後に配置された本社の海外事業室での実績である。海外事業室は本社内に所在していることや仕入部の時の職務と異なり経営的側面が強い業務であったため，六代目世代との接触関係も生じている。但し，海外事業室における後継者の業務は，東京から台湾やシンガポールへの新市場開拓を行なうものであり，たびたび出張業務を伴うものであった。その意味では，シンガポール出店と台湾出店についても，一定期間本社から離れて，後継者は比較的自律的に行動できていた可能性が示されている。

(2) あみだ池大黒の事例

同社の事例は，山本海苔店の時とは異なり，後継者は入社から現在に至るまで本社部門に配置されており六代目と後継者の物理的距離は近い状況にあった。他方，配置上における物理的距離が近いとはいえ，後継者の語りから推察すると自律的な行動がしやすい状況がわかる。第1が，通常の縦割りの分業組織ではなく，職務が組織横断的な独立部門に配置されていたことである。組織横断的な商品企画責任者や独立部門である品質管理室課長に配置されたことが，分業組織における上下関係から後継者を回避させる効果があった可能性がある。第2が，商品企画やHACCPの導入など社内に知見の蓄積が少ない部門への配置である。後継者は，社内に知見の蓄積が少ない部門で知見を習得することで，その領域において同社の先駆的存在になることができ，その領域のパイオニアとして，同社の伝統的な製造部門の責任者と対等に折衝することができる。加えて，先駆的な部門は既定の慣習が少なく，五代目，六代目並びに六代目世代からの直接的な影響力が及びにくいため，後継者の能動的行動を促しやすい状況が形成されていた可能性がある。

(3) 大和川酒造店の事例

後継者は本社製造部門にて業務の基本を習得した後に，首都圏の営業担当

第 8 章 議論

図 8-14 現経営者との物理的距離と後継者の能動的行動（あみだ池大黒）

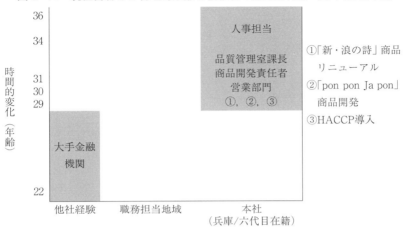

①「新・浪の詩」商品リニューアル
②「pon pon Ja pon」商品開発
③HACCP導入

（注）①, ②, ③は後継者の能動的行動。
（出所）筆者作成。

図 8-15 現経営者との物理的距離と後継者の能動的行動（大和川酒造店）

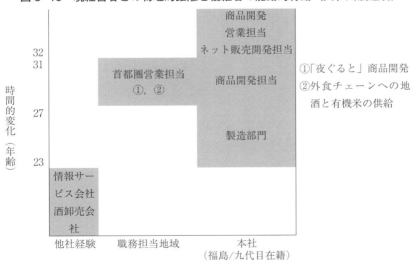

①「夜ぐると」商品開発
②外食チェーンへの地酒と有機米の供給

（注）①, ②は後継者の能動的行動。
（出所）筆者作成。

者として配置されている。これは先の山本海苔店の事例と似ている。山本海苔店の場合，後継者は仕入部の後に上海現地法人に配置されていた。首都圏の営業担当者という職務が，本社（福島）との物理的距離が確保された結果，九代目世代からの影響力が及びにくくなり，後継者に能動的行動を促しやすい部署であった。先述の通り，後継者による商品開発や後継者による外食チェーンへの地酒と有機米の供給は，首都圏の営業担当者の頃の成果である。

(4) 近江屋ロープの事例

後継者は，営業部門にて業務の基本を習得した後に，新規事業部門である農林環境課における奈良地域，和歌山地域の担当者を任された。その後，大阪地域，九州地域，四国地域の担当者に配置されていた。このように遠隔地[10]の顧客を担当させるという配置は，先述の山本海苔店，大和川酒造店に

図8-16 現経営者との物理的距離と後継者の能動的行動（近江屋ロープ）

（注）①は後継者の能動的行動。
（出所）筆者作成。

10　ここでいう遠隔地とは，次の2つの意味を含む。第1が，本社からの物理的距離である。第2が，所属部署は本社内に存在するが，遠隔地でのプロジェクト推進や顧客取引など担当職務の心理的距離のことを示す。

図8-17　主要な後継者の配置軌跡の傾向

（出所）筆者作成。

おいてもみられた。近江屋ロープにおける首都圏の営業担当者という職務において，本社（京都）との物理的距離が確保された結果，八代目世代からの影響力が及びにくく，後継者に能動的行動を促しやすい仕事であった。先述の通り，後継者によるグリーンブロックネットなどの関東地域への展開は，農林環境部門に配置されている時の成果である。

(5)　小括

　4社の事例で見られた後継者の配置上の現経営者との物理的距離の特徴としては，2点あげられる。第1が，とくに当初の配置では，現経営者の影響を受けにくい職務への配置がなされていることである。現経営者の影響を受けにくい職務への配置がなされることにより，後継者に事業への独自の視点の取り込みを促進させることに繋がっている。第2が，現経営者が直接的に後継者に指示命令する関係となる職務への配置がなされていないことである。つまり，現経営者は間接的に後継者に関わりをもとうとしているのである。仮に，分業組織への配置であったとしても，現経営者の膝元ではなく育成担当の経営幹部のもとに後継者が配置されるというものである。ここから推察されることは，先述の仕事世界での親子関係における距離のとりづらさが起因していることである。以上，主要な後継者の配置軌跡の傾向をまとめると，図8-17のように要約される。

　それでは次に，世代間の相互作用的展開についてみていくことにしよう。

3．承継プロセスの相互作用的展開

(1) 山本海苔店の事例
(a) 特殊な指揮命令系統（親子関係に介在する経営幹部）

　先の議論における親子関係の特徴として，率直に意見交換ができる関係とフォーマルな関係（たとえば，職場において後継者が現経営者を「社長」と呼ぶなど）が並行して見られた。仕事世界では，親子関係の中に率直な意見交換ができる関係とフォーマルな関係が併存していることが，現経営者と後継者間の内面的距離の取り方を難しくしていると考えられる。事例によると，その難しさを軽減する方策のひとつとして，職務の指揮命令体系において現経営者と後継者の間に経営幹部が介在する場合が示唆されている。

　山本海苔店の経営幹部からは，仕事世界に親子関係が見えてしまうことへの懸念とともに，親子関係だからこそ厳しすぎる一面も出てしまう可能性を指摘する語りがなされていた。ここからは，従業員からの後継者への特別な視線に配慮するとともに，通常の親子関係だけに留まらない仕事世界での親子関係における距離の取り方の難しさがわかる。山本海苔店に限らず本書の事例からは，仕事世界の親子関係における距離の取り方の工夫として，仕事世界での親子関係に経営幹部が緩衝にあたるところが多く見られた。山本海苔店の六代目によると，後継者が直接相談してきた時に，「公式的な相談は，専務に聞いてみなという時もある。専務との役割分担は（固定的には）考えていない。親では言えないことや言いにくいこともあると思うので。自分も専務に言ってもらった方が良いと思う時もあるし，息子も専務に言いやすい場合があると思う。使い分けであると思う」と語っていた。ここからは，仕事上の意思決定や企画案の執行について，意図的に経営幹部を介在させようとする現経営者の意向も示されている。また，常務[11]から疑義を唱えられた時に，後継者は「社長は，いつもどちらにもつかずに良きに計らえという姿勢であったと思う」と語っていた。これは，六代目は直接的に後継者

11　ここでいう常務とは，育成担当の専務取締役のことを示すのではなく，他の経営幹部を示す（山本海苔店の事例）。

に介在するのではなく,後継者と経営幹部との間の中立[12]の立場を取っていることがわかる。この六代目の対応は,後継者を放任するというのではなく,その成り行きを見守りながら後継者を後見しようとする姿勢である。仕事上の直接的な指導では,六代目の右腕である専務に育成役を任せながら,六代目自らは後継者を間接的に牽制する様子が示されている。

　事例によって示された,経営幹部を仕事世界における親子関係に介在させる行動には,3点の意味があることが考えられる。第1に,仕事世界の親子関係における距離の取り方の工夫である。育成担当である経営幹部の語りにあった通り,仕事世界における親子関係には難しさが存在する。第三者を親子関係に介在させることが,優しさもしくは厳しさが過剰となる事態の歯止めになっている可能性がある。第2が,親子関係という閉鎖的な環境での経営の意思決定に対する透明性の確保の意味である。一般的にファミリービジネスの負の側面[13],例えば外部からの牽制機能が働きにくいことへの対応策である。第3が,後継者と従業員との仕事上の距離感を縮める目的である。先述の分析によると,後継者には従業員からの特別な視線が注がれており,その特別な視線に基づく従業員との距離感が存在していた。重要な意思決定が現経営者と後継者との間で決定されるのではなく,第三者としての経営幹部が介在していることが,従業員に対してのファミリービジネスの透明性の確保につながっている。

(b) 後継者への厳しい経験の提供

　先述の議論において,入社当初の後継者には生得的な地位がある一方で,将来の経営者としての獲得的な地位は十分ではないことが示された。事例によると,後継者に対して事業の当事者としての厳しい経験が与えられていることが示されている。たとえば,後継者が入社半年後に上海現地法人に配置されていたことである。この後継者に対する厳しい経験の付与には,3つの意味が考えられる。第1に,後継者自身における事業の当事者意識の植え付

---

[12] 柴田 (2011) によると,次の六代目の姿勢を伺わせる語りを紹介している。「社長としての意見はすぐには言いません。もう一回「みんなはどうか」と問い返してみます。社長が押し付けた100点のものより,社員の決定した70点の方が,一生懸命やる結果90点になるものだと思っています」(p.15)。
[13] 最近の事例では,大王製紙事件などがある。

けである。同社では，折に触れて後継者の事業に対する当事者意識の涵養がなされていた。後継者からは，当時の心境として新婚後の間もない状況のなかで配置されることの思い[14]が語られていた。第2が，従業員に対するメッセージ効果である。育成担当の経営幹部の語りによると，他の従業員が嫌がるような辛い仕事を敢えて後継者が行なうことの重要性が指摘されていた。六代目からも，周囲から後継者も大変であると思われることの重要性が語られていた。第3に，入社当初の経験の浅い後継者に対して，獲得的な地位を補完するためのものである。先述の分析では，生得的地位を有する後継者であるとしても，入社当初の周囲からの支持や信頼が取得されていないなかでは，行動上の制約が多かった。そこで，他の従業員が回避したい経験を積んでくることによって，ファミリービジネスの中での後継者の経験の浅さや正統性の不備を補完してくれる意味がある。

(c) 周辺的部門への配置に伴う自律性の確保

事例では，後継者を周辺的部門へ配置することにより，能動的行動が発現されやすいよう配置上の配慮がなされていた。具体的には，上海現地法人の副総経理としての駐在経験と，アジアの新規市場の開拓を担う海外事業室課長の経験である。この周辺的部門への配置では，2つの特徴をあげることができる。第1に，先述のように現経営者世代との物理的距離が，後継者の自律性を確保させていた可能性である。後継者の語りからは，上海現地法人への配置について，意外にも海外の業務の過酷さというよりも，むしろ働きやすさが表明されていた。上海現地法人では，後継者には副総経理という権限が与えられていたことも，自律的な動きやすさに繋がっていたと考えられる。上海勤務は海外の文化的な背景や文脈を考慮せねばならないなど多難な職務である。他方，本社からの物理的距離やそこから生じる心理的な距離感が，入社当初の後継者にとって比較的順調に能動的行動を促すことに繋がっている。第2に，後継者が独自に取引先開拓など外部の利害関係者との接触関係を通じて能動的行動を図ってきたことである。後継者の語りから推察す

---

[14] 後継者の語りによると，育成担当の経営幹部より事前に場所や時期は明らかにされていなかったとしながらも，「これからの経営者は末端のことも知っていなければならず，君には辛酸をなめる経験をさせたい」と言われていたという。

る限り，上海現地法人での職務とは，将来の後継者としての箔を付けにいくという性質のものではない。上海現地法人は，2007年（平成19年）に六代目が設立した比較的新しい組織であり，現地での食材の取引先の開拓から組織の管理システムに至るまで一から新たにつくり上げていかねばならない事業であった。後継者は副総経理という権限を与えられるものの，同社として海外事業の実績がないなか，自ら最前線に立って取引先の開拓を行なってきた。また，後継者は海外事業室に移ってからも，シンガポールにおいて催事の開催に留まっていた案件について，後継者自ら日系の百貨店と折衝し，現地スタッフを紹介してもらったうえで，出店に漕ぎ着けている。その後の台湾出店についても，シンガポールで自ら培った経験に基づいて，最初の段階から日系の百貨店に折衝して2カ所の出店に漕ぎ着けている。

(d) 本社の中心的部門への配置に伴う制約性

　後継者は帰国後，上海現地法人でのおむすび事業の経験を生かす意味合いから，引き続き，六代目より本社の海外事業室課長を任される。他方，同じ海外事業を行なうにしても，上海現地法人ではなく海外事業室という本社勤務のなかでの制約を感じはじめている後継者の語りが見られた。具体的には，現経営者世代による後継者の能動的行動に対する牽制と規律づけである。これまで承継プロセスには経営上の自律性や異論の表明のしやすさなど後継者の能動的行動を促す可能性があるという特徴が指摘されていた（加護野，2008）が，後継者の自律性と併存する制約性についての指摘は見られない。本事例では，承継プロセスにおいて，後継者の自律性が無秩序に保証されてはおらず，現経営者世代による制約性のもとで絶妙に成り立つ自律性である点が新たに指摘できるだろう。本事例の場合，後継者が新規取引先を模索するために相見積もりをとろうとした時に，現経営者世代の経営幹部によって，その能動的行動に対する牽制がなされていた。これは，後継者世代の話だけではない。六代目においても，バブル期に経営の多角化を提案した時や包装紙の変更を提案した時に，先代の五代目から制せられていた。本事例から示唆されることは，後継者の提案に対する現経営者世代の牽制や規律づけは，必ずしも後継者の自律性を阻害するものではないことである。これは，ファミリー出身の後継者が，内部昇進の経営者よりも非連続的な変化を

導入しやすい（加護野，2008）が故に，経営戦略や取引関係にかかわる後継者の意見具申に対しての現経営者世代による牽制の意味である。現経営者の牽制機能は，同社の伝統継承の観点から整合的であるかどうかを検証する視点を後継者に提供している可能性がある。Handlerモデルが指摘するように，現経営者との承継プロセスにおいて後継者が役割を移行することにより，後継者はさらに経営的側面が強い仕事を任され，自律性が高まる。反面，後継者の自律性が高まるなかで，現経営者世代が後継者の能動的行動への牽制と規律づけを果たすが，現経営者世代からの牽制の程度が過剰な場合，後継者の能動的行動の芽を摘むという副作用があるとも指摘しておかねばならない。

(e) 経験豊かなマネジャーのサポートによる自律性の確保

台湾やシンガポールへの出店は，後継者が海外事業室課長の時になされていた。時を同じくして，後継者は台湾やシンガポールへの展開を担っている際に，基幹事業の一角を担う本店営業部長のポストとの兼務を任命されている。通常，基幹事業部門と頻繁な出張業務を有する海外事業室との兼務は，現実的な配置ではない。他方，この兼務の配置にあたり，本店営業部に後継者を職務上サポートする経験豊かなマネジャーが配置されていた。本店営業部を構成する一課や外商課に経験豊かなマネジャーが存在し，後継者は経験豊かなマネジャーからサポートを受けやすい環境が整えられていたのである。ここからは，後継者は，国内事業と海外事業の兼務という幅広い職務責任を担わされる一方，成長が期待される海外事業室の業務に取り組む時間と空間を確保することができたことがわかる。

その他，この後継者と基幹事業の一角を担う本店営業部の経験豊かなマネジャーとの協働関係からは，2つの意味が指摘できる。第1が後継者による本店営業部での職務の効率的な習得である。後継者は将来の事業承継に向けて，事業経営の総合的な視野の養成が求められるために，ひとつの分業組織に長期滞留することができない。基幹事業の一角を担う本店営業部の業務を効率的に習得するためには，後継者自らが一から経験するよりも，経験豊かなマネジャーとの協働関係を通じた学習の方が合理的である。第2が，後継者による基幹事業部門の従業員との関係性構築の発露とすることである。同

社の国内営業部門とは,強固な取引関係を有する百貨店事業などを含む基幹事業部門であり,歴史的文脈が存在する事業部門である。その意味では,上海現地法人や新規事業部門である海外事業室と異なり,長年同社に貢献してきた経営幹部やベテラン社員が存在している。後継者が今後経営の全般管理を担うためには,国内営業部門の経営幹部やベテラン社員から受容されなければならない。そのための足掛かりとして,後継者と本店営業部の経験豊かなマネジャーとの親和的な関係の構築が重要な意味をもってくる。他方,基幹事業部門の経営幹部やベテラン社員から受容されることは次期経営者としての正統性を高めることに繋がるものの,後継者の行動が経営幹部やベテラン社員の意向の影響を受けてしまうことも指摘しておかねばならない。

(f) 先代世代の恩恵による外部団体やベテラン社員からの受容

先代世代の間接的恩恵としては,経験が浅い後継者でも社内外で受入れてもらえるという利点があげられる。Gersick et al.(1997)によると,安定成長段階に位置するファミリービジネスでは,ビジネスの安定や周囲からの容認,そして,企業独自の歴史と伝統によって身元が保証されており,創業段階のオーナーたちがおぼろげにしか想像しなかった安定成長から与えられる褒美なのであるという。事例分析からは,先代世代が築き上げた信用のおかげで,経験の浅い後継者であっても言動を受入れてもらえる下地がつくられていることが示された。

山本海苔店の事例では,六代目世代による間接的な恩恵が見られた。後継者の語りからは,百貨店業界や海苔業界との対外的な関係性において業界での経験が浅い後継者でも受入れてもらえるという内容があった。さらに,六代目の語りからは,先代の頃から従事していた従業員が,先代から受けた恩のお返しとして,六代目に対しても信頼や忠誠心を表明するという間接的恩恵があった。これらの間接的恩恵によって,経験の浅い後継者が社内で言動を受入れてもらえる下地がつくられたといえる。他方,後継者が先代世代の恩恵を受けることは,後継者の正統性の獲得を後押しするとともに,後継者の行動が先代世代からの影響を今まで以上に受けることに繋がることも指摘しておかねばならない。

(2) あみだ池大黒の事例
(a) 後継者への意図的な当事者意識の促進

　事業の当事者意識の形成とは，後継者がファミリービジネスの子弟であるという甘美な心持ちから脱皮して将来の事業の当事者としての意識をもつことである。現経営者世代による後継者への事業の当事者意識形成の促進は，山本海苔店の事例でも示されていた。あみだ池大黒の事例によると，後継者が他社勤務からファミリービジネスに入社した時に，現経営者が意図的に後継者に自社のバランスシートを見せていた。先述の後継者のおかれた状況における事例分析において，後継者としての特別な処遇というものがあった。事業の当事者意識とは，いわば後継者としての特別な処遇の裏返し的な意味でもある。事業の後継者には，遅れ早かれ，事業の当事者意識と覚悟を持つことが周囲から要請される。六代目によると，自社のバランスシートをみて自分が将来的に事業を継続していけるかどうかという危機感をもったという語りがあった。後継者に自社の財務諸表を見せるという行為が，後継者に事業の当事者意識を涵養させている。後継者の語りでは，他の従業員と異なり自分の場合は経営全般を俯瞰した立場で業務を遂行せねばならないと語っていた。

(b) 分業組織から隔離された配置

　あみだ池大黒の事例では，山本海苔店，大和川酒造店，近江屋ロープと異なり，分業組織から隔離された職務への後継者の配置がなされていた。あみだ池大黒の後継者は，五代目六代目（現経営者）と同様，外部の視点を重視する意味から，大手金融機関に約７年間勤務している。2006年（平成18年）にあみだ池大黒に入社後，現六代目と同様，新商品開発が任される。最初に任されたのが，「新・浪の詩」の開発の仕事であった。この仕事は，1981年（昭和56年）に六代目が開発した「浪の詩」を時代に合わせた商品コンセプトへとリニューアルを行なうものであった。後継者は，六代目と同様に，営業部門や製造部門との度重なる折衝を行ない「新・浪の詩」の開発を成し遂げている。また，同社がテーマパークなど顧客側から高い品質基準を求められたことから，後継者が品質管理責任者としてHACCPの導入を任されている。当時，HACCPの導入の段階では，社内で誰もHACCPの知見を有し

ていない状況であった。後継者の品質管理室課長への配置には，自ずと後継者に社外にその知見を求めさせるような組織的動機が内在されている。実際に後継者は，HACCPの導入にあたり，外部のコンサルタントをはじめ専門家との接触を通じて社内に新たな知見を持ち込む取組みを行ない，製造部門との折衝を経て導入を図っている。これが，仮に分業組織に配属されていた場合には，後継者が自律的に動けなかった可能性も考えられるだろう。

ここで注目するべきは，六代目の時と同様に，後継者にも分業組織から隔離された配属[15]がなされていることである。つまり，分業組織に配置され当該組織の管理者のもとでの下積み的仕事の提供ではなく，後継者が自らプロジェクト責任者として将来を構想し，組織横断的な調整を通じた課題解決など経営的側面の強い仕事が任されていることである。分業組織から隔離された配置とは，後継者にとってはより厳しいものが求められる職務の提供であるといえる。将来の事業の担い手として，周囲からの厳しい視線を通じて，しかも具体的指示がないなかで自ら構想しプロジェクトを導かねばならない。他方，分業組織におかれないことが，後継者の自律性を促す側面も指摘される。既存の分業組織における文脈に支配されないことが，後継者にプロジェクトの構想や組織的調整を行ないやすい環境を提供していた。

(c) 経営的要素が高い業務に特化した複数部門の兼務

同社の後継者の場合，後継者が新商品開発や品質管理の責任者とともに，人事，採用，教育を兼務する動きが見られる。同社の事例の特徴としては，後継者が最初に商品開発の責任者として，製造部門や営業部門との接触関係を通じて一つひとつ実績を積み，製造部門や営業部門のスタッフとの信頼関係を構築していたことが挙げられる。後継者は，基本的な業務は部下の社員に権限委譲しながら，品質管理の業務を引き受けていた。すなわち，後継者の複数部門兼務には，次のような意味が内在されている可能性がある。後継者によって，一つひとつの部門における職務が完遂され，その産物として少しずつ後継者と従業員との信頼関係が構築される。そして，経営的色合いが

---

[15] 三品（2007）は，戦略ができる経営者を育成するには，細分化された分業組織での経験の重要性を踏まえつつも，分業組織から隔離され，事業全体が俯瞰でき戦略を構想できる経験の重要性を指摘している。

強い業務の経験を積みながら，次の新たな部門を兼務して全般管理の能力を蓄積していくというものである。

(d) 世代間における異質な意見の生成

同社では，世代間の意見の相違や衝突は頻繁におきているという語りがあった。Levinson（1971）によると，ファミリービジネスにおける父と子，そして親族との間の不和は，組織を機能不全にしてしまうと指摘している。他方，Gersick et al.（1997）によると，対立はファミリーとビジネスが新しい規範と価値観を育て，それらを合体させる手段なのであり，新しいメンバー（配偶者や孫）の立場をつくる際に最も重要なものになるという。Swogger（1991）とFriedman（1991）は，ファミリービジネスにおける対立を適切に調整して正の側面へ転換することの重要性を説いている。後藤（2012）は，先代経営者の父と後継経営者の息子の相互対立[16]に焦点を当て，敵対的対立と同志的対立に区分し，事業承継においては同志的対立の有効性を指摘している。Joni & Beyer（2010）は，ファミリービジネスに限定しているわけではないが，大きなスケールの事業革新を成し遂げるためには，正しい対立（right fight）を起こし，異論のなかから将来の道筋を見出していく必要性を指摘している。

あみだ池大黒の事例によると，「三人[17]で寄れば，意見の相違は始終おこる。しかし，そのなかで誰が正しいことを言っているのかはすぐに分かるものだ」と五代目は述べていた。同社は，世代間における対立を必ずしも否定的に認識していない。むしろ同社では，世代間において相違ある意見を生み出して検討すべき多様な選択肢の点検を行ない，互いの主張の是非の検討を促すという対立の正の側面を重視している。

また，五代目と六代目が仕事上において衝突した際に，後継者を介在させることで対立関係を緩和させたという語りがあった。仕事世界における親子関係の対立の解消を世代を跨いだ孫に託すというのも，同社の工夫のひとつといえる。これは，旧世代と次世代とが調和して相乗効果を生み出すプロセ

---

16 2011年3月11日の東日本大震災に伴い，八木澤商店は甚大な被害を受け，廃業に追い込まれる。その後，事業再開を標榜する息子と再開に否定的な父との同志的対立の事例である。
17 五代目（現代表取締役会長），六代目（現代表取締役社長），後継者（現専務取締役）。

スであるといえるかもしれない (Rouvinez & Ward, 2005)。
(e) 世代間の意見の相違の中での新商品開発

　同社では，承継プロセスにおける世代間の意見の相違を調整して，後継者による能動的な行動を促していた。具体的には，後継者による「pon pon Japon」の商品開発である。現在ではヒット商品となっている「pon pon Japon」であるが，企画段階では五代目も六代目も反対していた。製造工程において手作業の行程が入ることから製造部門からも疑義の声が表明されていた。事例からは，後継者も企画段階における製造部門や営業部門との調整や折衝に苦労している様子がうかがえた。しかし，六代目のもと，周囲からの摩擦が調整されながら，後継者は最後までプロジェクトを任されていた。ここで注目するべきなのは，後継者が同社の技術者を巻き込んで新しいおこしの食感について試行錯誤を繰り返していたことである。これは，決して後継者単独の動きではなく，同社の従来のおこしの伝統の系譜を知っている技術者とともに，新たな発想を同社の商品に取り込みたいという後継者の協働的な動きであるといえる。世代間の意見の相違のなかでの後継者の能動的行動とは，たんに対立関係を引き起こす要因になるだけではない。これは，世代間の主張の是非の検討を行ないつつ，世代間で伝統的なおこしの味や食感の保存と併行して，新規性の取り込みを模索する先進的な行動の発露となっている可能性がある。

(3) 大和川酒造店の事例
(a) 育成担当の経営幹部に配慮する後継者

　大和川酒造店の事例によると，後継者は仕事上の企画を行なう時に，自ら担当職務である営業的見地から製造部門の責任者である経営幹部に確認をとっている。現在では，後継者は，重要な意思決定を行なうにあたり，育成担当の経営幹部に加え，現経営者に対しても確認をとっている。

　後継者は，立場上，育成担当の経営幹部に対して配慮する必要が少ないということは先に述べた。他方，事例によると後継者は経営幹部に配慮をしている。つまり，逆の行動を取っている。これはどのように解釈するべきであろうか。ここには，2つの意味が隠されていると考えられる。第1に，先述

の経営幹部や従業員との仕事上の距離感を埋めようとする意味合いである。大和川酒造店の事例では，後継者が任されている職務は，新販路の開拓においても新商品の開発においても営業部門と製造部門の調整が必要な業務である。後継者が十分に正統性を高められていない段階では，後継者の独自性は発揮しづらく社内で影響力をもつ経営幹部の合意と協力が必要である。第2が，仕事上の意思決定プロセスにおいて，経営幹部を介在させることで，後継者の行動の正当性を高めさせる効果である。従業員からの協働を得るうえでも，上席者である経営幹部が合意している事実が前提となる。他方，この第2の意味では，意思決定プロセスにおいて経営幹部を介在させることで後継者の意向が制約される可能性も指摘しておかねばならない。

(b) 首都圏の営業担当者への配置に伴う自律性の確保

大和川酒造店の事例では，山本海苔店の事例と同様に，後継者が入社後，製造部門において基本的業務を習得した後に，首都圏地域の営業担当への配置されていた。後継者に対しては，首都圏における百貨店との取引関係，外食チェーンとの取引関係など外部の利害関係者との接触関係が図りやすいよう，また能動的行動が発現されやすいよう配置上の配慮がなされている。加えて，他の事例と同様，現経営者や育成担当であった工場長との物理的距離が，後継者の自律性を確保させていた可能性も指摘される。

(c) 後継者の正統性の獲得による経営幹部による関与の低下

先述のあみだ池大黒の事例と同様，大和川酒造店の事例では，後継者が正統性を獲得するに従い育成担当の経営幹部による関与の低下が見られた。当初，後継者は製造部門の責任者である経営幹部のもとに配属され私生活の面まで細かく指導されていた。その後首都圏の営業を任され，飲食チェーンとの間で同社の地酒と大和川ファームで収穫された米をセットで供給する取組みを行なっている。後継者が中間業者を介在させ，外食チェーンとの折衝を行ない，同社として初めての試みとなる地酒と有機米の供給を実現させていた。また，商品企画責任者として，「夜ぐると」の開発も担った。その結果最近は，経営幹部からも見られている感覚はあるものの，頻繁に指示はされなくなってきたという後継者の語りがあった。

(d) 現経営者による失敗の許容

同社の特徴として，後継者の事業経営上の失敗に対する現経営者による許容が指摘できる。Miller & Le Breton-Miller（2005）によると，事業承継のプロセスでは，時には現実から離れ壮大な失敗を喜ぶ姿勢が必要であり，後継者による想定外の探究を許容する長期的姿勢が必要であるという。これは，後継者育成が近視眼的かつ事前合理的な行動に終始するべきではないとの指摘である。事例においても，現経営者は，若いうちなら失敗ができる余地があるという語りがあった。実際，後継者が企画した蜂蜜リキュールの売れ行きが芳しくない状況のなか，一部経理部門から後継者に対して危惧の声が伝えられていた。そのような状況のなかでも，現経営者は後継者を忍耐強く見守った。この事例は，あみだ池大黒の後継者が「pon pon Ja pon」の新商品開発に従事した時と似ている。あみだ池大黒の後継者の場合も，従業員だけではなく先代経営者から不安視される状況のなかでの取組みであった。同事例から得られる知見として，第1に，後継者による事業経営上の失敗を許容することの重要性である。第2に，失敗を許容する方法として，現経営者が後継者の能動的な行動に対して危惧が表明されたり不安視されたりする周囲からの圧力を調整して後継者が初志貫徹できるようサポートすることの有効性である。

(e) 複数部門の兼務と職務の部下への引継ぎ

　後継者は専務社員に昇格後，新たにネット販売企画という新チャネル開発の責任者を兼務することになる。これに伴い，後継者は営業部門を引き続き担当するが，首都圏営業の担当は部下に委譲している。そして，勤務場所も現在は，福島県の本社が中心となっている。この配置上の動きは，山本海苔店の事例とよく似ている。山本海苔店の場合は，本店営業部の経験豊かなマネジャーによるサポートがなされていた。大和川酒造店の後継者の場合，首都圏地域の営業担当の仕事は，部下に引継ぎがなされている。しかし，後継者の語りによると，引き続き首都圏地域の営業も担当するが，以前よりもマネジメント的な職務の性格に重点が移っているという。山本海苔店の事例を含め，後継者はファミリービジネスでの経験を積むなかで，全社的視野養成の目的からのキャリアの横展開の配置の動きが見られる。後継者の複数部門の兼務というキャリアの横展開が行なわれることによって，後継者が各事業

部門の通常業務に忙殺させられる可能性も高まる。事例からは，兼務する部門の経験者の協力を受けるか，もしくは基本的職務を部下へ引継ぐなど，後継者の職務負担が調整され，経営的要素が高い仕事に集中できるよう配慮されていることが確認された。

(4) 近江屋ロープの事例

(a) 意図的な経営幹部の親子関係への介在

　近江屋ロープにおいても，山本海苔店，大和川酒造店と同様，後継者が親子関係にある現経営者への指揮命令体系に経営幹部を介在させる様子がうかがえた。同社の後継者の語りによると，重要な意思決定は，必ず経営幹部を通すという話があった。八代目の語りからも，八代目自身が後継者に対する業務指示を，敢えて直接行なわず，経営幹部を通して後継者に指示をするという話があった。八代目並びに後継者の語りから推察されることは，会社における指揮命令体系において，意図的に経営幹部を介在させる意向が見られることである。先述の通り，意図的に経営幹部を介在させる意味は，仕事世界の親子関係における距離の取り方の工夫である。第2が，親子関係という閉鎖的な環境での経営の意思決定に対する透明性の確保の意味である。第3が，後継者と従業員との仕事上の距離感を縮める目的である。

(b) 遠隔地での新販路開拓業務への配置に伴う自律性の確保

　近江屋ロープの事例では，後継者が入社後に営業部のベテラン社員と共に顧客訪問を行ない，基本的な業務を習得してきた。その後，既存の取引先ではなく，和歌山や奈良の未開拓地域における新規顧客開拓の業務を担わされる。現経営者の語りからは，後継者が5年間他社で経験を積んできたことに対する信頼に基づき，後継者に業務を任せている様子がうかがえた。後継者の語りでも，本社から物理的に離れた場所で，業務上細かな指示や命令はなされないなかで業務が遂行できた様子が示されている。遠隔地地域での新規顧客への訪問と折衝を通じて，後継者が顧客のニーズを掴み顧客と一緒になって商品提案を行ない，新販路の開拓を行なっていた。

(c) 複数部門の兼務と経験豊かなマネジャーによるサポート

　近江屋ロープの事例では，山本海苔店や大和川酒造店の事例と同様，後継

第8章　議論

者に対して，複数部門の課長職を兼務させるなど組織横断的な業務を経験できるよう配置上の配慮がなされていた。それに対して，同社では，伝統的部門である産業資材物流部門において経験豊かな社員が後継者のもとに配置されていた。後継者の語りでは，産業資材物流部門についての報告は受けるが，実質的な業務は経験豊かな社員に委任されていた。この配置上の配慮は，獣害ネットシステムについて，後継者が新規顧客開拓の業務を行ないやすいようにするための工夫である。

　他方，業務レベルで関与せずに，後継者は，経験豊かな社員からの業務上の報告を受けることにより，新規事業部門だけではなく伝統的部門における業務知識習得や経験を積んでいる。近江屋ロープの場合は，とくに山本海苔店の後継者の配置の動きと似ている。後継者は，同社のなかでは比較的新しい農林環境関係の商品の販路拡大を経験してきた後に，伝統的部門である産業資材物流部門を経験豊かなベテラン社員の協力をもとに兼務している。あくまで後継者の活動の軸足は，農林環境関係という新たな成長領域に置かせつつ，将来の事業承継を見据えた伝統的部門の経験を同時に積ませていこうという現経営者の意向が示されている。

(5)　小括
(a)　特殊な指揮命令体系
　事例によると，現経営者から後継者への指揮命令体系において経営幹部を介在させていることがうかがえた。ここからは，2点指摘することができる。第1に，承継プロセスのおける透明性の確保の役割である。たとえ親子関係で決定できたとしても敢えて経営幹部を介在させることで，第三者視点を取込むことである。第2に，従業員に対するメッセージ効果である。親子関係の中に第三者が入ること自体が，従業員への貴重なメッセージになっていると考えられる。重要な意思決定が親子関係にある現経営者と後継者との間で決定されるのではなく，第三者としての経営幹部が介在していることで周囲が抱くファミリービジネスの密室的なイメージを払拭できる。
(b)　後継者の自律性の確保
　承継プロセス前半の後継者の配置の特徴としては，後継者の自律性の確保

が挙げられる。後継者が自律性を発揮しやすいよう，本社からの遠隔地への配置もしくは遠隔地での顧客対応の業務への配置がなされていた。この配置からは2つの点が示唆される。

第1が，現経営者世代からの影響の調整である。親世代から物理的に離れることで，経験の浅い後継者が職務上潰されないよう配慮されていた。実際，山本海苔店，大和川酒造店，近江屋ロープの後継者は，新規の取引先の開拓と取引関係を通じて具体的な案件を成約させるなど，現経営者のもとであるが比較的自律的に動けている様子が見てとれた。他方，あみだ池大黒の場合，先の3社と異なり，遠隔地への配置ではないが，後継者が非分業組織への配置がなされることによって，既存の分業組織の影響を受けにくくする工夫がとられていた。

第2が，配置のメッセージ性である（伊丹・加護野，1989, 2003）。後継者が，一般の従業員が嫌う業務を率先垂範して担うものである。このような後継者の配置を通して，将来の経営者であることを間接的に従業員に対して周知させている。

このように配置先の相違はあるものの，いずれの事例においても後継者の自律性が確保されている。

(c) 正統性獲得に伴う中心的配置と先代世代の恩恵

承継プロセス中盤以降の後継者の配置の特徴は，後継者の実績と能力蓄積に伴う中心部門への配置である。事例の多くで見られたのが，後継者の全社的視野の養成の視点からの，キャリアの横展開の動きであった。具体的には，周辺的部門への配置から中心的部門への配置に伴う動きと単一部門の担当から複数部門の兼務に伴い中心的部門に近づく動きであった。この後継者のキャリアの横展開の動きについても，3つの点が示唆される。

第1が，正統性を獲得させることである。先述の通り，正統性の獲得には業績の実現とそれによる能力の蓄積が必要条件となる。先述の承継プロセス前半の周辺部門への配置の際は，後継者の自律性確保が主たる目的とされたが，中心的部門への配置では多くの従業員の目にも晒される環境の中で，業績を上げさせて能力を蓄積させることが目的とされる。

第2が，キャリアを積ませる意味合いである。本社の中で複数の部門を統

率し，調整する高度な仕事の経験を通して，後継者は，実績をあげ能力蓄積を行なう必要がある。事例では，後継者が重要な部署を兼務する際に，兼務先の部署に経験豊かなマネジャーが配置されており，後継者をサポートする体制が整備されていた。

第3が，中心的配置に応じて現経営者世代からの制約性が高まるなかで，後継者が自律的に活動するために先代世代の恩恵や協力を受けることである。とくに，複数事業部門の兼務にあたっては，経験豊かなマネジャーによる業務上のサポートが行なわれる動きが見られた。他方，先代世代の恩恵の享受は，後継者の独自の進取的な行動の余地を狭めることに繋がる可能性もある。

ここまで，承継プロセスの相互作用的展開について議論してきた。次項では，後継者の能動的行動に影響を与える承継プロセスについて，世代間の行動の連鎖性の視点から議論してみることにしよう。

4．世代間の連鎖性

(1) 山本海苔店の事例

(a) 現経営者の経験の反映

事例からは，先代経営者と現経営者の承継プロセスにおける経験が，現経営者から後継者への承継プロセスにおいて生かされている様子が見られた。反対に，先代経営者と現経営者の承継プロセスにおける経験を教訓にして，現経営者は後継者への承継プロセスにおいて異なった経験を提供する場合も見られた。

山本海苔店の五代目からの承継プロセスにおいて，六代目は最初仕入部に配置されていた。先述の通り，仕入部への配置とは同社にとって業務の基本を学ぶ経験の提供である。この経験が，六代目から後継者への承継プロセスにおいても生かされていた。

他方，六代目は，自身が他社勤務の経験をしたかったが，五代目から認められなかったと語っていた。六代目自身，外部的視点を涵養することの有効性を認識している語りがあり，後継者には大手都市銀行での勤務を認めていた。このように，自分の経験を反面教師にして，次世代への承継プロセスに

図 8-18　承継プロセスにおける経験の世代間連鎖（山本海苔店）

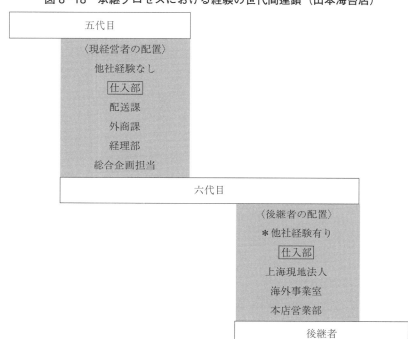

(注) ■共通する職務・部署。＊現経営者の教訓の反映。
(出所) 筆者作成。

生かしていくという様子がみられた。

(b) 後継者の能動的行動にあたっての参照点の提供

　事例からは，現経営者からの承継プロセスにおいて後継者が行動を行なう際に，その行動にあたっての参照点を提供している様子が示されている。

　山本海苔店の事例によると，六代目は，社長を承継後，2003年（平成15年）当時海苔業界では初となる，製造工程にHACCPを導入している。これは，二代目の時になされた海苔の厳格な仕入に始まり，三代目や五代目によってさらに強化された海苔の品質向上の取組みから影響を受けている。事例からは，二代目の「海苔の厳格な選別と徹底した品質の維持」という考え方が脈々と受け継がれていることが示されていた。また，三代目の「マルウメブランドによる良質な海苔の普及」という意向に対しても，五代目が受け

継ぎ、高度経済成長期に百貨店への卸売販売という新たな川下領域の拡充を図っている。六代目は、先代世代の意向を継ぎ、マルウメブランドの中国での普及を試みる。当初社内から慎重論が提起されるものの、最後は六代目の意向が汲まれ、2007年（平成19年）に同社の海外子会社として丸梅商貿（上海）有限公司が設立される。現在、この丸梅商貿（上海）有限公司を通じて、マルウメブランドが中国に提供されている。この六代目による先代世代の経営実践を参照するという姿勢が、後継者の能動的行動にも影響を与えている。後継者によると、経営実践を検討する際に二代目の書いたものを読み返すという語りがあった。山本海苔店の場合、後継者の能動的行動は、先代世代による歴史的文脈が参照されながら行なわれる可能性を示している。なお、後継者が先代世代の経営実践を参照することは、同社での後継者としての正統性を高めることに繋がる。他方、以後の後継者の能動的行動が先代世代の経営実践からの影響を受けてしまうという制約的側面も同時に高めてしまうことも指摘しておかねばならない。

(2) あみだ池大黒の事例
(a) 先代世代の経験の後継世代への連鎖：五代目から六代目へ

あみだ池大黒の事例によると、五代目、六代目、後継者の三世代にわたり、同社の後継者は、外部視野の養成の目的からファミリービジネス入社前に他社勤務の経験を積むことが奨励されている。五代目は、1944年（昭和19年）に四代目の急逝により社長を承継しているが、戦後丸紅に入社し1973年（昭和48年）まで、あみだ池大黒と二足の草鞋を履いている。五代目は、ウィークデーには丸紅に勤務し、週末に帰省しあみだ池大黒の事業に関与していた。ここからは、同社が外部視点を養成しながら本業にあたることを重視する姿勢が見られる。六代目は、取締役として同社に入社後、新商品の開発を任される。同社の商品開発は、専門特化した分業組織での業務ではなく、営業部門と製造部門を調整する組織横断的な性質をもつ業務である。五代目は六代目に対して商品開発の統括責任者という組織横断的な役割を任せていた。六代目が製造部門や営業部門との調整に苦慮していた時に、五代目は必要に応じて関与している。五代目は「当主の直系の子弟が入社するうえで

図8-19 承継プロセスにおける経験の世代間連鎖（あみだ池大黒）

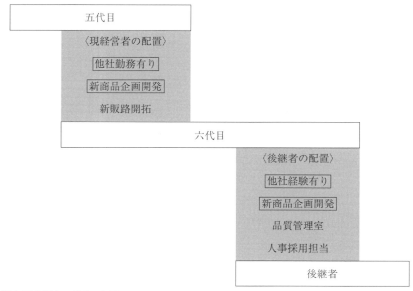

（注）■共通する職務・部署。
（出所）筆者作成。

は，現場に上手く順応できるかまたは古株社員と上手くやっていけるかは，こっちでよく睨んでおかねばならない」と語っている。そのようななかで，六代目は，1981年（昭和56年）の「大阪城主」「浪の詩」，1983年（昭和58年）の「ナッツ・バー」，1985年（昭和60年）の「チョコクランチ」など，新商品開発を担ってきた。六代目は，「会長は，ブランドを中心にプレステージを上げていく方向，自分はお土産市場などの販路を拡大していこうという方向だった」と語っている。これには，五代目と六代目が，商品開発を担うなかで世代間で役割の調整を行なうとともに，互いに独自性を出そうとの意向が示されている。

(b) 六代目から後継者への連鎖

六代目から後継者に対しても同様の関係が見られる。後継者の場合，五代目と六代目と同様，外部視点を重視する観点から，オリックスに入社し約7年間勤務している。2006年（平成18年）にあみだ池大黒に入社後，六代目と

同様，新商品開発が任される。最初に任されたのが，「新・浪の詩」という1981年（昭和56年）に六代目が開発した「浪の詩」を時代に合わせた商品コンセプトにしてリニューアルを行なうという企画であった。後継者は，六代目と同様に，営業部門や製造部門との度重なる折衝を行ない「新・浪の詩」のリニューアル化を成し遂げている。また，同社がテーマパークを含め新たな販路開拓を行なうにあたり，顧客側から高い品質基準が求められたことから，後継者が品質管理責任者としてHACCPの導入を任されている。HACCPの導入時点では，当時社内で何の知見もない状況であったため，後継者が外部の専門家や勉強会などを通じて知見を習得し，製造部門との折衝を経て導入を図っている。六代目は，五代目が六代目に施したことと同様に，後継者が製造部門と営業部門との折衝に難航している時には関与していることも示された。

(3) 大和川酒造店の事例
(a) 失敗を許容した自律性の確保

九代目は，当初小売店担当の営業担当者としてスタートした。その後，1981年（昭和56年）から徐々に新商品開発を任されるようになる。同社での新商品開発の業務は，製造部門や営業部門を調整する組織横断的な業務である。そのため，この段階で後継者の仕事は，分業組織における担当者の仕事から組織横断的な調整を主とする業務に役割が移行している。九代目が新商品開発を任された当時，八代目が三増酒[18]をつくっていたのでは大手に勝てないと述べていた。九代目（現経営者）も八代目の影響を受け純米酒や吟醸酒を中心とする商品開発を行なってきた。九代目は，八代目の思いでもある本物志向の酒造りの実績を積むことを通じてHandler（1990）が指摘する能力の提示を行なった。八代目は，その能力を評価し1985年（昭和60年）には銀行印を渡すなど実質的な経営を九代目に承継している。入社当初，九代目

---

18 （再掲）三倍増醸清酒（さんばいぞうじょうせいしゅ）。第二次世界大戦後の米不足の際に導入された清酒の一種であるが，米と米麹で作ったもろみに清酒と同濃度に水で希釈した醸造アルコールを入れ，これに糖類（ぶどう糖・水あめ），酸味料（乳酸・こはく酸など），グルタミン酸ソーダなどを添加して味を調える。こうしてできた増醸酒は約3倍に増量されているため，三倍増醸酒・三倍増醸清酒などと呼ばれる。

図 8-20 承継プロセスにおける経験の世代間連鎖（大和川酒造店）

（注）■共通する職務・部署。＊現経営者の教訓の反映。
（出所）筆者作成。

は新しい企画をするが古参社員から度々反対をされてきた。しかし，その後，九代目は八代目との対立を経ながらも純米酒の開発や小売販売の開始など着実に実績を積み，八代目からの信頼を獲得してきた。その対価として八代目による九代目に対して，さらに大きな経営上の自律性の提供がなされる。それが，1990年（平成2年）に九代目が年間売上高を遥かに超える設備投資（製造の機械化）を行なう基盤となったといえる。

そして，この新商品開発責任者の仕事は，後継者への配置という形で連鎖している。後継者は，首都圏の営業担当者としての業務をこなすと同時に，商品開発担当者として，「夜ぐると」の開発を行なっている。当初，「夜ぐると」の売れ行きは芳しくなく，社内の経理部門から不安視されたという語りがあった。他方，九代目の語りにもあったように，20代や30代における失敗こそが大きな経験に繋がる関係から，後継者に能動的行動を促すような行動があった。この九代目の行動の背景には，1990年（平成2年）の年間売上高

を遥かに超える設備投資の執行をはじめ八代目との間で時に対立を交えながらも大きな仕事を任されてきた経験が生かされている。

(b) 情報の集積地としての酒蔵の活用

事例によると，七代目の頃に，武者小路実篤など文豪が同社を訪問していたという。当時の酒蔵では，全国各地の酒にかかわるものを含め情報を取得することは容易なことではなかった。そこで，先代世代が文豪を酒蔵に無償で飲食を提供し宿泊させて，その見返りとして全国の情報をおいていってもらうという行動を取っていた。

同社の九代目と後継者は，この七代目の頃の行動を参照し，使用していない蔵を活用して，福島地域以外のアーティストを招きコンサート[19]を定期的に行っている。そして，九代目と後継者は，アーティスト達から，全国ツアーを含めたエピソードを聞いてビジネスに生かしている。例えば，後継者による「夜ぐると」の商品開発の着想は，アーティスト達との対話の中から生まれたという。

(4) 近江屋ロープの事例―遠隔地での新販路開拓への配置の世代間連鎖

近江屋ロープにおいては，遠隔地における新規販路の開拓という職務が承継されていた。八代目は入社後，西洞院営業所に配属されて業務の基本を習得するとともに，本社から遠隔地となる関東地域を中心に，自社の商品の新規の販売先開拓を任されていた。従来，同社では京都府の既存の取引先を中心とするなかで，関東地域をはじめとする他の地域への販売先拡大は初めての取組みであった。当時の状況について，八代目の語りからは，先代世代は自分が新たな取組みをする時に協力的であったという話があった。この経験が，後継者の配置にも活かされている。

後継者に対しても，和歌山や奈良のエリアにおける新規顧客開拓業務が任されていた。八代目と同様，後継者は，育成担当の経営幹部の後見のもとで

19　2012年（平成24年）9月24日に実施された同社への第2回目インタビュー終了後の夜，筆者自身も，大和川酒造店北方風土館で開催された朗読会『銀河鉄道の夜』とその後のアーティスト達との打ち上げ会に招待された。とくに打ち上げ会においては，同社からは九代目が参加し積極的なアーティスト達との交流がなされていた。話の内容としては，アーティスト達が抱く喜多方地方の話，宴で提供されている同社製の清酒の話，ツアーで訪問した地域などの話題が多かった。

図8-21 承継プロセスにおける経験の世代間連鎖（近江屋ロープ）

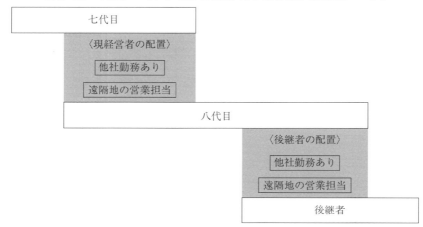

（注）■共通する職務・部署。
（出所）筆者作成。

新規顧客開拓にあたっていることがうかがえた。近江屋ロープの場合，育成担当の経営幹部の若い時代の経験が後継者への対応に繋がっていることが示されている。この経営幹部の行動の背景には，自分が若い頃，同期入社で年齢が近い八代目が受けてきたつらい経験，具体的には周囲からの後継者としての特別な視線を客観的に見てきた経験が生かされている。育成担当の経営幹部の語りからは，後継者が八代目が経験してきた従業員との仕事上の距離感を感じさせないように配慮していることがうかがえた。将来の経営者となる者が経験する制約的な状況のなかで，経営幹部は後継者にいかに自律的に動ける環境を提供させていくかの思いが読み取れる。

(5) 小括
(a) 事業承継における経験の世代間連鎖

後継者の能動的行動に影響を与える現経営者からの承継プロセスにおいては，現経営者が先代経営者からの承継プロセスで得た経験が生かされていることが示された。先代経営者からの承継プロセスにおける経験の生かされ方には，2つの類型がある。第1が，現経営者の経験が，後継者への承継プロ

表 8-3　承継プロセスにおける経験と教訓の世代間連鎖

現経営者への経験の連鎖	山本海苔店	・最初の配置としての仕入部への配置（六代目→後継者） ・経営的要素が強い部門の兼務（六代目→後継者）
	あみだ池大黒	・他社経験を通じた外部視野の養成（五代目→六代目→後継者） ・最初の配置としての新商品開発など非分業組織の責任者への任命（六代目→後継者）
	大和川酒造店	・最初の配置としての営業担当者，新商品開発の責任者（九代目→後継者）
	近江屋ロープ	・遠隔地での新販路開拓責任者（八代目→後継者） ・複数事業部門の兼務（八代目→後継者）
現経営者の教訓の反映	山本海苔店	・他社経験による外部視野の養成（六代目↔後継者）
	大和川酒造店	・他社経験による外部視野の養成（九代目↔後継者）

（出所）筆者作成。

セスにおいてそのまま生かされるケースである。第2が，現経営者の先代経営者からの承継プロセスにおける経験を教訓にして，後継者への承継プロセスでは自分の経験と異なる方法が生かされるケースである。

　第1のケースは，4つの事例の全てで見られた。4つの事例の特徴としては，初めての配置ないしは当初の配置が，現経営者の経験と同様かもしくは類似した配置がなされていることである。とくに，山本海苔店では，後継者が業務の基本を学ぶ部署として仕入部が位置づけられ，同社の歴代経営者の登龍門として仕入部への配置が引き継がれていた。

　他方，世代間で連鎖しない第2のケースも示された。事例では，山本海苔店と大和川酒造店のケースのように，現経営者が他社経験を積んでいない関係から，後継者に対しては外部視野の養成のため他社経験をさせる様子が示された。このように，先代経営者から現経営者への承継プロセスの経験からの教訓が現経営者から後継者への承継プロセスに活かされている。

　これらは世代間における経験と教訓の連鎖（chain of lessons）とも位置づけることができる。以上，表8-3のように要約される。

　最後に，事業承継における経験の世代間連鎖について，積極的側面と消極

的側面を整理しておくことにしよう。積極的側面としては，2点指摘される。第1に，後継者の配置上の経験の連鎖とは，現経営者が先代経営者から提供された配置上の経験が後継者の配置施策に生かされるため，場当たり的ではなく練られた，後継者への仕事機会の提供であるということができる。第2に，連鎖する配置上の職務が，定型的職務だけではなく，先代世代による牽制や規律づけなど制約のもとで一定の自律性が担保されていることである。このことは，連鎖する先代の経験が後継者の職務の細部まで既定するものではない。後継者が先代世代の後見を受けながら能動的な取組みを模索できるような職務の提供の仕方がなされている。他方，消極的側面も指摘しておこう。先代の経験に基づいた職務が提供されるとしても，後継者に対する後見の度合いが強すぎる場合には，後継者の能動性の芽を摘むことに繋がる可能性があることである。

(b) 後継者による先代世代の参照と事業ドメインの再定義

3つの事例では，後継者が能動的行動を行なう場合（先代経営者や現経営者の場合も含む），先代世代の経営実践を参照することが示された。本書では，これを先代世代の参照（reference of predecessors）とよぶことにしよう。これは，先代世代の経営実践を現代において単純再生産する性質のものではない。いわば，後継者が，先代世代の経営実践を見本例として活用し，現在の経営環境に適合させてどのような能動的行動をするのかを検討するものである。あみだ池大黒の事例では，五代目が幼少期に芦屋の自宅で同社の中興の祖である三代目との接触を通じて，おこしを守っていくだけではなく時代に応じたおこしの形態を世に問う重要性を学んでいた。そしてその精神が六代目や後継者に引き継がれ，新商品の開発への取組みが続けられて

図8-22　先代世代の参照と承継プロセス

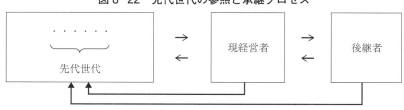

(出所) 筆者作成。

いる。大和川酒造店の場合も，九代目による川上展開や海外展開，並びに後継者による新商品開発や新販路の開拓などの行動は，七代目以降が取り組んできた喜多方という産地へのこだわりをベースとして実践されているものであった。

　後継者による先代世代の参照とは，後継者が能動的な取組みを行なう場合の実践上の参照点を提供するものである。加えて，先代世代から経営実践上の参照点が提供されることで，後継者による事業ドメインの再定義を促すことにも繋がっている。事例のような伝統的な基幹事業を保有する企業における後継者の能動的行動とは，多くが長年築き上げられてきた既存の事業ドメインや取引関係を含む事業システムを否定するような行動ではない。むしろ，経営環境の変化に応じた小さな変化への取組みがいわば逓増的に蓄積されてきた結果，後継者による能動的行動として顕在化しているとも捉えられる。後継者は先代世代の経営実践を参照しつつ，時代や状況に応じて変えるものと変えざるものを峻別しながら，自らの独自性を累積的に付加しているといえるだろう。他方，後継者が先代世代の経営実践を参照することは，後

表8-4　先代世代の経営実践の参照と制約・自律の関係

	先代世代の経営実践の参照事例	制約的要因	自律的要因
山本海苔店	・三代目の海苔の品質の重視，四代目の山本の海苔の普及（六代目） ・二代目の海苔の廉価での販売（後継者）	後継者の能動的行動の範囲の限定	参照の範囲内における後継者の裁量
あみだ池大黒	・三代目による時代に応じた新商品の追加（五代目・六代目・後継者）		
大和川酒造店	・七代目および八代目による「喜多方の米と水による本物志向の酒造り」の意向の重視（九代目・後継者）		

（出所）筆者作成。

継者の能動的取組みの斬新さの範囲を限定してしまう可能性も併せて指摘しておかねばならない。

以上，後継者による先代世代の経営実践の参照と制約・自律の関係の内容をまとめると，表8-4のように要約される。

第3節 事例分析からの知見と概念化

1. 制約性と自律性の有機的関係

本節では，鍵概念である自律性と制約性について，前節までにおける事例分析を踏まえて知見ならびに概念を提示する。後継者の自律性は，従来の先行研究[20]でも示されており，現経営者からの事業承継においては，後継者の自律性の確保が重要であるとされてきた。この後継者の自律性とは，承継プロセスのなかで後継者が自律的に思考して行動するための時間や空間を確保する働きである。

他方，従来の先行研究においては，後継者の自律性と併存する制約性についての指摘が見られない。前節における現経営者と後継者の関係性の議論では，Handler（1990）やRouvinez & Ward（2005）の指摘から，後継者が現経営者世代の制約性を受け入れる限り後継者に自律的余地が許される可能性に触れた。その後の事例分析では，承継プロセスにおいて，後継者の自律性が無秩序に保証されてはおらず，現経営者世代のもとでの自律性である点が新たに指摘できる。ここからは，後継者の自律性とは無条件のものではなく，現経営者世代による制約性の中で絶妙に成り立っていることを示す。

以下，後継者の自律性について，その特徴に基づいて説明する。

(1) 自律性に混在する牽制と規律づけ

事例からは，経営者から後継者に経営上の自律性が確保されている一方，親子間の対立もしくは育成担当の経営幹部からの後継者への牽制がなされて

---

20 Swogger（1991），Goldberg & Woodridge（1993），Zelleweger et al.（2012）など。「後継者の自律性（autonomy）」，もしくは「経営上の自律性（management autonomy）」とされる。

いることが示された。後継者の自律性とは，後継者に奔放な行動を許容するものではない。自律性に混在する現経営者世代の牽制や規律づけは，後継者の能動的行動を限定もしくは軌道修正させる働きがある。

(2) 現経営者世代からの保護が伴う自律性

他方，現経営者世代からの保護が伴う自律性とは，後継者がファミリービジネスに入社してから，経営上の自律性を伴う仕事を任される移行期に見られるものである。事例からは，後継者の能動的行動を促進するために，現経営者によって後継者の失敗が許容されていることが示された。また，後継者の行動進捗がかんばしくない場合に，現経営者が後継者と従業員の間に入って調整していることも示された。

2．後見下の自律性

(1) 後見下の自律性の定義

これまで，「対立，牽制，規律づけが混在する自律性」，「現経営者世代からの保護が伴う自律性」という性質や役割がある後継者の自律性の存在を指摘した。上記を踏まえると，事例企業における後継者の自律性とは，経営者の後見の範囲内での後継者の経営上の自律性であるということができる。先述の通り，事業承継研究においては後継者の自律性の確保が重要であるとされてきた。しかし，従来の研究では，経営上の自律性の性質や役割について説明するものは見当たらない。本書では，これを後見下の自律性（autonomy under guardianship）と呼ぶことにしよう。

(2) 後見下の自律性の生成

先述の後見下の自律性とはどのような状況で何から産み出されるのか，ここでは後見下の自律性の生成について議論する。

最初に，後見下の自律性が生成される状況について考えてみることにしよう。これまでの議論では，後継者は生得的な地位に基づく自律的な立場であること，そして後継者が自律的な立場であることが，経営幹部や従業員との間での距離感に繋がっている可能性を示してきた。とくに入社当初の後継者

は，職務遂行上，生得的地位と獲得的地位の間のギャップに葛藤を感じている様子がうかがえた。組織での経験は浅いが生得的な地位に基づく自律的な立場である後継者と，組織での経験が長い従業員との間の大きな溝を上手に調整して発展的に解決していく働きが，必然的に承継プロセスに求められる。これが，後見下の自律性が生成される一因である。それだけではない。業界団体やのれん会など先代世代からの関係性を有する外部の利害関係者からいかに後継者として承認されるかということも承継プロセスにおいて重要な課題である。この組織内部における溝の調整や解消，さらに外部の利害関係者からの承認がなされるうえで，現経営者による後見が重要な機能を果たしているといえるだろう。

　次に，この後見下の自律性が何から産み出されているのかを考えてみることにしよう。事例分析によると，現経営者から後継者への承継プロセスでは，現経営者が先代経営者からの承継プロセスにおける経験が生かされていた。他方，現経営者の経験が生かされるなかでも，自らの経験をよい教訓として後継者への承継プロセスに活かす様子も示されている。このように，現経営者による後見とは，現経営者によって単独に想起されて実践されるだけではない。多分に先代経営者の経験が蓄積されて，いわば先代経営者からの承継プロセスにおける経験や教訓の連鎖が，後見下の自律性の生成に影響を与えていることが示された。

(3) 後見下の自律性の作用と反作用

　これまで，後見下の自律性の性質や役割，後見下の自律性の生成について考察してきた。最後に，後見下の自律性が何を生み出すのか，後見下の自律性の作用や反作用について議論しておくことにしよう。

　第1に，後継者の獲得的地位が構築されていない状況において，順調に獲得的地位を構築できるよう後継者の自律性を確保する働きである。これには，仕事世界における親子関係を調整する働きも含まれる。具体的な現経営者の行動としては，後継者の周辺的部門への配置，非分業組織への配置，遠隔地への配置などが見られた。入社当初の後継者は，比較的自律的にかつ能動的な行動がおこしやすいように，既存ルールが存在しない新規事業や組織

横断的なプロジェクトチーム，親世代からの影響力が及びにくい本社から遠隔地に位置する事業場に配置されていた。後見下の自律性とは，社内の経営幹部や古株社員との関係性のなかで，硬直的になりがちな後継者の能動的行動を企業家的革新にむけて促進させる働きがあるといえるだろう。

他方，たんに後継者の配置を調整すればよいというわけではない。事例からは，配置による調整において困難な側面も指摘されていた。それは，承継プロセスが無期限のものではなく，比較的短期間のうちに後継者に実績を積ませ，獲得的地位を高めさせねばならないことに起因している。承継プロセスが無期限ではないからこそ，早い昇進や重要なポストへの配置など後継者としての特別な処遇を行なわざるを得ない。並行して，その裏面的な効果としての経営幹部や従業員からの特別な視線など負の心理的影響を考慮せねばならない。事例からは，それに対する配慮や工夫として，後継者に対する厳しい経験（たとえば海外勤務）の付与など，後継者の育成の側面だけではなく周囲への配慮も視野に入れた運用がなされなければならないことが示唆された。

第2に，現経営者による後継者の配置を通じて，後継者に対する制約性と自律性を調整する働きである。具体的な現経営者の行動としては，後継者の周辺的部門から中心的部門への配置，もしくは単一部門の担当から複数の部門の兼務（中心的部門との兼任含む）などが見られた。後見下の自律性を通じて，後継者は能動的行動が促され実績を積んでいく。実績を積んでいくことによって，後継者は事業の中心的な職務を担わされることになる。または，仕事の範囲が広げられる。Handler（1990）も指摘した通り，後継者は現経営者との関係性を通じて，将来の事業承継に向けて，より経営的な性質をもつ仕事が任されて行く。同時に，後継者の自律性も高められる。事例においても同様の様子が見てとれた。また事例からは，後継者が経営的な性質をもつ仕事が任されてくと同時に，周辺的部門から中心的部門への配置がなされることで，後継者が受ける制約性も高められていくことが新たに指摘された。

他方，この後見下の自律性においては，消極的な側面も同時に指摘される。それは，後見上の制約が強すぎる場合には，その反作用として後継者の

能動的行動の芽を摘んでしまう可能性である。

3．制約と自律のジレンマ

(1) 制約と自律のジレンマの発現

　事例からは，後継者はファミリービジネスへの入社当初の状況として，生得的地位と獲得的地位の間のジレンマに悩む様子が示されてきた。親子関係にある現経営者との仕事上のフォーマルな関係，経営幹部による牽制と規律づけ，従業員からの後継者としての特別な視線など制約的側面の存在が示された。他方，後継者としての生得的な地位があるからこそ，現経営者と率直な意見交換ができる関係が許され，経営幹部や従業員への配慮の必要がないことによる経営上の異論の表明のしやすさなど自律的側面が示された。このことからは，後継者は制約的でありながら他方で自律的であるというジレンマの状況にあることがわかる。本書では，このような現象を制約と自律のジレンマ（constraint-autonomy dilemma）と呼ぶことにしよう。この制約と自律のジレンマは，承継プロセスにおける後継者の能動的行動や能力の蓄積に影響を与えると考えられる。とくに，後継者が入社当初ほど，制約と自律のジレンマの程度が大きく，後継者は仕事がしづらい。本書では，生得的地位と獲得的地位の2つの地位のギャップを埋めようとする後継者の取組みこそが，後継者の能動的行動や能力蓄積の源泉になっているのではないかと考えている。この後継者のギャップの解消行動は，結果として，前任者を超えようとする行動や，後継者独自の能動性のある行動につながっている可能性がある。

(2) 制約と自律のジレンマの発展的統合

　事例からは，後継者が正統性を獲得することにより，制約と自律のジレンマが解消されていく様子も示された。具体的には，後継者が自律的な行動を行なうためのベテラン社員の支援，もしくは先代世代の恩恵に基づくベテラン社員や取引先との関係構築，協力のとりつけである。後者の場合は，経験が浅い後継者でも受容されるという結果に繋がり，当初後継者が抱えていた従業員との仕事上の距離感の解消と後継者の自律性も高めていた。他方，ベ

第 8 章　議論

表 8-5　事業承継における 2 つの地位のギャップ（第 2 次調査分析後）

	生得的地位の段階	獲得的地位の段階
受容の根拠	家系，血統	自らの実績
支持の性質	主に現経営者や育成担当の経営幹部からの支持	主に経営幹部や従業員からの支持
承継プロセス上のイニシャチブ	現経営者育成担当の経営幹部	後継者自身
帰結	制約と自律のジレンマ	制約と自律の統合性が高い

（出所）Barach et al.（1988）の図 1（p. 52）に着想を得て筆者が作成。網掛け部分は，第 2 次調査分析による発見事実。

テラン社員の支援や先代世代の恩恵を受けることは，後継者が自律的に動きやすくなる反面，かれらからの新たな制約を受けることにも繋がる。事業の後継者としての正統性を高めるということによって，結果として，後継者に製品サービスや組織の慣習を含めた伝統の継承が求められる。しかしだからこそ，後継者は，先代世代からの恩恵や後見を受けることができる。

この制約と自律のジレンマは，時間的経過に伴ってどのように変化していくのであろうか。後継者はファミリービジネスに入社当初，生得的地位と獲得的地位のギャップに基づく，制約と自律のジレンマのなかにおかれる。その後，後継者は後見下の自律性のもと実績を積み，能力を高め，正統性を高めていく。事例分析によると，そうして後継者が正統性を高めていくことにより，本来有していた生得的地位といわば統合されるような形をとって，後継者の制約と自律のジレンマは発展的に統合していく可能性が示された。

他方，制約と自律のジレンマが発展的に統合される負の側面も指摘しておかねばならない。制約と自律のジレンマが発展的に統合されていくことは，いわば後継者の能動的行動の源泉でもある 2 つの地位のギャップを埋めようとする後継者の心理的エネルギーの蓄電と発散を弱めてしまうことにも繋がるといえるだろう。

本書では，後継者によるジレンマ解消の実践的営為を通じて，長寿企業における伝統の継承と革新創造のひとつの側面を説明することができるのではないかと考えている。

図8-23 後見的承継モデル（succession-under-guardianship model）

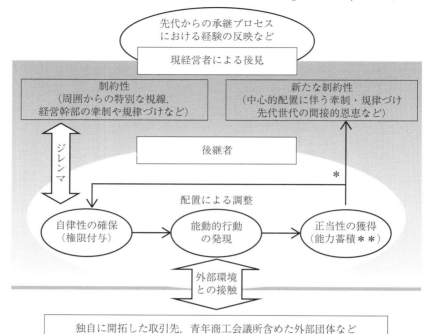

(注) ■：現経営者世代による制約性。□：後継者の自律性。
　＊本サイクルは，後継者の正当性獲得に従い，後継者のさらなる自律性の確保がなされる一方，新たな制約を高めることを示す。
　＊＊能力蓄積は，成功経験および失敗経験の側面の両方を含む。
(出所) 筆者作成。

(3) 後見的承継モデル

　以上の議論をまとめると，承継プロセスの特徴は後見的承継モデル（succession-under-guardianship model）と定義され，図8-23に示される。後見的承継モデルに基づいて，事例企業の事業承継と後継者の能動的行動を考察すると，以下のように要約される。

　将来の承継が約束されたファミリービジネスの後継者は入社当初，生得的地位と獲得的地位のギャップのジレンマに遭遇する。このジレンマとは，後継者が組織のなかで経験は浅いが生得的な地位に基づき自律的な立場である

一方，実績がなく周囲からの支持や信頼を獲得できておらず受容されていない立場によるものであった。承継プロセスにおいて，現経営者世代による牽制や規律づけなど制約性のもとにおかれる反面，後継者には獲得的地位を構築するために権限付与を通じて自律性が確保される。この後継者に与えられる自律性とは，制約性と二律背反のものではない。後継者の自律性とは無条件のものではなく，現経営者世代による制約性のなかで成り立つ，いわば互いが有機的な関係であることが示された。具体的には，承継プロセスにおいて後継者に与えられる自律性とは，世代間での対立，牽制，規律づけが混在する自律性であり，時には現経営者世代からの保護が伴う自律性である。このような自律性を本書では「後見下の自律性」と定義した。後継者は，現経営者からの後見下の自律性が確保されるなかで，外部の利害関係者との接触関係などを通じて能動性を発揮して実績を積み正統性を高めていく。他方，後見下の自律性には，現経営者世代の関与が強すぎる場合，後継者の能動的行動の芽を刈り取ってしまう可能性も示された。

この後見下の自律性とは，後継者が現経営者による制約と保護の下で自律性を育み，正統性を高めさせるだけなのであろうか。本書では，後継者が正統性を高めることは，後継者にさらなる自律性の確保がなされる反面，先代世代の恩恵を受けるなどの新たな制約性を高めることに繋がる可能性を新たに指摘した。この後見下の自律性において，後継者は正統性を高められていくことに伴い，後継者にとっての制約と自律のジレンマは発展的に統合される。他方，その過程で，いわば後継者の能動的行動の源泉でもある2つの地位のギャップを埋めようとする後継者の心理的エネルギーを弱めてしまう可能性も存在する。

本モデルは，伝統の継承を守りつつ，時代に応じた革新を創造せねばならない長寿企業の事業承継メカニズムを分析するうえで有効なモデルとなるであろう。

第 9 章

結論

　本章では，これまでの先行研究レビューや事例分析を踏まえ，本研究の要約と結論，理論的・実践的含意，本研究の限界，最後に今後の課題が示され，本書が締めくくられる。

第1節　要約と結論

　本書の目的は，後継者の能動的な行動に影響を与える事業承継プロセスを究明することにより，長寿企業の伝統継承と革新の問題を究明することであった。以下，先行研究の整理検討，研究課題と方法について述べた後，本書の独自の貢献である発見事実について述べていく。

　第2章では，後継者の能動的行動に影響を与える承継プロセスの解明という問題意識に対して，先行研究の整理検討が行なわれた。先行研究の検討を行なうなかで，事業承継と後継者の能動的行動とが，別々の領域において研究されてきていることが示された。そこで，本書ではファミリービジネスの事業承継研究とファミリー・アントレプレナーシップ研究の領域について整理検討が行なわれた。

　最初に，2つの研究が様々な領域からなされてきた関係から，先行研究の主要論点を体系的に整理した。具体的には，ファミリービジネス研究における事業承継研究の位置づけを確認し，現経営者の役割，後継者の課題，承継プロセス，環境・コンテクスト，世代間の比較，そしてファミリー・アントレプレナーシップ研究の各領域別に整理検討された。初期の事業承継における現経営者の役割の研究では，企業家精神旺盛な創業経営者に焦点が当てられるあまりに，事業承継自体よりも事業承継の躊躇や権力委譲や引退のしにくさに関わる議論が中心であった。次に，事業承継における後継者の研究で

は，初期の研究において身内ひいきやネポティズムの問題が議論されてきた。そのため，親世代との相互関係のなかで後継者の能動的行動を議論するというよりも，後継者自身のパーソナリティや能力形成に関心が向けられてきた。結果として，後継者個人の一人称のテーマに焦点が当てられ，後継者が事業承継を通じてどのような行動を生み出すのかというダイナミックな論点は見落とされてきた。

他方，先行研究からは，本研究に対する含意も示されている。ファミリービジネスの事業承継研究からの含意の第1が，後継者の社会化のプロセスや現経営者と後継者の関係性における時間的変化が示されたことである。後継者の社会化や現経営者と後継者の関係性の時間的変化が示されることで，承継段階の進展に応じた経営上の自律性確保の程度について検討する視点が提供された。第2が，仕事世界における親子関係の相互作用のあり方について，世代間の役割の調整と移行という視点が示されたことである。ここからは，現経営者と後継者の関係性の段階的進展のみならず，後継者の能力の提示と現経営者による評価という相互作用的展開にかかわる知見が提示された。第3に，事業承継における後継者の組織内部と外部環境との関係性の構築の視点が示されたことである。ここからは，後継者が組織内部との接触関係と外部の利害関係者との接触関係の調整を図るという側面を考察する視点が与えられた。

次に，ファミリー・アントレプレナーシップ研究からの含意の第1は，経営者の在任期間の長さが企業家のリスク選好を低めることが示されたことである。この議論からは，ファミリービジネスの経営の硬直化を防ぐ意味からも，事業承継による後継者の革新的行動が求められることが示唆された。ここには，現経営者の在任期間の長期化に伴うリスク逓減の対応策として，現経営者と後継者の間の役割の移行という行為が正当化される点が内在されていた。第2に，ファミリービジネスの後継者の企業家的行動の成立は，後継者単独ではあり得ずファミリービジネス内部や外部との関わり合いのなかで成立することが提示されたことである。第3に，ファミリービジネスが相互依存的，安定的，伝統的などのファミリー志向に加え，革新性，能動性，リスク志向性などの企業家志向をもつ経営主体であることが示された。この論

点は，伝統の継承という制約性と，進取の気性の促進が期待される自律性というパラドキシカルな側面が存在する承継プロセスにおいて後継者はいかに能動的行動をとり能力の蓄積を図るのかという，本書の研究課題と符合している。これは，伝統の継承と革新の創造という長寿企業のミッションに係る論点でもある。

　その後，後継者の能動的行動に影響を与える承継プロセスの解明という問題意識に答えるために，2つの鍵概念が先行研究の検討を通じて理論的に導出された。第1に，事業承継における後継者の正統性である。正統性の議論は，Weberの伝統的支配の概念などを発芽的な議論として政治学や社会学などの領域で研究がなされてきた概念である。獲得的地位を得ていないが生得的地位を保有する後継者が現経営者からの承継プロセスにおいていかに行動をおこすのかという論点は，いわばファミリービジネス特有の問題として捉えることができる。第2に，事業承継プロセスにおける後継者の制約性と自律性である。後継者の制約性と自律性のテーマは，これまでのファミリービジネス研究において断片的な議論がなされてきたものの，事例分析に依拠した包括的な議論はされてこなかった。他方，近年のファミリー・アントレプレナーシップ研究では，ファミリー志向性と企業家志向性というファミリービジネスのダイナミズムにかかわる内容が議論されはじめている。以上のように，本書では事業承継と後継者の能動的行動の関係間のミッシングリンクを埋めるものが，後継者の正統性，並びに後継者の制約性と自律性という2つの鍵概念であると捉え，次章以降の実証研究が行なわれることになる。

　第3章では，先行研究の整理検討に基づき，長寿企業を対象として「生得的地位を保有する後継者は，先代世代からの伝統の継承という制約的であり且つファミリーの内部者であるが故に自律的であるという二律背反的状況が混在するとされる承継プロセスにおいて，いかに能動的行動をとり正統性を獲得するのか」という研究課題が設定された。具体的には，以下の3つの詳細な調査課題が設定され，調査と分析がなされた。第1に，長寿企業の事業承継プロセスの後継者がおかれる制約的かつ自律的という二律背反的な状況と後継者の正統性の関係について探索することである。第2に，承継プロセスにおける現経営者世代の行動が後継者の能動的行動に与える影響を明らか

にすることである。なお，第2の調査課題は，後継者のファミリービジネス入社後の配置という視点から調査がなされた。後継者の配置施策とは，現経営者世代の専権事項であり，前経営者世代の後継者への長期的な育成の意向が多分に含まれる行動である。その配置を通じて後継者はいかに行動するのか。具体的には，現経営者世代による制約下で後継者がいかに能動的な行動をとり能力の蓄積を図るのかについて探索することに主眼がおかれた。第3に，後継者の能動的行動に影響を与える現経営者世代の行動について，世代間の行動の連鎖性の視点から考察がなされた。本研究課題（3つの調査課題）に答えていくことを通じて，以下，後継者の能動的行動に影響を与える承継プロセスの解明（問題意識）への探索がなされている。

なお，本書は4事例（山本海苔店，あみだ池大黒，大和川酒造店，近江屋ロープ）を対象として事例研究が行なわれた。その後，4事例の分析を通じて取得された発見事実の整理とともに議論が展開され，最後に概念モデルが提示された。以下，3つの事例研究における主要な論点を要約し，本書の結論としたい。

1．制約と自律のジレンマとその解消行動

後継者は，ファミリービジネスの文化に応じた思考や行動の様式を受け入れ，周囲からの支持を獲得し，ファミリービジネスに価値を取込む能力を蓄積して信頼の獲得に至った後，後継者の地位を周囲に認めさせ正統性の獲得をしていく（Barach et al., 1988）。その意味で後継者は，先代世代との関係性を通じて実績を積み能力の蓄積を図りながら，徐々に獲得的地位を構築していき正統性を獲得する。他方，長寿企業の後継者には，実績や能力の蓄積の前の段階から直系当主の家に生まれてきたという生得的な地位が存在する。本書では，この生得的な地位と獲得的な地位とのギャップが，承継プロセスにおける後継者の能動的行動をとりづらくさせている可能性があると考えた。この2つの地位におけるギャップとは，後継者が集団文化に即した思考や行動の受け入れがなされていない状態であり，かつ，周囲からの支持や信頼が獲得できていない状況である。後継者は承継プロセスの初期において制約的な状況におかれている。一方で，生得的な地位を保有する後継者に

は，この組織内でのやりにくさなど制約的な側面が存在する。加えて，生得的地位を保有する後継者の場合，基本的に自らの上司や同僚に配慮をする必要がない。その意味では，自らの上司や同僚と一定の距離感をもって社内の改革に傾注することも可能である。生得的地位に基づく従業員からの特別な視線や従業員との仕事上の距離感は，後継者の組織に対する過度な同質化を回避させ客観的な経営的視点を養成させる働きがある可能性がある。すなわち，後継者は，独自の能動的な行動を起こしやすい自律的な立場も持ち合わせているいえるだろう。このように，後継者にとって2つの地位にギャップが存在する，いわば後継者の正統性が十分に確保されていない時には，後継者は制約と自律のジレンマの状況におかれる。

では，この制約と自律のジレンマとは，承継プロセス全般にわたり存在するのだろうか。基本的には，ジレンマの状態は後継者にとっては快適な状態ではないはずである。事例においても，後継者が懸命に従業員のなかに入り込もうと取り組む様子や，実績を積んで生得的地位と獲得的地位とのギャップから生じるジレンマを乗り越えようと取り組む様子がうかがえた。生得的地位と獲得的地位とのギャップから生じる制約と自律のジレンマの存在が，後継者にとっての事業承継上の恒常的なチャレンジ課題となっている可能性が示唆される。このチャレンジ課題が，後継者に対して制約と自律のジレンマを克服していくための心理的エネルギーを高めさせ，後継者に対して能動的な行動やそれによる能力の蓄積を促している可能性もある。

2．現経営者の後見下の後継者の自律性

承継プロセスにおける現経営者の最も重要な役割は，後継者をいかに次世代の経営者へと成長させるかであるといっても過言ではない。言い換えれば，後継者が組織のなかでいかに正統性を構築させていくかに現経営者の関心が向けられる。本書では，この承継プロセスにおける現経営者の役割の特徴について，後見下の自律性と定義した。後見下の自律性の働きは次の3点が示唆される。

第1に，現経営者による後継者の配置を通じた後継者の制約性と自律性の調整の役割である。先行研究における現経営者・後継者間役割調整モデルで

は，役割の移行など時間的変化や能力の提示と評価という相互作用の存在が指摘されていた。本書は，後継者のおかれる状況での制約性と自律性の調整機能を新たに指摘した。たとえば，現経営者が後継者を周辺的部門から中心的部門へ配置する行為や単一事業部門の分担から複数事業部門の分担をさせる行為である。現経営者によるこれらの後継者の配置上の行為は，後継者による能動的行動が発現されやすいよう，あるいは順調に能力の蓄積がなされるような配慮からのことである。後継者は，現経営者の配置施策に応じて能力の蓄積を図り次世代経営者としての正統性を獲得する。他方で，正統性を獲得するに伴い，現経営者世代による後継者の能動的行動に対する牽制と規律づけが強化される。しかし，この現経営者世代による牽制や規律づけは，決して後継者における経営上の自律性を阻害するものではない。典型的なものが，現経営者による後継者の失敗の許容である。現経営者による失敗の許容が，後継者に更なる能動的行動を促していた。それだけではない。後継者が社内調整に苦慮する場合に，現経営者が積極的に関与し後継者に自律性を確保させて能動的行動を促す様子が描き出された。

　第2に，後継者の能動的行動に対する参照点の提供である。事例では，後継者による非連続な行動の程度の差こそあれ，後継者は能動的行動にあたり，先代世代の参照を行うことが示されていた。これは，後継者に対して詳細な行動上の見本例を提示するのではなく，行動上の基準点を提供している。この行動上の基準点の提供は，後継者に無条件な自律性が確保されていないことを示す。後継者による能動的な行動に対して，伝統の継承の観点に則しているかどうかを検証する視点を提供している可能性もあるだろう。後継者は，先代世代の伝統の継承を受け入れる限り，自律的余地が確保される。先行研究では，経営上の自律性など後継者の能動的行動を促す可能性がある特徴が指摘されていたが，後継者の自律性と併存する制約性についての指摘は見られなかった。

　第3に，後継者が自身における制約と自律のジレンマを解消しようとする心理的エネルギーの喚起と保存である。言い換えれば，長期に及ぶ承継プロセスにおいて後継者が円滑に正統性を獲得できるよう，後継者の心理的エネルギーを途切れさせず，維持促進させる働きである。Handlerモデルが指摘

するように，現経営者との相互作用において後継者が役割を調整し移行することにより，後継者はさらに経営的側面が強い仕事を任され自律性が高まる。本書では，承継プロセスにおいて後継者の自律性が無秩序に保証されてはおらず，現経営者世代による制約性のもとでの自律性であることを示した。他方，この後見下の自律性には，負の働きの側面も指摘される。それは，承継プロセスにおける現経営者世代からの関与の程度が過剰な場合，後継者の能動的行動の芽を摘んでしまうという副作用があることである。

3．後継者の正統性獲得によって高まる自律性と制約性

後継者の正統性を高めるということは，後継者の経営上の自律性が高まることに繋がる。これは先行研究でも指摘されている。一方，後継者の正統性を高めるということは，後継者の制約性を高めてしまうことにもつながる。第1に，承継プロセスの進展に伴う制約性の増大である。後継者は能動的な行動やその結果として能力の蓄積を図るにつれて，組織の中心的役割を担うようになり次世代経営者としての正統性を獲得する。同時に，現経営者世代からの牽制や規律づけなど新たな制約性も高まる。第2に，旧世代との関係の深化に伴う制約性の増大である。後継者はファミリービジネスで能力の蓄積をはかり，さらなる能動性の高い行動を起こす際に，先代世代の恩恵や経験豊かな従業員からのサポートを受ける。このことは，ファミリービジネスでの経験が浅い後継者が，自分の意向が組織で受容されやすくなる。一方，組織での関係性を維持しようとするあまり，それ以後の後継者の進取的な行動を起こすエネルギーを弱めてしまう可能性がある。第3に，先代世代の参照である。事例では後継者はさらなる能動的な行動を起こす際に，先代世代の経営実践を参照していた。先の議論では，後継者による先代世代の参照とは，後継者による能動的な行動に対して伝統継承の視点から検証する指針を提供している可能性を指摘した。他方，このことは，後継者が先代世代の経営実践に依拠することで，社内においてとくに先代世代から受け入れやすい状況をつくり出している可能性が示唆される。

後見下の自律性によって後継者の正統性が高められ，制約と自律のジレンマは発展的に統合される。しかし，このことが結果として制約と自律のジレ

ンマを解消しようとする後継者のダイナミズムを低下させてしまう可能性が指摘される。

第2節　理論的含意

本研究の理論的含意としては，次の3点である。

第1は，事業承継を通じた後継者の企業家活動の発現メカニズムの解明に言及したことである。先行研究では，事業承継の段階モデルや世代間の役割調整など承継プロセスの究明に留まっていた。本書では，長寿企業の後継者が制約的かつ自律的であるという複雑な立場におかれているとの新たな視点から事業承継のプロセスを捉え，その承継プロセスが後継者の能動的行動に与える影響について探索的に究明した。

第2に，事業承継を通じた後継者の企業家活動の議論が，事業承継研究とファミリー・アントレプレナーシップ研究とに分化的に発展してきた中，本書は両方の研究領域を架橋する研究となっていることである。今後，両研究を接続する研究視点が提示されることで，当該研究領域が企業経営の存続と発展という時間的かつ空間的な広がりをもつことに繋がるであろう。

第3に，本書では，承継プロセス上の重要な特徴を指摘し，後見的承継モデルという独自の新たな概念を提示したことである。後継者の自律性の確保は，従来のファミリービジネス研究においても重要性が示されてきた。しかし，従来の研究では，後継者の自律性の性質や役割について説明するものは見当たらない。現経営者世代は，後見下の後継者の自律性をいかに調整し，企業家活動の発露としての後継者の能動的行動に繋げていくのか。本書は，今後の効果的な事業承継を検討するうえで重要な視点を提供した。

第3節　実践的含意

本研究の実践的含意としては，事業承継における現経営者との関係性を通じた行動レベルでの後継者の養成プロセスを提示したことである。本書の知見は，人材の配置と研修プログラムの一体型の次世代経営者養成プログラム

の企画と実施に貢献できると考えている。

　第1に，本書は，後継者教育を時間と空間で捉える視点を提示したことである。次世代経営者としての事業観をもつ後継者を養成するためには，様々な経験を積ませる必要がある。他方，将来の事業承継を見据えた後継者教育では，早期に重要な事業経験を積ませる必要もある。経営者として発展途上の後継者に対して物理的環境をふくめどのような配置を設計するのか，また時間的変化に伴ってその配置がどのような意味をもつにいたるのか，これらを検討する視点を本書は提供している。

　第2が，後継者の配置される環境との相互作用を検討する視点を提供したことである。具体的には，後継者が配置された環境で，取引先，競合企業，従業員など多様な利害関係者とどのような関わり合いを持ち，どのような行動をとるのかという視点である。これまでの次世代経営者プログラムでは，後継者と後継者を取り巻く環境との相互作用を加味したものは少なかった。長寿企業の後継者を含め，一般企業でも早期選抜を通じて比較的若い時代から次世代の経営者候補として嘱望されてきた人材が存在する。かれらは，周囲からの特別な視線にさらされるなど育成プロセスを通じて様々な制約を経験する。制約的な環境の中で，いかに後継者に必要な能力を蓄積させていくのか。そして，周囲に対して次世代経営者として認めさせていくのか。これらの課題に対して，本書の後見的承継モデルが実務上の有効な手がかりを与えてくれる可能性がある。次世代経営者候補が社外や社内の関係性を通じて能力を蓄積していけるような配置環境を検討する際に，本書の知見は有効となるであろう。

第4節　本書の課題と展望

　本書の課題は，以下の2点である。

　第1に，本書は，ファミリービジネスの事業承継の特徴を議論してきたが，対象全てがファミリービジネスのものであり，一般企業の事例との比較研究を通じて議論したものではない。その意味では，今後，非ファミリービジネスの事例との比較研究を通じて，ファミリービジネスの事業承継の特徴

を浮き彫りにする必要がある。

　第2に，本書では，承継プロセスの前半から中盤にかけての期間に着眼しており，承継プロセス後半（バトンタッチ）の時期は照射していない。現経営者から後継者へのバトンタッチの瞬間は，本書の知見以外に更に別の論理が必要であろう。今後，獲得的地位を保有するようになった後継者と現経営者との関係，つまり承継プロセス後半の現象について更なる詳細な調査と分析が求められる。

　最後に，これらの課題を克服するべく，今後の研究展望を述べておくことにしよう。著者が現在有望であると考えているのが，本研究と企業家研究やベンチャー経営研究との接続である。企業家研究やベンチャー経営研究とは，資源が乏しい企業家が制約的な環境の中でいかに資源を獲得し動員して企業を立ち上げ軌道に乗せていくのかを追求する研究である。他方，本書が着眼する長寿企業には創業以来のレガシーがあり，後継者は動員可能な資源を多く保有していると考えられる。しかしながら，本書が明らかにしてきたように，長寿企業の後継者は，入社当初，無条件に資源を動員できる状態ではなくむしろ先代世代に資源を依存していた。その意味では，後継者は承継プロセスを通じていかに動員可能な資源を獲得して事業を引き継いでいくのかという研究課題を新たに設定することで，企業家研究やベンチャー経営研究との接続が可能になる。企業家研究やベンチャー経営研究では，企業家の導入期から成熟段階にかけての活動プロセスとその要件について多くの研究が蓄積されている（Hisrich & Peters, 1989; Wickham, 1998; 金井・角田編, 2002）。ここからは，本書の課題とした承継プロセス後半の後継者の行動を説明する論理を提供してくれる可能性がある。

　上記は，本書執筆の筆を置いた後の新たな研究課題となろう。また，明日からも研究の旅は続いていく……。

参考文献

足立政男（1974）.「経営者の在り方（一）—老舗の家訓・店則から見た—」『立命館経済学』2（2），1-24。

足立政男（1993）.『「シニセ」の経営—永続と繁栄の道に学ぶ—』広池学園出版部。

青野豊作（2011）.『新版 番頭の研究』ごま書房新社。

Aronoff, C. E., Mcclure, S. L., & Ward, J. L. (2012). *Family Business Succession: The Final Test of Greatness*. Palgrave Macmillan.

朝日新聞編（2011）.『日本の百年企業』朝日新聞出版。

Barach, J. A., Gantisky, J., Carson, J. A., & Doochin, B. A. (1988). Entry of the Next Generation: Strategic Challenge for Family Business. *Journal of Small Business Management, 26*（2），49-56.

Barach, J. A., & Ganitsky. J. B. (1995). Successful Succession in Family Business. *Family Business Review, 8*（2），131-155.

Barnes, L. B. (1988). Incongruent Hierarchies: Daughters and Younger Sons as Company CEOs. *Family Business Review, 1*（1），9-21.

Barnes, L. B., & Hershon, S. A. (1976). Transferring Power in the Family Business. *Harvard Business Review, 54*（4），105-114.

Beckhard, R. (1997). *Agent of Change: My Life, My Practice*. Jossey-Bass Inc.

Beckhard, R., & Burke, W. (1983) "Preface". *Organizational Dynamics, 12*, 12.

Beckhard, R., & Dyer Jr., W. (1983). Managing Continuity in the Family-Owed Business. *Organizational Dynamics, 12*（1），4-12.

Birley, S. (1986). Succession in the Family Firm: The Inheritor's View. *Journal of Small Business Management, 24*（3），36.

Cabrera-Suarez, K., De Saa-Perez, P., & Garcia-Almeida, D. (2001). The Succession Process from a Resource-and Knowledge-Based View of the Family Firm. *Family Business Review, 14*（1），37-46.

Cadieux, L. (2007). Succession in Small and Medium-Sized Family Businesses: Toward a Typology of Predecessor Roles During and After Instatement of the Successor. *Family Business Review, 20*（2），95-109.

Cater Ⅲ, J. J., & Justis, R. T. (2009). The Development of Successors from Followers to Leaders in Small Family Firms. *Family Business Review, 22*（2），109-124.

Charan, R. (2008). *Leaders at all Levels: Deeping Your Talent Pool to Solve the Succession Crisis*. John Wiley & Sons, Inc.（石原薫訳『CEOを育てる—常勝企業の経営者選抜育成プログラム—』ダイヤモンド社，2009）.

Chau, T. T. (1991). Approaches to Succession in East Asian Business Organization.

Family Business Review, 4（2），161-179.

Chrisman, J. J., Chua, J. H., & Sharma, P. (1998). Important Attributes of Successors in Family Businesses: An Exploratory Study. *Family Business Review, 11*（1），19-34.

Chrisman, J. J., Chua, J. H., & Steier, L. P. (2011). Resilience of Family Firms: An Introduction. *Entrepreneurship: Theory & Practice, 35*（6），1107-1119.

Christensen, C. R. (1953). *Management Succession in Small and Growing Enterprises.* Harvard Business Press.

Chung, W. W. C., & Yuen, K. P. K. (2003). Management Successin: A Case for Chinese Family-owned Business. *Management Decision, 41*（7），643-655.

Churchill, N. C., & Hatten, K. J. (1987). Non-Market-Based Transfers of Wealth and Power: A Research Framework for Family Businesses. *American Journal of Small Business, 11*（3），51-64.

中小企業総合研究機構編（1983）.「誠意を込めて"伝統の味"を地道に売る―山本海苔店社長 山本恵造氏―」『月刊中小企業』35（12），4-5。

Danco, L. (1980). *Inside the Family Business.* Cleveland: The University Press.

Danco, L. (1982). *Beyond Survival.* Cleveland: The University Press.

Davis, J. A., & Tagiuri, R. (1989). The Influence of Life Stage on Father: Son Work Relationships in Family Companies. *Family Business Review, 2*（1），47-74.

Desi, E. L., & Flaste, R. (1995). *Why We Do What We Do: The Dynamics of Personal Autonomy.* The Robbins Office, Inc.（桜井茂男監訳 鹿毛雅治・中山勘次郎・唐沢かおり訳『人を伸ばす力―内省と自律のすすめ―』新曜社，1999）.

Dierickx, I., & Cool, K. (1989). Asset Stock Accumulation and Sustainability of Competitive Advantage. *Management Science, 35*（12），1504-1511.

Dumas, C. A. (1989). Understanding of Father-Daughter and Father-Son Dyads in Family-Owned Businesses. *Family Business Review, 2*（1），31-46.

Dumas, C. A. (1990). Preparing the New CEO: Managing the Father-Daughter Succession Process in Family Businesses. *Family Business Review, 3*（2），169-181.

Dyer, Jr. W. G. (1988). Culture and Continuity in Family Firms. *Family Business Review, 1*（1），37-50.

Dyer, Jr. W. G., & Handler, W. C. (1994). Entrepreneurship and Family Business: Exploring the Connections. *Entrepreneurship Theory and Practice, 19*（1），71-83.

江坂彰（2001）.『世襲について―事業・経営篇―』日本実業出版社。

Fiegener, M. K., Brown, B. M., Prince, R. A., & File, K. M. (1994). A Comparison of Successor Development in Family and Nonfamily Business. *Family Business Review, 7*（4），313-329.

Foster, A. T. (1995). Developing Leadership in the Successor Generation. *Family Business Review, 8*（3），201-209.

Friedman, S. D. (1987). *The Succession Process: Theoretical Considerations.* Paper pre-

sented at the annual meeting of the Academy of Management, New Orleans.
Friedman, S. D. (1991). Sibling Relationships and Intergenerational Succession in Family Firms. *Family Business Review, 4* (1), 3-20.
Garcia-Alvarez, E., Lopez-Sintas, J., & Gonzalvo, P. S. (2002). Socialization Patterns of Successors in First- to Second-Generation. *Family Business Review, 15* (3), 189-204.
Gersick, K. E., Davis, J. A., Hampton, M. M., & Lansberg, I. S. (1997). *Generaition to Generaition: Life Cycles of the Family Business.* Harvard Business School Press（犬飼みずほ・岡田康司訳,『オーナー経営の存続と継承』流通科学大学出版, 1999).
Glaser. B. G., & Strauss, A. L, (1967). *The Discovery of Grounded Theory.* New York: Aldine（後藤隆・大江春江・水野節夫訳『データ対話型理論の発見―調査からいかに理論をうみだすか―』新曜社, 1996).
Goldberg, S. D., & Wooldrigde, B. (1993). Self-Confidence and Managerial Autonomy: Successor Characteristics Critical to Succession in Family Firms. *Family Business Review, 6* (1), 55-73.
Gordon, G. E., & Rosen, N. (1981). Critical Factors in Leadership Succession. *Organizational Behavior and Human Performance, 27,* 227-254.
後藤俊夫 (2012).「ファミリービジネス論における事業承継」『事業承継』*1,* 46-53。
後藤俊夫編 (2012).『ファミリービジネス―知られざる実力と可能性―』白桃書房。
Hall, D. T. (1986). Dilemmas in Linking Succession Planning to Individual Executive Learning. *Human Resource Management, 25* (2), 235-265.
Handler, W. C. (1990). Succession in Family Firms: A Mutual Role Adjustment between Entrepreneur and Next-generation Family Members. *Entrepreneurship: Theory & Practice, 15* (1), 37-51.
Handler, W. C. (1991). Key Interpersonal Relationships of Next-generation Family Members in Family Firms. *Journal of Small Business Management, 29* (3), 21-32.
Handler, W. C. (1992). The Succession Experience of the Next Generation. *Family Business Review, 5* (3), 283-307.
Handler, W. C. (1994). Succession in Family Business: A Review of the Research. *Family Business Review, 7* (2), 133-157.
Handler, W. C., & Kram, K. E. (1988). Succession in Family Firms: The Problem of Resistance. *Family Business Review, 1* (4), 361-381.
Harvey, M., & Evans, R. (1994). The Impact of Timing and Mode of Entry on Successor Development and Successful Succession. *Family Business Review, 7* (3), 221-236.
Harvey, M., & Evans, R. (1995). Life After Succession in the Family Business: Is It Really the End of Problems? *Family Business Review, 8* (1), 3-16.
服部康夫 (1983).「販売拠点の不足を補うファクシミリの戦略的活用―近江屋ロープ―」『月刊中小企業』*35* (10), 32-33。
樋口修吉 (1999).『老舗の履歴書Ⅰ』中央公論新社。

Hisrich, R. D. & Peters, M. P. (1989). *Entrepreneurship: Starting, Developing and Managing a New Enterprise*. Irwin Professional Publishing.

Hollander, B. (1987). Silver Spoon Syndrome. In Aronoff, C., Astrchan, J., & Ward, J. (Eds.) (2002) *Family Business Sourcebook* (3rd ed.). Family Enterprise Publishers, 539.

Hollander, E.P. (1974). Process of Leadership Emergence. *Journal of Contemporary Business, 3*, 19-33.

本間之英・篠田達 (2006).『誰かに教えたくなる老舗の底力』講談社。

星野佳路 (2010).「子に事業を継がせたいなら経営者として英才教育せよ」『週刊東洋経済』*6256*, 77。

Howard, A., & Bray, D. W. (1988). *Managerial Lives in Transition: Advancing Age and Changing Times*. New York:The Guilford Press.

Ibrahim, A. B., Soufani, K., & Lam, J. (2001). A Study of Succession in a Family Firm. *Family Business Review, 14* (3), 245-257.

伊丹敬之 (2007).『よき経営者の姿』日本経済新聞社。

伊丹敬之・加護野忠男 (1989).『ゼミナール経営学入門』日本経済新聞社。

伊丹敬之・加護野忠男 (2003).『ゼミナール経営学入門〈第3版〉』日本経済新聞社。

伊丹敬之・加護野忠男・小林孝雄・榊原清則・伊藤元重 (1988).『競争と革新―自動車産業の企業成長―』東洋経済新報社。

Jaffe, D., & Lane, S. (2004). Sustaining a Family Dynasty: Key Issues Facing Complex Multigenerational Business-and Investment-owning Families. *Family Business Review, 17* (1), 81-98.

Jehn, K. A., & Mannix, E. A. (2001). The Dynamic Nature of Conflict: A Longitudinal Study of Intragroup Conflict and Group Performance. *Academy Of Management Journal, 44* (2), 238-251.

Joni, S. N., & Beyer, D. (2010). *The Right Fight: How Greay Leaders Use Healthy Conglict to Drive Performance, Innovation and Value*. Cambridge International Group Ltd. and Booz & Company Inc.（満園真木訳『ザ・ライト・ファイト』アルファポリス , 2010）.

加護野忠男 (2008).「学術からの発信 経営学とファミリービジネス研究」『学術の動向』*13* (1), 68-70.

金井一頼・角田隆太郎編 (2002).『ベンチャー企業経営論』有斐閣。

金井壽宏 (2005).『リーダーシップ入門』日本経済新聞社。

神田良・岩崎尚人 (1996).『老舗の教え』日本能率協会マネジメントセンター。

加藤勝美 (1999).『親父のうしろ姿』紫翠会出版。

Kellermanns, F., & Eddleston, K. (2006). Corporate Entrepreneurship in Family Firms: A Family Perspective. *Entrepreneurship: Theory & Practice, 30* (6), 809-830.

Kenyon-Rouvinez, D., & Ward, J. L. (2005). *Family Business* (1st ed.). Palgrave Macmillan（秋葉葉子訳　富樫直記監訳『ファミリービジネス永続の戦略』ダイヤモンド社，2007）．

Kets de Vries, M.F.R. (1985). The Dark Side of Entrepreneurship. *Harvard Business Review, 63*, 160-167.

Kets de Vries, M.F.R. (1995). *Life and Death in the Executive Fast Lane: Essays on Irrational Organizations and Their Leaders*. Jossey-Bass Inc.（金井壽宏・岩坂彰訳『会社の中の「困った人たち」―上司と部下の精神分析―』創元社，1998）．

小林林之助（1960）．「近代人にも好かれる大阪の粟おこし」『老舗は語る――一流専門店うちわばなし―』82-90, 実業之日本社。

小林林之助（2010）．「事業承継の知恵」『事業承継』*1*, 41-45。

小林隆太郎編（2008）．『おこしとともに二百年―五代目林之助ノートより―』あみだ池大黒。

神戸大学経営学研究室編（1988）．『経営学大事典』中央経済社。

光琳（1983）．「研究第一線　株式会社山本海苔店」『食品工業』*26*（10）(552), 21。

久保田典男（2011）．「世代交代期の中小企業経営―次世代経営者の育成―」『日本中小企業学会論集』*30*, 17-31。

久保田章市（2010）．「中小企業における後継経営者の育成」『人事実務』*1088*。

久保田章市（2011）．「中小企業における世代交代と経営革新の研究―創業100年以上の長寿中小企業を事例に―」『中小企業季報』*3*, 1-14。

Landes, D. S. (2006). *Dynasties: Fortunes and Misfortunes of the World's Great Family Business*. Sandra Dijkstra Literary Agency（中谷和男訳『ダイナスティ―企業の繁栄と衰亡の命運を分けるものとは―』PHP研究所，2007）．

Lansberg, I. S. (1983). Managing Human Resources in Family Firms: The Problem of Institutional Overlap. *Organizational Dynamics, 12*, 39-47.

Lansberg, I. S. (1988). The Succession Conspiracy. *Family Business Review, 1* (2), 119-143.

Lansberg, I. S. (1991). On Retirement: A Conversation with Daniel Levinson. *Family Business Review, 4* (1), 59-73.

Lansberg, I. S. (1999). *Succeeding Generations: Realizing the Dream of Families in Business*. Harvard Business School Press.

Lansberg, I. S. & Astrachan, J. H. (1994). Influence of Family Relationship on Succession Planning and Training: The Importance of Mediating Factors. *Family Business Review, 7* (1), 39-59.

Le Breton-Miller, I., Miller, D., & Steier, L. P. (2003). Lost in Time: Patterns of Intergenerational Succession in Family Business. *Journal of Business Venturing, 18* (4), 513-531.

Le Breton-Miller, I., Miller, D., & Steier, L. P. (2004). Toward an Integrative Model of Effective FOB Succession. *Entrepreneurship: Theory & Practice, 28* (4), 305-328.

Levinson, H. (1971). Conflicts That Plague the Family Business. *Harvard Business Review, 49*, 90-98.

Levinson. H. (1974). Don't choose your own successor. *Harvard Business Review, 52* (6), 53-62.

Levinson, H. (1983). Consulting with the Family Business: What to Look For, What to Look Out For. *Organizational Dynamics, 12*, 71-80.

Linton, R. (1936). *The Study of Man*. Appleton-Century-Crofts, Inc.

Longenecker, J. G., & Schoen, J. E. (1978). Management Succession in the Family Business. *Journal of Small Business Management, 16* (3), 1-6.

Lumpkin, G., & Brigham, K. H. (2011). Long-Term Orientation and Intertemporal Choice in Family Firms. *Entrepreneurship: Theory & Practice, 35* (6), 1149-1169.

前川洋一郎 (2011).「老舗に学ぶ永続繁盛の秘訣〈第二回〉長寿には, 駅伝経営のおすすめ!」『PHP Business Review 松下幸之助塾 (2011年11・12月号)』リニューアル創刊, 2。

前川洋一郎 (2012).「ナニワの老舗に学ぶ事業承継の秘訣」『企業と人材』45 (992), 46-48。

前川洋一郎・末包厚喜編 (2011).『老舗学の教科書』同友館。

Mandelbaum, L. (1994). Small Business Succession : The Educational Potential. *Family Business Review, 7* (4), 369-375.

Massis, A. D., Chua, J. H., & Chrisman, J. J. (2008). Factors Preventing Intra-Family Succession. *Family Business Review, 21* (2), 183-199.

Mathews, C. H., Moore, T. W., & Fialko, A. S. (1999). Succession in the Family Firms: A Congnitive Categorization Perspective. *Family Business Review, 12* (2), 159-170.

松岡憲司・村西一男・姜紅祥 (2011).「京都の老舗企業における事業承継と経営革新」『社会科学研究年報』42, 39-52。

McConaughy, D. L., & Phillips, G. M. (1999). Founders versus Decendents: The Profitability, Efficiency, Grouwth Characteristics and Financing in Large, Public. *Family Business Review, 12* (2), 123-131.

McGivern, C. (1989). The Dynamics of Management Succession: A Model of Chief Executive Succession in the Small Family Firm. *Family Business Review, 2* (4), 401-411.

Miller, D. (1983). The Correlates of Entrepreneurship in Three Types of Firms. *Management Science, 29*, pp.770-791.

Miller, D., & Le Breton-Miller, I. (2005). *Managing for the Long Run*. Harvard Business School Press (斉藤裕一訳『同族経営はなぜ強いのか?』ランダムハウス講談社, 2005).

三品和広 (2007).『戦略不全の因果—1013社の明暗はどこで分かれたのか—』東洋経済新報社。

Mitchell, L. R., Hart, T. A., Valcea, S., & Townsend, D. M. (2009). Becoming the Boss: Discretion and Postsuccession Success in Family Firms. *Entrepreneurship: Theory &*

Practice, 33, 1201-1218.

三井逸友・高橋美樹・塩見正洋（2002）.「中小企業における世代交代と次世代経営者の育成」『社団法人中小企業研究センター調査研究報告』*109*。

水知悠之介（2012）.「堀江・あみだ池大黒の二百年」『大阪の歴史』*78*, 75-90。

中原秀樹（1993）.「創業百四十年の老舗を支える『不易流行』の教え 連載59 山本実 山本海苔店社長」『月刊経営塾』*8*（3）, 154-155。

Neubauer, H.（2003）. The Dynamics of Successin in Family Business in Western European Countries. *Family Business Review, 16*（4）, 269-281.

Nicholson, N.（2008）. Evolutionary Psychology and Family Business: A New Synthesis for Theory, Research, and Practice. *Family Business Review, 21*（1）, 103-118.

日本経済新聞社編（2010）.『200年企業』日本経済新聞出版社。

日本醸造協会（1984）.「〈醸家銘々伝〉福島県・喜多方市 大和川酒造」『日本醸造協会雑誌』*79*（10）, 681。

新村出編（1998）.『広辞苑〈第五版〉』岩波書店。

西川盛朗（2012）.『長く繁栄する同族企業の条件』日本経営合理化協会出版局。

野々内達雄編（2013）.『Wisdom Report―知恵の経営―』近江屋ロープ株式会社。

Nordqvist, M., & Melin, L.（2010）. Entrepreneurial families and family firms. *Entrepreneurship & Regional Development, 22*（3/4）, 211-239.

落合康裕（2012）.「老舗企業における事業承継にかんする研究」『実践経営研究』*7*（1）（通巻第7号）, 85-94。

落合康裕（2013）.「事業承継を通じた伝統と革新」『Global 産業と創造経営』291-303。

落合康裕（2014a）.「事業継承における経営者の役割」『六甲台論集』*60*（3・4）, 1-16。

落合康裕（2014b）.「ファミリービジネスの事業継承と継承者の能動的行動」『組織科学』*47*（3）, 40-51。

落合康裕（2014c）.『ファミリービジネスの事業継承研究―長寿企業の事業継承と継承者の行動―』神戸大学大学院経営学研究科博士論文。

落合康裕（2014d）.「ファミリービジネスの事業承継研究の系譜」『事業承継』*3*, 55-66。

落合康裕（2014e）.「長寿企業の事業承継における理論的研究：先行研究からの含意と課題, 研究展望」『日本経済大学大学院紀要』*3*（1）, 143-161。

Ochiai, Y.（2014）. Proactive Behavior of Successors in Japanese Business Succession. *Entrepreneurship and Social Change Conference*, Nanjing University Publications.

落合康裕（2015）.「老舗企業における事業承継と世代間行動の連鎖性―福島・大和川酒造店における事例研究―」『事業承継』*4*, 64-79。

Ochiai, Y.（2016）Business Succession and Successor Legitimacy in Well-Established Family Companies in Japan. *International Journal of Business and Information, 11*(3), 316-340.

奥村昭博（2015）.「ファミリービジネスの理論：昨日, 今日, そしてこれから」『一橋ビジネスレビュー』*63*（2）, 6-18。

大阪「NOREN」百年会編（1996）.『暖簾 永続と革新は命なり』嵯峨野書院。

近江屋ロープ株式会社編（2013）.『Wisdom Report―知恵の経営―』近江屋ロープ株式会社。

Pontet, S. B., Wrosch, C., & Gagne, M. (2007). An Exploration of the Generational Differences in Levels of Control Held Among Family Businesses Approaching Succession. *Family Business Review, 20* (4), 337-354.

Poza, E. J. (1988). Managerial Practices That Support Interpreneurship and Continued Growth. *Family Business Review, 1* (4), 339-359.

Rogoff, E.G., & Heck, R.K.Z. (2003). Evolving Research in Entrepreneurship and Family Business: Recognizing Family as the Oxygen That Feeds the Fire of Entrepreneurship (Introductory editorial note for special issue). *Journal of Business Venturing, 18* (5), 559-566.

Royer, S., Simons, R., Boyd, B., & Rafferty, A. (2008). Promoting Family: A Contingency Model of Family Business Succession. *Family Business Review, 21* (1), 15-30.

Runbenson, G. C., & Gupta, A. K. (1996). The Initial Succession: A Contingency Model of Founder Tenure. *Entrepreneurship: Theory & Practice, 21* (2), 21-35.

Salvato, C. (2004). Predictors of Entrepreneurship in Family Firms. *Journal of Private Equity, 7* (3), 68-76.

産業社編（1952）.「のれんの由来―山本海苔店―」『産業と産業人』5（5），21。

Sardeshmukh, S. R., & Corbett, A. C. (2011). The Duality of Internal and External Development of Successors: Opportunity Recognition in Family Firms. *Family Business Review, 24* (2), 111-125.

Schein, E. H. (1978). *Career Dynamics: Matching Individual and Organizational Needs*. Addison-Wesley Publishing Company, Inc.（二村敏子・三善勝代訳『キャリア・ダイナミクス』白桃書房, 1991）.

Schein, E. H. (1983). The Role of the Founder in the Creation of Organizational Culture. *Organizational Dynamics, 12*, 13-28.

Schein, E. H. (1985). *Organizational Culture and Leadership*. San Francisco: Jossey-Bass.（梅津祐良・横山哲夫訳『組織文化とリーダーシップ』白桃書房，2012）.

誠文堂新光社編（1971）.「古くて新しい店の経営――一二〇年の伝統を支える山本海苔店の哲学―」『商業界』52（9），182-186。

Sharma, P., Chrisman, J. J., & Chua, J. H. (2003a). Predictors of Satisfaction with the Succession Process in Family Firms. *Journal of Business Venturing, 18* (5), 667-687.

Sharma, P., Chrisman, J. J., & Chua, J. H. (2003b). Succession Planning as Planned Behavior: Some Empirical Result. *Family Business Review, 16* (1), 1-16.

Sharma, P., & Irving, P. G. (2005). Four Bases of Family Business Successor Commitment: Antecedents and Consequences. *Entrepreneurship: Theory & Practice, 28* (4), 305-328.

柴田光榮（2011）.「江戸ののれんに学ぶ事業承継と人づくり 第三回 山本海苔店社長 山本德治郎『海苔ひとすじ』を貫き通すファミリービジネスの強み」『商業界』*2011/12*, 12-15。

島武史（1980）.「現代に生きる老舗商法④山本海苔店—梅の香りを日本橋に漂わせて今日に至る—」『商業界』*33*（5）, 148-151。

嶋田美奈（2013）.「コーポレート・アントレプレナーにおけるアントレプレナー的マインドセットとアントレプレナー的パフォーマンスの分析」『実践経営』*50*, 55-64。

将来世代総合研究所編（1999）.『いまなぜ世代継承性なのか—その概念解明，基礎理論及び実践課題—』将来世代国際財団。

Sonfield, M. C., & Lussier, R. N. (2004). First-, Second-, and Third-Generation Family Firms: A Comparison. *Family Business Review*, *17*（3）, 37-50.

Sonnenfeld, J. (1988). *The Hero's Farewell*. Oxford University Press（吉野壮児訳『トップ・リーダーの引退』新潮社, 1992）.

Spranger, J. L., Colarelli, S. M., Dimotakis, N., Jacob, A. C., & Arvey, R. D. (2012). Effects of Kin Density within Family-owned Businesses. *Organizational Behavior and Human Decision Processes*, *119*（2）, 151-162.

Steier, L. (2001). Next-Generation Entrepreneurs and Succession: An Exploratory Study of Modes and Means of Managing Social Capital. *Family Business Review*, *14*（3）, 259-276.

鈴木竜太（2002）.『組織と個人—キャリアの発達と組織コミットメントの変化—』白桃書房。

鈴木竜太（2013）.『関わりあう職場のマネジメント』有斐閣。

Swogger, G. (1991). Assessing the Successor Generation in Family Businesses. *Family Business Review*. *4*（4）, 397-411.

武井一喜（2010a）.「ファミリービジネス（同族経営）はなぜ強いのか—三代以上「永続」する条件—」『会社法務A2Z』（8-15），第一法規。

武井一喜（2010b）.『同族経営はなぜ3代でつぶれるのか？—優秀なファミリービジネスになるための方法—』クロスメディア・パブリッシング。

帝国データバンク史料館・産業調査部編（2009）.『百年続く企業の条件—老舗は変化を恐れない—』朝日新聞出版。

Thompson, W. E., Streib, G., & Kosa, J. (1960). The Effect of Retirement on Personal Adjustment: A Panel Analysis. *Journal of Gerontology*, *15*, 165-169.

とうほう地域総合研究所編（2007）.「厳しい経営環境の酒造業，その活性化策を探る」『福島の進路』*297*, 10-18。

Venter, E., Boshoff, C., & Maas, G. (2005). The Influence of Successor-Related Factors on the Succession Process in Small and Medium-Sized Family Business. *Family Business Review*, *18*（4）, 283-303.

Ward, J. L. (1987). *Keeping the Family Business Healthy*. San Francisco: Jossey-Bass.

Weber, M. (1922). *The Theory of Social and Economic Organization*. In T. Parsons (Ed.). Glencoe: Free Press（浜島朗訳『権力と支配』講談社学術文庫, 2012）.

Wickham, P. A. (1998) *Strategic Entrepreneurship*, Pitman Pub.

八木陽一郎（2012）.『内省とリーダーシップ―後継経営者はいかにしてリーダーへと成長するか―』白桃書房.

山本恵造（1960）.「東京名物『浅草海苔』」『老舗は語る――一流専門店うちわばなし―』（pp. 11-18），実業之日本社.

Yan, J., & Sorenson, R. (2006). The Effect of Confucian Value on Succession in Family Business. *Family Business Review*, 19 (3), 235-250.

Yin, R. K. (1994). *Case Study Research* (2nd ed.) Sage Publication, Inc.（近藤公彦訳『ケーススタディの方法〈第2版〉』千倉書房, 1996）.

横澤利昌編（2012）.『老舗企業の研究〈改訂新版〉』生産性出版.

Yokozawa, T., & Goto, T. (2004). Some Characteristics Japanese Long-lived Firms and Their Financial Performance. *Proceeding of the 15th FBN-IFERA Academic Reasearch Conference*, IFERA Publications.

吉村克己（2011）.「事例3：病に倒れた父に代わり老舗ソースメーカー再建に奮闘」『ニュートップL.』3 (11), 22-25.

Zahra, S. A. (2005). Entrepreneurial Risk Taking in Family Firms. *Family Business Review*, 18 (1), 23-40.

財界21（1990）.「こだわりの酒造りに挑む」『財界ふくしま』19 (9), 52.

財界21（1992）.「夢は世界相手の酒造り―純米・吟醸だけを，の（資）大和川酒造店―」『財界ふくしま』21 (5), 52.

Zellweger, T. M., Nason, R. S., & Nordqvist, M. (2012). From Longevity of Firms to Transgenerational Entrepreneurship of Families: Introducing Family Entrepreneurial Orientation. *Family Business Review*, 25 (2), 136-155.

付　録

１．インタビューリスト

1	株式会社山本海苔店	1849年	東京都	山本德治郎	取締役社長（六代目）	2012年7月19日	13：20〜14：21（61分）
						2012年10月1日	13：56〜14：40（44分）
						2013年6月17日	13：36〜14：35（59分）
				山本貴大	営業部長（後継者）	2012年7月19日	14：36〜16：06（90分）
						2012年10月1日	15：04〜16：08（64分）
						2013年6月17日	14：37〜15：49（72分）
				山本敏治	専務取締役	2013年8月16日	10：40〜11：30（50分）
2	株式会社あみだ池大黒	1805年	大阪府	小林林之助	代表取締役会長（五代目）	2012年4月19日	9：36〜10：23（47分）
						2012年9月6日	9：59〜10：47（48分）
						2013年6月20日	10：17〜11：04（47分）
				小林隆太郎	代表取締役社長（六代目）	2012年4月19日	10：39〜11：25（46分）
						2012年9月6日	11：10〜11：59（49分）
						2013年6月20日	11：08〜12：00（52分）
				小林昌平	専務取締役（後継者）	2012年4月19日	11：32〜12：09（37分）

3	合資会社大和川酒造店	1790年	福島県	佐藤彌右衛門	代表社員（九代目）	2012年2月20日	15:48〜16:53（65分）
						2012年9月24日	13:17〜14:46（89分）
						2013年7月30日	14:15〜14:56（41分）
						2013年7月31日	09:01〜09:57（56分）
				佐藤雅一	専務社員（後継者）	2012年2月20日	17:42〜18:30（48分）
						2012年9月24日	16:20〜17:14（54分）
						2013年7月30日	15:04〜16:10（66分）
				佐藤和典	工場長・杜氏	2012年9月24日	15:12〜16:11（59分）
4	近江屋ロープ株式会社	1804年	京都府	野々内達雄	代表取締役社長（八代目）	2012年7月9日	14:02〜15:12（70分）
						2012年9月4日	15:08〜16:12（64分）
						2013年9月9日	13:17〜14:07（50分）
				野々内裕樹	営業課長（後継者）	2012年9月4日	13:44〜14:47（63分）
						2013年9月9日	14:22〜14:43（21分）
						2014年9月4日	16:25〜17:24（59分）
				谷田光雄	取締役営業部長	2013年9月9日	14:55〜15:55（60分）

付　録

2. インタビュー趣意書

平成24年●月吉日

株式会社●●
●●　●●様

神戸大学大学院経営学研究科
金井研究室所属　落合　康裕

「経営者の世代継承」にかんする調査へのご協力のお願い

　拝啓　時下，御社におかれましては，ますますご清栄のこととお喜び申し上げます。
　突然の不躾なるお手紙を差し上げ申し訳ございません。私は現在，神戸大学大学院経営学研究科において，金井壽宏教授の指導のもと，「伝統企業における経営者の世代継承が，事業の継続性と革新性に与える影響」をテーマに研究に取組んでおります。

　この度，御社に関しては，日本経済新聞社編『200年企業』(2010)[1]を拝読させて頂き，大変興味を持たせて頂きました。是非，御社の経営実践をお聞かせ頂く機会が頂ければと考え，お手紙をお送りした次第です。

　経営者の世代継承にかんする研究分野は，国際的にも活発な議論がなされていますが，まだ実務界に役立つ理論が確立されているとは言えません。とりわけ，企業の長期的存続に不可欠である世代継承が企業経営の継続性と革新性にどのように影響を与えるのかというテーマは，実務に根ざす踏み込んだ研究が強く求められており，本研究では是非この部分を明らかにしたいと考えております。

　調査の詳細については，別紙「研究概要のご説明」に記載させて頂いておりますが，対面形式によるインタビュー調査をさせて頂きたいと考えております。本調査はあくまでも学術的なものであり，学術・教育分野の発表に限定させて頂きます。また，ご協力企業様には，後日，インタビュー内容をテープ起こししたものと，本研究の成果物（学術論文）をご進呈し，ご要望に応じて他社事例も踏まえての内容をレビューさせて頂きます。今後の御社の施策にてお役に立てて頂ければと考えております。

　ご多忙の折，大変恐縮ではありますが，どうか趣旨をご理解賜り，ご協力頂ける場合には同封の「ご返信用シート」にご記入の上，同封の「返信用封筒」にてご返信賜りましたら幸いです。何卒よろしくお願い申し上げます。

敬具

1　送付先企業に応じて，「朝日新聞編（2011）『日本の百年企業』朝日新聞出版」「本間之英・篠田達（2006）『誰かに教えたくなる老舗の底力』講談社」と記載され送付された。

3. 研究概要の説明

　以下が本研究における調査概要となります。ご高覧を賜りましたら幸いです。

（1）趣旨
　本研究では，「伝統企業の経営者の世代継承が，事業の継続性と革新性に与える影響」を明らかにすることを目的としています。特に，長い歴史と伝統を有する企業の世代継承の過程から得られる知見は，日本のみならず海外においても実践的示唆に富むものと考えています。

（2）調査内容
（ご対象）経営者様，ご協力を頂ける場合は関係者の方々含む
（方法）インタビュー調査　計2回（1回60分程度を予定）
（内容）
「現（先代）経営者もしくは経営者候補（経営幹部含む）との関係性の中で，特に象徴的に思い出される状況やシーン，出来事など」を中心にお聞きする予定です。尚，後日インタビュー・ガイドラインをお送り致します。

（3）インタビュー内容の録音ならびにテキスト化（テープ起こし）をさせて頂きますが，プライバシーにかかわる箇所につきましては，該当部分の削除やイニシャル化などにより守秘義務を厳守致します。

（4）インタビューの実施にあたっては，ご指定の場所にお伺い致します。

（5）フィードバックと公表
　後日，インタビュー内容をテープ起こししたものと，やや学術的になりますが，本研究の成果物（学術論文）をご進呈致します。ご要望に応じて，他社事例も踏まえ，内容のレビューをさせて頂きます。
　尚，本調査はあくまでも学術的なものであり，調査結果は企業名や氏名などを伏せたうえで，学術・教育分野の発表に限定させて頂きます。

【お問い合わせ先】
落合　康裕（神戸大学大学院経営学研究科 社会人博士後期課程所属）
（電話）　　　　　　　　　／（Email）
（住所）

〈研究者略歴〉
　長年，日本の金融機関の人事部において，経営幹部のリーダーシップ開発の実務に従事。また，実務に理論的な省察を得るため，一貫して実務と研究の二重生活を続けてきた。

付　録

4．返信用シート

ご協力頂ける場合のみ，お手数をおかけしますが，以下にご記入頂き，同封の返信用封筒にて返信を賜りましたら幸いです。
　後日，こちらからお電話にてご連絡させて頂きます。

御社名	
ご氏名	
ご連絡先	お電話番号：　　　　　—　　　　　— （1）ご指定の部署・ご担当者様がございましたら以下ご記入願います。 （部署：　　　　　／ご担当者様：　　　　　　　） （2）ご連絡に際しご都合の良い日時がありましたら，以下ご記入願います。 （時間帯：　　時〜　　時頃／日時：　／　〜　／　）

ご多忙の折，ご高覧・ご協力を賜りまして，誠に有り難うございました。

【お問い合わせ先】
　　落合　康裕（神戸大学大学院経営学研究科 社会人博士後期課程所属）
　（電話）　　　　　　　　／（Email）

5. 返信用封筒

郵便番号●●● ●●●●

料金受取人払郵便

●●支店承認

2033

差出有効期限
平成26年1月まで

切手不要

ご氏名　ご住所

落合 康裕 宛

（神戸大学大学院経営学研究科博士後期課程マネジメント・システム専攻）

6. キャリア情報シート【事前配布用】

キャリア情報シート

ご氏名：＿＿＿＿＿＿＿＿＿＿＿＿
生年月日：＿＿＿年＿＿＿月＿＿＿日

（記入例）

年月日	ご職歴
昭和50年04月	商事（株）入社
昭和60年04月	商事（株）営業部長（年月迄）
平成07年04月	商事（株）専務取締役（年月迄）
平成17年04月	商事（株）代表取締役社長　（現在に至る）

年月日	ご職歴

【個人情報の取り扱い】
上記のご協力頂いた個人情報については，学術・教育分野の発表に限定させて頂きます。

（※）その他，会社パンフレット，並びに売上高・利益がわかる資料があれば頂戴できれば幸いです。

事項索引

【欧文】

HACCP …………………73

【あ】

新しい組織の実現…………54
あみだ池大黒………………97
安定的ファミリー志向性…37
異質な意見の生成………204
一般性………………………56
引退…………………………11
インタビュー調査…………49
影響力の移行………………23
越後屋………………………66
遠隔地事業…………………61
遠隔地での新販路開拓… 205
近江屋ロープ……………141
大阪堂島……………………97
オーナーシップ……………7
親子関係を補完する経営幹部
 …………………………170
親世代の経営幹部との関係性
 …………………………168

【か】

解消行動…………………234
外部からの牽制機能………8
外部視点…………………177
外部の利害関係者との接触
 …………………………183
外部利害関係者……………23
学習の場……………………59
革新性………………………37
革新の創造………………233
獲得的地位…………………44
家系………………………184
株式所有構造………………36
株式発行……………………32
慣習…………………………48
感情のからみ合いの場……59
監督者………………………62
管理者………………………62
機会を認識する能力………36
基幹事業……………………61
基幹事業までの事業上の距離
 …………………………186
企業家活動の発現メカニズム
 …………………………238
企業家研究………………240
企業家志向性………………37
企業家精神旺盛な創業経営者
 ……………………………13
企業家的革新………………43
企業家としての創業者……32
擬似的な職務経験………163
喜多方市…………………121
厳しい経験………………197
キャリア選択機会の狭小化
 …………………………181
キャリア・ライフサイクル16
級別制度…………………123
強固な取引基盤……………1
共通の夢……………………11
京都市……………………141
業務遂行上の緊張感……174
協力関係……………………27
巨大建造物…………………42
規律づけ……………………46
空間的要素…………………59
区間責任……………………3
君主…………………………62
経営革新……………………33
経営環境……………………33
経営幹部……………………51
経営幹部に配慮する後継者
 …………………………205
経営幹部による関与の低下
 …………………………206
経営実践……………………55
経営者世代間の重なり合い 2
経営者の在任期間…………37
経営者父子による事業承継段
 階…………………………25
経営上の異論の表明のしやす
 さ………………………180
経営上の自律性…………223
経営情報へのアクセス… 177
経営スタイルの比較………31
経営的要素が高い業務… 203
経営の硬直性………………7
経営の専門家………………28
経営の排他性………………7
経験と教訓の連鎖………228
経験の世代間連鎖………217
経験豊かなマネジャー… 200
血統………………………184
現経営者……………………51
現経営者・後継者間役割調整
 モデル……………………26
現経営者世代からの影響の調
 整………………………210
現経営者世代からの保護が伴
 う自律性………………223
現経営者世代による制約性
 ……………………………46
現経営者と後継者の経営上の
 協働………………………24
現経営者（親）との衝突や対立
 の許容関係……………181
現経営者との物理的距離 191
現経営者（先代経営者）に
 よる評価…………………62
現経営者の経験の反映… 211
現経営者の社会関係資本への
 参入………………………29
現経営者の保守化…………40
現経営者の役割……………9
牽制…………………………46
権力委譲……………………11
後継者………………………51
後継者育成の為の長期の準備
 期間………………………27
後継者教育…………………17
後継者としての意識づけ 162
後継者としての特別な処遇
 …………………………183
後継者（現経営者）による能
 力提示……………………62
後継者に求められる要素…14
後継者による本業内新事業38
後継者の育成………………24
後継者のおかれた状況……47

後継者の課題……………13
後継者の企業家行動………41
後継者の経験……………17
後継者の行動……………44
後継者の社会化…………16
後継者の社会化プロセス…25
後継者の状況……………44
後継者の自律性…………46
後継者の自律性の確保…209
後継者のジレンマ………183
後継者の正統性…………39
後継者の態度や意識……13
後継者のダイナミズム…238
後継者の入社後の適応プロセス……………………16
後継者の入社タイミング……………………15
後継者の配置……………47
後継者の配置軌跡………195
後継者への特別な視線…172
後見下の自律性…………223
後見的承継モデル………228
五街道……………………65
ご都合主義者タイプ……12
顧問………………………62
根気強さ…………………18
コンテクスト……………33

【さ】

再創業……………………33
在任期間の長期化………40
産業資材業界……………142
参照点の提供……………212
時間的変化………………59
事業コンテクスト………30
事業承継の定義…………iv
事業承継後の先代経営者の役割……………………12
事業承継前後の関与……11
事業承継におけるジェンダー問題………………24
事業承継の段階モデル…24
事業承継への態度や意識…10
事業承継メカニズム……229
事業の活性化……………33
事業部門経験を通じた社会関係資本の拡大………29
事業への客観的視点……178
仕事関係を通じた親子関係……………………164
仕事上のフォーマルな関係……………………169
支持の獲得………………15
自社内修業型……………19
次世代経営者養成プログラム……………………238
実績………………………184
実績や能力に基づく処遇……………………183
失敗の許容………………206
支配の三類型……………44
社会関係資本……………28
社会関係資本の承継……29
社会的地位………………183
社会的な文脈……………30
社内企業家………………35
社内企業家文化の創造…36
社内経験者型……………19
周囲からの支持と信頼…183
周囲からの受容…………45
周囲との関係性…………14
周囲へのメッセージ効果…59
収益性……………………35
獣害防止用のネット……150
従業員からの受容………183
従業員からの特別な視線…183
従業員との関係性………172
従業員との仕事上の距離感……………………173, 183
従業員への配慮の必要の少なさ……………………183
自由裁量的な行為………45
自由裁量の活動の余地…45
周辺的配置から中心的配置……………………190
周辺的部門………………61
主人の補佐役……………28
承継計画…………………32
承継プロセス………5, 57
承継プロセス後半………240
上司・部下のフォーマルな関係……………………166
衝突や対立を許容する関係……………………165
情報の相互作用の場……59
処遇の違い………………8
職人タイプ………………12
職能部門経験を通じた社会関係資本の拡大………29
助手………………………62
自律性と併存する制約性…199
自律性に混在する牽制と規律づけ………………222
史料調査…………………49
新商品開発………………54
新生産方式導入…………54
親族のファミリービジネス入社ステップ……………17
新卒入社…………………14
新販路開拓………………54
信頼の獲得………………16
心理的エネルギー………229
スリー・サークル・モデル……………………7
清酒業界…………………122
成長ビジョンの欠如からの克服……………………36
正統性の獲得……………16
生得的地位………………44
制約と自律のジレンマ…225
世代間価値創造…………38
世代間での自律的余地の調整……………………167
世代間の関係性…………20
世代間の相互作用的展開…26
世代間の相互理解………45
世代間の比較……………32
世代交代…………………24
世代交代のつなぎ役……28
世代を超えた価値創造……41
世代を超えた企業家活動…37
先行研究の分化的発展…42
潜在的なジレンマをもつ存在……………………45
全社的視野養成…………207
先代世代の恩恵…………201
先代世代の参照…………220
早期の事業経験…………30
創業以来のレガシー……240
創業経営者の不死性……11
創業者世代からの蓄積された資産……………………7
創業100年以上 ………48
相互依存的ファミリー志向性……………………37
相互作用的展開…………59
相続財産共有……………44
率直な意見交換ができる関係……………………164
存続………………………35

【た】

第二創業…………………19
対立の正の側面…………23

絶え間のないフィードバック
　……………………………18
他社経験………………………61
他社経験後の入社……………15
他社武者修行型………………19
タスキの引き継ぎ……………3
正しい対立…………………204
縦のキャリア…………………60
単一支配者……………………62
単一部門から複数部門兼務
　……………………………191
知識取得の段階………………26
中心性…………………………60
中心的部門……………………61
中立の立場…………………197
長期的志向性…………………18
長期的な視野…………………7
長子相続制度……………14, 44
長寿企業………………………48
挑戦的な配置的機会の提供
　……………………………18
敵対的対立…………………204
伝統的支配……………………44
伝統的ファミリー志向性……37
伝統と革新のダイナミズム
　……………………………1
伝統にしばられた首長の行為
　……………………………45
伝統にしばられない首長の行
　為……………………………45
伝統の継承…………………233
動員可能な資源……………240
当事者意識の促進…………202
同志的対立……………166, 204
統率者…………………………62
特異性-信頼理論……………15
独自に築き上げた外部の人・
　組織との接触……………181
特殊性…………………………56
特殊な指揮命令系統………196
特別な処遇…………………180
徒弟制度モデル………………18

【な】

内省を深める経験……………19
内部視点……………………177

内部昇進………………………46
内部利害関係者………………20
二世代以上の語り……………4
二代目以降の企業家活動……35
日本橋…………………………65
入社前の後継者……………161
二律背反的状況………………47
ネポティズム…………………20
能動性…………………………37
能動的行動……………………46
能力蓄積………………………26
海苔業界………………………66
のれん…………………………1

【は】

配置のメッセージ性………210
バトンタッチ…………………39
番頭……………………………27
番頭制度………………………27
非基幹事業……………………61
ビジネス………………………7
人と仕事の対応関係…………59
人と人の接触関係……………59
非ファミリーメンバー………8
非連続的な変化………………46
ファミリー……………………7
ファミリー・アントレプレ
　ナーシップ研究……………35
ファミリー・コンテクスト
　……………………………33
ファミリー志向性……………37
ファミリー性…………………37
ファミリーの価値観…………7
ファミリービジネス…………3
ファミリービジネス・コンテ
　クスト………………………33
ファミリービジネスの暗黙知
　の移転………………………30
ファミリービジネスの事業承
　継研究………………………8
ファミリービジネスへの適応
　……………………………14
ファミリーメンバー…………8
ファミリー・ライフサイクル
　……………………………16
フォロワー……………………15

負債による資金調達…………32
2つの地位のギャップ……226
物理的環境……………………59
部内者化………………………60
プリンシパル＝エージェン
　トの問題……………………37
フロント・バンガード………28
分業組織から隔離された配置
　……………………………202
分析枠組み……………………57
変革への意志…………………35
ベンジャミン・ルール………44
ベンチャー経営研究………240

【ま】

身内びいき……………………7, 16
未経験ぶっつけ本番型………19
自ら作り上げた建造物………10
見習い…………………………62
メンタリングによる社会関係
　資本の拡大…………………29

【や】

約束された後継者…………179
役割の発展プロセス…………25
大和川酒造店………………121
山本海苔店……………………65

【ら】

ライフステージ・マトリック
　ス……………………………22
利害関係の調整………………7
リスク志向性…………………37
リスクテイキングの段階……26
リーダー………………………15
リーマン・ショック…………82
良好な親子関係………………27
リレーランナー………………11

【わ】

和菓子業界……………………98

人名索引

【欧文】

Aronoff, C. E. ……………12
Astrachan, J. H. …………24

Barach, J. A. … 14-16, 20, 45, 177-178, 182, 184, 227, 234
Barnes, L. B. …… 10-11, 20, 23-24, 29, 33, 173
Beckhard, R. … 8, 20, 22-23, 168, 182
Beyer, O. ……………… 204
Birley, S. ………………14
Brighan, K. H. ……………18
Burke, W. ……………… 8

Cabrera-Suarez, K. ………30
Cadieux, L. ………… 10, 12
Cater Ⅲ, J. J. ……… 26-27
Charan, R. ………………18
Chrisman, J. J. ……………14
Christensen, C. R. … 13, 183
Churchill, N. C. …… 2, 24-26, 60-62

Danco, L. 10-11, 13, 18, 23
Davis, J. A. ………… 22-23
Desi, E. L. ………………46
Dumas, C. A. ………… 21-22
Dyer, Jr. W. G. … 20, 22-23, 32, 168, 182

Eddleston, K. ………… 35-36
Evans, R. ……………… 16-17

Fiegener, M. K. …… 18, 24
Flaste, R. ………………46
Foster, A. T. ………… 17-18
Friedman, S. D. … 22-23, 204

Ganitsky, J. ………………20
Gersick, K. E. ……… 7-8, 11, 13-14, 16, 33, 45, 162, 164, 179, 201, 204

Goldberg, S. D. ……… 25, 27
Goto, T. ………………… 2-3

Hall, O. T. ………………10
Handler, W. C. … 2, 6, 10-11, 13-14, 24-27, 45, 60-62, 76, 95, 108, 119, 128, 139, 149, 158, 167, 222, 225
Harvey, M. ………… 16-17
Hatten, K. J. …2, 24-27, 60-62
Heck, R. K. Z. ……………35
Hershon, S. A. …… 10-11, 20, 23-24, 29, 33, 173
Hisrich, R. D. ………… 240

Irving, P. G. ……………14

Jaffe, D. …………………33
Joni, S. N. ……………… 204
Justis, R. T. ………… 26-27

Kellermanns, F. …… 35-36
Kenyon-Rouvinez, D. …… 7, 18, 164, 167, 172, 205, 222
Kets de Vries, M. F. R. ………………… 9-12, 15
Kram, K. E. ………… 10-11

Lane, S. …………………33
Lansberg, I. S. …… 2, 10-11, 13, 24
Le Breton-Miller, L. …… 7, 17-18, 30, 32-34, 180, 207
Levinson, H. ……… 10, 204
Linton, R. … 44-45, 173, 179, 183
Longenecker, J. G. … 24-26, 60-62, 163
Lumpkin, G. ………………18
Lussier, R. N. ……………33

Melin, L. …………………37
Miller, D. … 7, 17-18, 180, 207

Nordqvist, M. ……………37

Peters, M. P. ………… 240
Poza, E. J. ………… 35-36

Rogoff, E. G. ……………35
Royer, S. ………………18

Salvato, C. ………………35
Schein, E. H. ……… 13, 32
Schoen, J. E. … 24-26, 60-62, 163
Sharma, P. ………………14
Sonfield, M. C. …………33
Sonnenfeld, J. …… 10-11
Steier, L. ……… 18, 29-30
Swogger, G. ……… 22, 204

Tagiuri, R. ………… 22-23

Ward, J. L. … 2, 7, 13, 18, 164, 167, 172, 205, 222
Weber, M. ………… 44-45
Wickham, P. A. ……… 240
Wooldrigde, B. ……… 25, 27

Yokozawa, T. ……… 2-3

Zahra, S. A. ……… 36-37
Zellweger, T. M. … 7, 37-38

【あ】

青野豊作……………… 28, 168
足立政男…………… 1, 11, 15
伊丹敬之…… 58-59, 185, 191, 210
岩崎尚人……………… 3, 70
落合康裕…………………27

【か】

加護野忠男 7, 46, 58-59, 180, 182, 185, 191, 199-200, 210
加藤勝美…………… 102
金井一賴…………… 240

人名索引

神田良……………… 3, 70
久保田典男………………17
久保田章市………………33
後藤俊夫… 6, 8, 10, 16, 20, 23, 204
小林隆太郎…… 99, 101, 105, 112

【さ】

柴田光榮………… 69, 77-79
島武史……………………70

末包厚喜… 1, 11, 27-28, 168
鈴木竜太…………………46

【た】

武井一喜………………… 7
角田隆太郎……………240

【な】

中原秀樹…………………71

【ま】

前川洋一郎…1, 11, 27-28, 168
三井逸友…………………19

【や】

八木陽一郎………………19
横澤利昌……………… 2-3

▰ 著者略歴

落合 康裕 ［おちあい やすひろ］

1973 年	神戸市に生まれる
1997 年	関西大学商学部商学科卒業
1997 年	大和証券株式会社入社
2007 年	神戸大学大学院経営学研究科博士前期課程修了
2014 年	神戸大学大学院経営学研究科博士後期課程修了　博士（経営学）
同　年	日本経済大学経営学部（東京渋谷キャンパス）准教授
2018 年	静岡県立大学経営情報学部 准教授
	（同大学院経営情報イノベーション研究科 准教授 兼務）
2020 年	静岡県立大学経営情報学部 教授
	（同大学院経営情報イノベーション研究科 教授 兼務）
	現在に至る

受　賞：2016 年度 ファミリービジネス学会賞
　　　　2016 年度 名東賞（実践経営学会）

専門分野：経営戦略論，事業承継，ファミリービジネス

主要著書：
　『事業承継の経営学：企業はいかに後継者を育成するか』（白桃書房，2019 年）
　『ファミリービジネス白書　2018 年版：100 年経営とガバナンス』（白桃書房，2018 年，企画編集）
　『1 からの戦略論＜第 2 版＞』（碩学舎，2016 年，共著）

▰ 事業承継のジレンマ
　　後継者の制約と自律のマネジメント

▰ 発行日──2016 年 5 月 26 日　初版発行　　　　〈検印省略〉
　　　　　2024 年 1 月 16 日　第 5 刷発行

▰ 著　者──落合 康裕

▰ 発行者──大矢栄一郎

▰ 発行所──株式会社 白桃書房
　　　　　〒101-0021　東京都千代田区外神田 5-1-15
　　　　　☎03-3836-4781　📠03-3836-9370　振替 00100-4-20192
　　　　　http://www.hakutou.co.jp/

▰ 印刷・製本──藤原印刷株式会社

© OCHIAI, Yasuhiro 2016　　　Printed in Japan
ISBN 978-4-561-26682-2 C3034

本書のコピー，スキャン，デジタル化等の無断複製は著作権法上での例外を除き禁じられています。本書を代行業者等の第三者に依頼してスキャンやデジタル化することは，たとえ個人や家庭内の利用であっても著作権法上認められておりません。

JCOPY 〈出版者著作権管理機構 委託出版物〉
本書の無断複写は著作権法上での例外を除き禁じられています。複製される場合は，そのつど事前に，出版者著作権管理機構（電話 03-5244-5088，FAX 03-5244-5089，e-mail：info@jcopy.or.jp）の許諾を得てください。

落丁本・乱丁本はおとりかえいたします。

好 評 書

ファミリービジネス
知られざる実力と可能性
後藤俊夫編著

ウォルマート，トヨタ，サムスン，ZARA……。ファミリービジネスは世界の企業数の約70％，日本では約95％を占め，一般企業よりも高業績である。知られざる実力と可能性をもつファミリービジネスの実像に迫る。

本体価格2800円

地域ファミリー企業におけるビジネスシステムの形成と発展
日本の伝統産業における継承と革新
金 泰旭編著

地域経済の担い手として注目される伝統産業の中心はファミリー企業であるが，その伝統産業のポジショニングは守りつつ，経営環境の変化にあわせて事業進化を遂げている革新的な中小企業4社のマネジメントを調査分析。

本体価格3000円

企業不老長寿の秘訣
老舗に学ぶ
神田良・清水聰・北出芳久・岩崎尚人・西野正浩・黒川満博著

月桂冠・久月・資生堂・虎屋など，老舗の経営を紹介しながら企業のあり方を考えさせる。創業家による経営の継続・同じ商売とブランドの継続・伝えられる家訓など，老舗といわれる企業の生の経営哲学が凝縮。

本体価格1400円

贈与と売買の混在する交換
中小企業M&Aにおける経営者の葛藤とその解消プロセス
古瀬公博著

後継者問題の解決策として注目の中小企業M&A。だが，経営者にとってわが子のような会社を売ることは容易ではない。経営者が葛藤を抱えつつM&Aに取り組む現場では，M&Aのイメージを覆す複雑で人間くさい取引があった。

本体価格4600円

白桃書房

本広告の価格は消費税抜きです。別途消費税が加算されます。